AF541883

नई कहानी की भूमिका

[आलोचना]

नई कहानी की भूमिका

कमलेश्वर

राजकमल प्रकाशन

ISBN : 978-81-267-2858-9

मूल्य : ₹595

पहला संस्करण : 1978
पहला राजकमल संस्करण : 2015
दूसरा संस्करण : 2020

प्रकाशक : राजकमल प्रकाशन प्रा.लि.
1-बी, नेताजी सुभाष मार्ग, दरियागंज
नई दिल्ली-110 002

शाखाएँ : अशोक राजपथ, साइंस कॉलेज के सामने, पटना-800 006
पहली मंजिल, दरबारी बिल्डिंग, महात्मा गांधी मार्ग, इलाहाबाद-211 001
36 ए, शेक्सपियर सरणी, कोलकाता-700 017

वेबसाइट : www.rajkamalprakashan.com
ई-मेल : info@rajkamalprakashan.com

मुद्रक : बी.के. ऑफ़सेट
नवीन शाहदरा, दिल्ली-110 032

NAI KAHANI KI BHUMIKA
Criticism by Kamleshwar

अज्जी की याद को
जो अख़बारों में से मेरी तस्वीरें काटता था
और सिद्धार्थ की याद में
जिन्होंने मुझे तस्वीरें बनाना सिखाया था

शुरू की बात...

'नई कहानी' मेरे लिए आन्दोलन नहीं, नए के लिए निरन्तर प्रयत्नशील और प्रयोगशील रहने की प्रक्रिया है। प्रयोगशील शब्द काफी भ्रामक हो गया है। इस शब्द ने लेखक की जवाबदेही समाप्त करने की कोशिश की है। मेरे लिए प्रयोगशीलता जवाबदेही से निरपेक्ष नहीं है। जो कुछ मैं लिखता हूँ, उसके लिए अपने को जवाबदेह भी पाता हूँ। इसीलिए कुछ भी अन्तिम मान सकना सम्भव नहीं है। लेखक के रूप में निरन्तर प्रतिवाद करते रहने, नए यानी प्रामाणिक (यथार्थ और जीवन-संगत) को रेखांकित करते चलना ही मेरी प्रतिबद्धता है। सारी उग्रता और बात को साफ-साफ कहने की तल्खी के बावज़ूद अपने को जवाबदेह स्वीकारना ही मैं विनम्रता भी मान पाता हूँ। बात न कहनेवालों, या न कह सकनेवालों की विनम्रता झूठी, मन्तव्य-प्रेरित, घातक और विषाक्त होती है।

'नई कहानी' का जिक्र आते ही मुझे जितेन्द्र और ओमप्रकाश श्रीवास्तव की भी याद आती है। कितने बड़े धुँधलके को चीरकर ये दोनों मित्र सच्चाइयों को देखना चाहते थे! कितना बड़ा तूफान उनके दिलों में उमड़ रहा था! वह तूफान कहानीकार हो जाने का नहीं, जिन्दगी को रू-ब-रू देख सकने का था। और कितना विलक्षण सत्य था यह कि उसी समय अलग-अलग जगहों पर अपनी जिन्दगी को झेलते भारतीय मध्यवर्ग के युवक लेखक अपने और अपने समय के सत्य को रू-ब-रू देखकर साहित्यिक अभिव्यक्ति दे रहे थे! और इस बदली जीवन-दृष्टि को सर्जनात्मक प्रतिभा की रचना को 'नई कहानी' नाम मिला।

इस रचना को 'नई कहानी' के नाम से अभिहित किया था, सबसे पहले, कवि दुष्यन्तकुमार ने एक लेख में, जो 'कल्पना' में छपा था। नई कहानी को जिन्होंने सिर्फ आन्दोलन के रूप में लिया, उन्होंने और आन्दोलन चलाए, या कुछ नेतृत्व-प्रार्थियों ने 'एक और

शुरुआत' का नारा लगाया—बिना किसी रचनात्मक पीठिका के। दोनों ही तरह के लोगों की नियति और नीयत तय होते देर नहीं लगी।

इस पुस्तक में मैंने लेखों को जान-बूझकर किसी क्रम में नहीं रखा है, ताकि ये क्रमबद्धता का एहसास देकर आन्दोलन का भ्रम न पैदा करें। इन्हें इसीलिए इधर-उधर बिखरा दिया गया है, और सिर्फ उन्हीं बातों को उठाया गया है, जो पाठक और लेखक को उत्प्रेरित करती रही हैं।

स्वतंत्रता के बाद से 'नई कहानी' ही साहित्यिक विचार-विमर्श की केन्द्रीय विधा रही है, अत: उसी के माध्यम से कुछ पहलुओं को समझने और संकल्पों को आकलित करने की कोशिश यहाँ की गई है। इस विचार-विमर्श से गुजरते हुए मेरी यह धारणा और भी पुष्ट हुई है कि सर्जनात्मक साहित्य अब साहित्य-शास्त्र द्वारा नहीं, समाज-शास्त्र द्वारा ही सही सन्दर्भों में विश्लेषित हो सकता है। खासतौर से हिन्दी-कथा-साहित्य अब साहित्य-शास्त्रीय मान्यताओं की परिधि से निकलकर बहुत व्यापक जीवन के परिवेश में साँस ले रहा है—जहाँ उसकी चिन्ताएँ और अपेक्षाएँ बदल गई हैं; यानी बहुत हद तक साहित्य-बोध परिवर्तित हुआ है।

कहानी और उपन्यास लिखे जाने के बाद भी कितना कुछ कहने को बाकी रह जाता है—उसी की पूर्ति का यह एक और प्रयास है। कितना अच्छा होता यदि यह सम्पूर्ति समीक्षक करते!

नई दिल्ली

23-10-66

—कमलेश्वर

अनुक्रम

नई कहानी की भूमिका 11
शाश्वत मूल्यों का आग्रह और नई कहानी 22
कहानी में नया क्या है ? 27
पुरानी कहानी की जड़ता के कारण 33
नई कहानी, पुरानी कहानी, कहानी, समकालीन कहानी, लघु कहानी... 37
कथा-साहित्य : कुछ नए मुखौटे और अस्तित्व की मजबूरी 41
नई कहानी और संत्रस्त लोग 45
कहानी में 'जीवित विचार' और अमूर्तता का प्रश्न 59
शरणार्थी आदमी और मोहभंग : 'नए' का एक और कोण 64
कुछ विचार-बिन्दु 68
प्रेत बोलते हैं ! 75
नई कहानी की अपनी अन्वेषित कुछ दिशाएँ 80
यथार्थ और उससे भी आगे 87
कथा-समीक्षा और पराजित पहरुए 94
अतिपरिचय का अपरिचय, अव-संगति और फालतू आदमी 105
कथा-समीक्षा : भ्रान्तियाँ, भटकाव और नई शुरुआत 126
प्रामाणिकता, भविष्य, परम्परा : कछ नोट्स 133
आधुनिकता और प्रामाणिकता के सन्दर्भ में नई कहानी 139
यथार्थ, अस्तित्व, तटस्थता, मृत्यु-बोध और क्षमता-बोध 157
नई कहानी का रूपबन्ध और व्यक्तित्व 169
नई कहानी की भाषा : गति में आकार गढ़ने का प्रयास 180

नई कहानी की भूमिका

स्वतंत्रता-प्राप्ति के साथ ही देश का वैचारिक पुनर्जन्म हुआ था। आजादी केवल राजनीतिक मूल्य के रूप में स्वीकृत नहीं हुई थी, बल्कि विचारों की एक नवक्रान्ति का सपना भी उससे जुड़ा हुआ था। लोकतंत्र ने जब व्यक्ति-व्यक्ति को मतदान का अधिकार दिया, तो वैयक्तिक सत्ता (व्यक्तिगत नहीं) ने अपनी गरिमा का अनुभव किया और पुरातन विधि-विधान, विचार-पद्धति, समाज-संरचना और नैतिक प्रतिमानों के आगे अपने-अपने प्रश्न-चिह्न लगा दिए। उधर इतिहास के क्रम में जो कुछ झूठा, विगलित, कुंठित और रूढ़ था, उसे अस्वीकार किया गया और भारतीय संविधान ने नए समाज की संरचना की वैचारिक नींव डाली। दिनकर जी के एक लेख (आधुनिकता और भारत धर्म) में इस स्थिति और वैचारिक संक्रमण का विशद विवेचन है और उन्होंने यह सही ही कहा है कि मनु, शंकराचार्य और तुलसीदास आदि के वर्णाश्रम धर्म को समाज की आधारभूमि न मानकर नए भारत ने बुद्ध, कबीर और राजा राममोहन राय आदि के जीवन-दर्शन और विचार-स्रोत से अपने मानस का निर्माण किया है और देश का संविधान इस बदली हुई मन:स्थिति को ही रेखांकित और उद्‌घोषित करता है। समाज-संरचना के धरातल पर यह बात जितनी सही है, उतनी ही यह साहित्य के सम्बन्ध में भी प्रासंगिक है।

आजादी के निकट आते जाने के साथ-साथ ही अपनी विचार-सम्पदा का पुनर्मूल्यांकन शुरू हो गया था और उस गम्भीर मन्थन में कहीं तुलसी की आस्तिकतावादी साकार भक्ति, अपने तमाम सामाजिक संकेतों और सम्बन्धों की महान् आदर्शात्मकता और ईश्वरीय भय के बावजूद, अप्रासंगिक होती दिखाई दे रही थी...और उससे कुछ अधिक प्रामाणिक स्वर सूरदास की नितान्त सौन्दर्यवादी भक्ति का था और सबसे अधिक प्रामाणिक स्वर उभरा था आस्थावादी और विद्रोही कबीर का। यह सब एकाएक नहीं हुआ था। पूरे इतिहास के परिप्रेक्ष्य में भारतीय सांस्कृतिक विरासत के पुनर्मूल्यांकन का यह क्रम निरन्तर चला आ रहा था और एम्फेसिस बदलती आ रही थी। भारत का बहुसंख्यक हिन्दू-समाज अपने प्रत्यक्ष सामूहिक-सामाजिक आचरण में तुलसी की परम्परा का पोषक दिखाई देता था, परन्तु उसका मानस कबीरपन्थी होता जा रहा था। परम्परा की जड़ता का इससे

अधिक प्रामाणिक उदाहरण और शायद कहीं नहीं मिल सकता कि भारत का बहुसंख्यक समाज तन से परम्पराबद्ध था और मन से परम्परा-विरुद्ध। यह अन्तर्विरोध एक बहुत बड़े शून्य को जन्म दे रहा था।

आस्तिकता और आस्था का यह अन्तर्संघर्ष हमें अपनी विरासत में बराबर दिखाई देता है और ये दोनों ही लक्षण भारतीय व्यक्तित्व के अंग रहे हैं। आस्तिकता जिस अन्ध आहुति की माँग करती है, वह विकसित अधिकांश भारतीय चेतना को स्वीकार नहीं थी और आस्था जिस बुद्धिसम्मत सघन समर्पण को तरजीह देती है, वह बहुत हद तक अस्वीकार्य नहीं थी। शायद इसीलिए हम साहित्य में भी भारतेन्दु के स्वर को आस्था से सुनते आए हैं और हरिऔध को परम्परा से। मैथिलीशरण गुप्त को परम्परा के अधीन स्वीकारते आए हैं और निराला को अपनी आस्था का अंग मानते आए हैं।

इतिहास की परम्परा में जब आधुनिक गद्य ने फिर कबीरवादी करवट ली, तो हमें प्रेमचन्द मिले और छायावाद की परिधि को तोड़कर जब निराला ने अपनी बाँहें जीवन की ओर फैला दीं, तो एक बार फिर जैसे कबीर का व्यक्तित्व ही साकार खड़ा हो गया। यह आकस्मिक नहीं है कि हम अपनी परम्परा में भारतेन्दु, प्रेमचन्द और निराला के स्वर को अपनी आस्था देते आए हैं। इसका यह मतलब नहीं कि साहित्य में अन्य बड़ी प्रतिभाएँ नहीं रहीं, पर इसका सीधा सम्बन्ध इस बात से जरूर है कि हमारी चेतना अपने पुरातन में से भी उसी को फिर-फिर रेखांकित करती आई है जो समकालीन सन्दर्भों में भी जीवित और स्पन्दित दिखाई देता है।

यह सही है कि नदी निरन्तर बहती है, उसका प्रवाह अनवरत है परन्तु ॠतु के अनुसार उसके पानी की सार्थकता है। सम्पूर्ण जल-प्रवाह हमारे काम का नहीं होता। तैयार फसलों के वक्त वह फसलों से असम्पृक्त मात्र सतत प्रवाह का साक्षी होता है—परन्तु व्यर्थ। उसकी यही नियति है कि वह सततता को बनाए रखे और अपने में व्यर्थ चला जाए। यह भी एक महत्त्वपूर्ण क्रम है, पर निरर्थकता की नियति से अभिशप्त भी।

वैचारिक पुनर्जन्म के साथ ही एकाएक विभाजन का अभिशाप जुड़ जाता है और तब, जब कि हमारी चेतना एक स्वर्णिम भविष्यवाद से स्पन्दित हो ही रही थी कि शरणार्थियों के काफिले आते और जाते दिखाई देने लगे...और उस भयंकर रक्तपात के बीच आन्तरिक रूप से एक विघटन समा गया, जो कहीं हमें हमारे दिमागों और दिलों में शरणार्थी बनाता चला गया। आजाद होते ही व्यक्ति अपने-आपमें शरणार्थी बनता चला गया...फिर भी नए समाज की रचना का आश्वासन बना रहता है... ।

न्याय, आजादी, समता और बन्धुत्व—ये विदेशी मानसिकता के शब्द नहीं थे,

बल्कि हमारे इतिहास ने इन्हें जन्म दिया था। कबीर ने जिस सामाजिक न्याय और बन्धुत्व की बात की थी और व्यक्ति को संघबद्ध धर्म से मुक्ति दिलाई थी, वे सब हमारे लिए जीवन-मूल्यों की बातें बन गई थीं। भारतेन्दु ने जिस विद्रोह का स्वर मुखरित किया था और भारतीयता की जो माँग की थी, वह भी हमारी जीवनगत अपेक्षाओं की वाणी थी। प्रसाद जैसे आनन्दवादी ने भी इतिहास के परिप्रेक्ष्य में अपने कहानी-साहित्य में व्यापक मानवतावादी दृष्टि को ही अपनाया था और प्रेमचन्द ने सामाजिक-राजनीतिक न्याय, आजादी, समता और बन्धुत्व जैसे विचारों को पूरी तरह जीवनाकांक्षाओं में बदल दिया था।

चूँकि गुलामी हमारी जिन्दगी का सबसे बड़ा अवरोध था, अत: स्वतंत्रता-प्राप्ति तक न्याय, समता और बन्धुत्व आदि के प्रश्न स्वाभाविकतया स्थगित हो गए थे। आजादी की प्राप्ति के बाद ही इन रिश्तों का नया फैसला होना था।

तमाम अवरोधों और वर्जनाओं के बावजूद प्रेमचन्द तक समय की यथार्थ आकांक्षाओं की अभिव्यक्ति ही प्रमुख रही। प्रथम विश्वयुद्ध के बाद से जिस भारतीय मध्यवर्ग का भयानक विघटन प्रारम्भ हुआ था, उसकी अनुगूँजें ही नहीं, स्पष्ट स्वर भी प्रेमचन्द की कहानियों में सुनाई पड़ते हैं, पर उनका आदर्शवाद एक रोमैंटिक व्यामोह की तरह हावी भी रहता है, जिसे अपनी बाद की कहानियों में वे झटककर फेंक देते हैं और 'पूस की रात', 'कफन', 'शतरंज के खिलाड़ी' जैसी कहानियों में उनकी दृष्टि यथार्थ का तीसरा आयाम अन्वेषित करती है। यह तीसरा आयाम मनुष्य को उसके परिवेश 'में' अन्वेषित करने का था (परिवेश 'सहित' प्रस्तुत करने का नहीं, जो कि उनकी कहानियों में पहले होता रहा है)। इसीलिए प्रेमचन्द की वे कहानियाँ, जिनमें मनुष्य अपने परिवेश में अन्वेषित हुआ है, गहनतम मानवीय संकट की कहानियाँ हैं, जिसका तीसरा आयाम है सामाजिक इतिहास की पीठिका (जो वर्तमान को जन्म देती है)।

कबीर का विद्रोह, सामाजिक न्याय की माँग और बन्धुत्व का आग्रह, भारतेन्दु की भारतीयता और आजादी का हक, प्रसाद की मानवतावादी मूल्यों के पुनर्निर्धारण की आकांक्षा और उत्तरवर्ती प्रेमचन्द द्वारा यथार्थ का ग्रहण और मानवीय संकट की व्याख्या—यह था वह क्रम, जो नई विचार-सम्पदा की विरासत थी।

परन्तु प्रेमचन्द द्वारा अन्वेषित इतिहास-क्रम की यथार्थ परिस्थितियों में से निकलकर आया हुआ मनुष्य, जब अपने पूरे वजन और व्यक्तित्व की समग्रता के साथ स्थापित हो रहा था, तब एकाएक अन्धड़ आया।

प्रेमचन्द का वह तीसरा आयाम, जो निश्चय ही इतिहास के क्रम से सम्बद्ध था, सहसा कुछ लेखकों के लिए आन्तरिक यात्रा का पाथेय बन गया, क्योंकि वे प्रेमचन्द की तरह अपने समय और यथार्थ में 'इन्वाल्व्ड' नहीं थे।

और यहीं से हिन्दी कहानी का घोर व्यक्तिगत (पर्सनल, वैयक्तिक नहीं) स्वर उभरता है, और कहानी में 'रीतिकाल' शुरू होता है। एकाएक वे औरतें, जो प्रेमचन्द तक जिन्दगी को वहन करनेवाली केन्द्रीय इकाइयाँ थीं, प्रेम-विदग्ध प्रेयसियों में बदलने लगती हैं, पुरुष श्रीकान्त की तरह नपुंसक होने लगते हैं और बिना जड़ों के। लेखक की अपनी दमित वासनाओं और कुंठाओं से ग्रस्त, उपजीवी पात्र अवतरित होने लगते हैं। इतिहास-क्रम से उद्भूत, अपने परिवेश में साँस लेता सामाजिक जड़ों वाला मनुष्य वहीं रुका रह जाता है और दीदी तथा भाभी या बहन जी के रिश्तेवाले व्यक्तियों की कामुकता कसमसाने लगती है। भाभीवाद और दीदीवाद का वह युग बीते अभी बहुत दिन नहीं हुए।

पूरा परिदृश्य सहसा बदलने लगता है, भाषा 'पर्सनल लैंग्वेज' बन जाती है और कहानियाँ 'पर्सनल डायरी' की स्वप्न-प्रेयसियों के इर्द-गिर्द घूमने लगती हैं। शायद हिन्दी कहानी के इतिहास में प्रेमी-प्रेमिकाओं के आँसुओं के इतने महानद, आहों के इतने महामेघ और सिसकियों के इतने महास्वर कभी नहीं गूँजे, क्योंकि तमाम भाभियाँ और तमाम दीदियाँ (अपने जीवन-पुरुषों को बिसराकर) सिर्फ अपने प्रेमियों के लिए जी रही थीं, यहाँ तक कि एक-एक प्रेम-सने वाक्य के लिए अलग-अलग 'लोकेल्स' चुने गए। झीलों के किनारे पहली मुलाकात के लिए तय हुए, तो प्रेम-निवेदन के लिए एकान्त घाटियाँ चुनी गईं...डूबते हुए सूरज की पृष्ठभूमि 'समर्पण के क्षणों' को दी गई और 'व्यथा के क्षणों' को शेष जिन्दगी सौंप दी गई। कुछ क्रान्तिकारी (पात्र) सहसा आए—अपनी झूठी शहादत की महिमा से मंडित, और अपने लिए नारियों की माँग करने लगे...मध्यवर्ग की नारी उनके मानसिक-बौद्धिक अत्याचार और दैहिक नपुंसकता की शिकार होकर दुख के क्षणों को 'भोगने की नियति' से आबद्ध हो गई...पर यह कभी पता नहीं चला कि कथा-साहित्य के वे क्रान्तिकारी पात्र कब और कहाँ क्रान्ति करने में संलग्न रहे थे? उनकी सामाजिक जड़ें कहाँ थीं और उनकी क्रान्तिकारी पार्टियाँ कहाँ क्रियाशील थीं और उनमें स्वयं उन पात्रों की भूमिकाएँ क्या थीं? भारतीय क्रान्तिकारी आन्दोलन के महान इतिहास और व्यक्तित्वों की रोमैंटिक परछाइयाँ ही साहित्य में आईं, जो अपनी कुंठित और दमित वासनाओं की तृप्ति खोज रही थीं। कोई दबंग, हाड़-मांस का क्रान्तिकारी साहित्य में नहीं घुस पाया। जीवन को झेलनेवाले केन्द्रीय पात्रों की जगह लिजलिजे, सन्दर्भों से कटे, कुंठाग्रस्त उपजीवी पात्र सामने आ गए, जो जिन्दगी को वहन करनेवाले व्यक्तियों को अपदस्थ कर स्वयं उनकी जीवन-पूँजी के साथ भोग और मानसिक विलास में रत हो गए—और अपरिग्रह, वेदना और दुखवादी दर्शन का ढोंग रचने लगे।

ऐसा नहीं है कि हिन्दी कहानी के इस 'रीतिकाल' में कुछ पृथक् स्वर नहीं थे—'अश्क' का निम्न-मध्यवर्ग और भगवती बाबू की कुछ कहानियों में उभरा

परिवेश ('मुगलों ने सल्तनत बख्श दी', 'दो बाँके' आदि) और यशपाल के 'विचारों के आग्रही' प्रवृत्तिमूलक पात्र इसी समय सामने आए...और पता नहीं कहाँ से भटकती, संघर्ष करती मात्र एक 'बुआ' सामने आई, जो बाद में न जाने कहाँ खो गई!

इतिहास-क्रम की यथार्थ परिस्थितियों से निकलकर जो मनुष्य आते-आते रुक गया था, वह भारतीय विचार-सम्पदा और जीवन-परम्परा का केन्द्रीय व्यक्ति था... पर कथा-साहित्य में उस पर पर्दा पड़ गया।

ऐसा नहीं था कि समय रुक गया था, समय की महत्त्वपूर्ण भूमिका में वह व्यक्ति अग्निपरीक्षा से गुजर रहा था...निम्न-मध्यवर्ग और मध्यवर्ग '42 की क्रान्ति में अपनी महत्त्वपूर्ण भूमिका अदा कर रहा था। किसान और जमींदार के सम्बन्ध दिमागों में तय हो रहे थे। मजदूर और मालिक के रिश्ते नए सन्तुलन की माँग कर रहे थे। टूटता परिवार अपने भावात्मक स्रोतों को खोज रहा था और महायुद्ध की विकराल छाया के अन्तर्गत भीषण अवसाद, निश्चय और विपन्नता भरी हुई थी... साथ ही प्रखर होते स्वाधीनता-संग्राम का प्रचंड रोष, शक्ति और क्रियाशीलता भी नजर आ रही थी...।

पर हिन्दी कथा-साहित्य का रीतिकालीन पात्र अपनी व्यक्तिगत क्रूरता से समस्त सामाजिक सन्दर्भों को नकारकर, अपने मनोलोक में प्रेयसियों के संग टहल-टहलकर वेदना और दुख पर भाषण दे रहा था...अपनी कुंठाओं को सही साबित कर अपने व्यक्तित्व के चारों ओर प्रभा-मंडल निर्मित कर रहा था और अपनी व्यक्तिगत विसंगतियों के लिए पृथक् चरित्रशास्त्र गढ़ रहा था।

और इस 'रीतिकाल' द्वारा निर्मित मानसिकता को अंगीकार न कर पानेवाले लेखकों ने एक वैचारिक-राजनीतिक अभियान शुरू किया। चूँकि यह राजनीतिमूलक अभियान था, अत: राजनीति की तरह ही इसमें सामूहिकतावाद का उदय हुआ...शुरू-शुरू में इस विचार-आन्दोलन ने निश्चय ही जीवनपरक मूल्यों को आधार बनाया, और संचेतना के स्तर पर विकसित होते मानव की आकांक्षाओं को रेखांकित किया। वैज्ञानिक दृष्टि से इसने मानवतावाद का पुनर्परीक्षण किया और सभ्यता की अगली यात्रा के मूल बिन्दु निर्धारित किए। रूढ़ियों, वर्जनाओं, गलत मान्यताओं और जड़ आचारसंहिता पर इस प्रगतिशील विचारधारा ने प्रहार किए और मनुष्य को उसकी स्थिति-परिस्थिति का परिचय दिया।

चूँकि यह वैचारिक आन्दोलन राजनीतिप्रसूत था, अत: साहित्य के मूल्यों और प्रतिमानों का निर्धारण भी राजनीतिक व्यक्तित्वों द्वारा होने लगा और तब वह 'केऑस' उपस्थित हुआ, जिसका साक्षी हमारे साहित्य का इतिहास है। अधिकांश

कथा-साहित्य में व्यक्ति तो भारतीय थे, स्थितियाँ भी अपनी थीं, पर उनके स्वर पराए थे, और उनका भविष्य पराया था, जो हमारे इतिहाससम्मत निष्कर्षों का प्रामाणिक प्रतिफलन नहीं था। ऐसे में कुछ लेखकों (बहुत हद तक यशपाल, नागार्जुन, अमृतराय, चन्द्रकिरण सौनरिक्सा, अमृतलाल नागर, रांगेय राघव आदि) ने सही दृष्टिकोण को अख्तियार करते हुए, राजनीति को अंगीकार करते हुए भी, उसकी प्रवृत्तिमूलकता और अत्याचार का विरोध रचनात्मक स्तर पर किया। उन्होंने लाल सुबहों का उद्घोष करनेवाले अशक्त पात्रों और लाल परचम फहरानेवाले राजनीतिक निरंकुशों को अस्वीकार किया और साहित्य पर छाए राजनीतिज्ञों के प्रभाव को नकारा, पर तब तक राजनीति का दबदबा पूरे देश पर छा चुका था...आजादी मिलते ही राजनीतिक नेता और कार्यकर्ता पूरे सामाजिक परिवेश में सबसे आदृत व्यक्ति बन गए थे, अत: कथा-साहित्य में समूहवादी-प्रचारवादी प्रवृत्तियाँ मजबूत बन गई थीं और हमारे साहित्य में इतिहास की प्रक्रिया से उद्भूत होनेवाला सर्वांगसम्पन्न व्यक्ति, कन्धों तक आकार पाकर रह गया, उसका भारतीय सिर कन्धों पर नहीं रखा जा सका। इसीलिए वह व्यक्ति रोबोट की तरह काम करने लगा, जिसका बटन राजनीतिक दिशादृष्टि देनेवाले कतिपय मस्तिष्कों के हाथ में था, जो पार्टी-प्रोग्राम तय करने के साथ-साथ साहित्य में उठाई जानेवाली समस्याओं और अभिव्यक्त किए जानेवाले पात्रों और क्षेत्रों का प्रोग्राम भी तय करते थे।

इसी समय राष्ट्रीय क्षितिज पर अँधेरे की रेखाएँ खिंचने लगती हैं। संविधान ने जिस समाज-रचना का सपना सामने रखा था, वह मिटता दिखाई देता है, क्योंकि वे नेता, जो देश का भविष्य निर्माण करने के लिए उपस्थित थे, भ्रष्ट हो गए थे।

मेला उठने के तत्काल बाद ही जैसे झंडियाँ, सुतलियाँ, बल्लियाँ, तोरण और अल्पनाएँ बिखर और फैल-छितरा जाती हैं, वैसे ही आजादी का यह मेला उठते देर नहीं लगी और चारों तरफ बिखराव, अव्यवस्था और छितराव नजर आने लगा। धर्मगुरुओं की तरह बड़े नेता अपने शीशमहलों में जा घुसे और आवारा छोकरों की तरह स्थानीय और क्षेत्रीय नेताओं ने ध्वंस शुरू किया। यह एक चकित कर देनेवाला तथ्य है कि आजादी से पहले के सत्याग्रही नेता एकाएक भ्रष्टाचार, अनाचार और अत्याचार के पक्षधर और भागी कैसे बन गए!

महकमों और दफ्तरों के स्तर पर वास्तविक रूप से गुलाम पीढ़ी का सामना करना पड़ा। वह पीढ़ी देश के सभी कामकाजी दफ्तरों पर छाई हुई थी, जो सचमुच अपने पूरे अस्तित्व से गुलाम बन चुकी थी। अंग्रेज-परस्त हुक्कामों की यह गुलाम पीढ़ी आज भी कर्ता-धर्ता बनी हुई है और उसका सहज फल देश को भोगना पड़ रहा है।

राजनीतिक क्षेत्र में व्याप्त भ्रष्टाचार, स्वार्थपरता, भाई-भतीजावाद, जातिवाद,

प्रान्तवाद जैसे फोड़े राष्ट्र के शरीर में एकाएक फूट पड़े और चारों ओर मवाद, सड़ते मांस और गन्दे खून की महक भर गई।

यह मोहभंग की स्थिति थी। एक ओर साहित्यिक स्तर पर कथा-साहित्य का रीतिकाल और सामूहिकतावाद अड़ा खड़ा था, जहाँ व्यक्तिगत कुंठाएँ जीवन-यथार्थ को नकार रही थीं, या समूहगत प्रचारवाद व्यक्ति की सत्ता को दबोच रहा था...दूसरी ओर राजनीतिक स्तर पर सड़ायँध, वैमनस्य, गुटबाजी और अन्धेरगर्दी थी और प्रशासनिक स्तर पर वास्तविक गुलाम पीढ़ी हावी थी...।

इस सबका मूल्य चुकाना पड़ रहा था मध्य और निम्न-मध्यवर्ग को, जो खुद अपनी समस्त मान्यताओं के सन्दर्भ में कहीं टूटा, कहीं अधबना, कहीं बिखरा और कहीं उजड़ा हुआ था...जो जीवन को वहन करने के लिए समर्पित था, समस्त-क्रूरताओं को सहन करने के लिए मजबूर था, क्योंकि स्वयं उसी के नेता भ्रष्ट हो गए थे।

विभाजन, मोहभंग, यांत्रिकता, विसंगतियाँ, परिवारों का विघटन, राजनीतिक भ्रष्टाचार और व्यापक असन्तोष के बीच जो मनुष्य साँस ले रहा था, जिसका समकालीन साहित्य जवाबदेही से कतरा रहा था...या जिसके आन्तरिक और बाह्य संकट को अभिव्यक्ति नहीं दे पा रहा था, वह मनुष्य इतिहास के क्रम में अपने पूरे परिवेश को लिये-दिये एक अवरुद्ध राह पर सम्भ्रमित और चकित खड़ा था।

इस समय नई कविता का आन्दोलन आता है, उसकी चेतना के अवरुद्ध स्रोतों को खोलने के लिए और लगभग उसी के आस-पास नई कहानी एक गतिवान प्रक्रिया को जन्म देती है और जीवन को झेलनेवाले केन्द्रीय पात्रों की ओर अभिमुख होती है। इतिहास-क्रम की यथार्थ परिस्थितियों 'से' निकलकर आया हुआ मनुष्य फिर कहानी का केन्द्र बनता है और उपजीवी रीतिकालीन पात्रों का दौर-दौरा खत्म होता है। भारतीयता की तलाश शुरू होती है और इसीलिए अपने अनुभूत प्रामाणिक यथार्थ की ओर दृष्टि जाती है :

'मलबे का मालिक', 'गुलकी बन्नो', 'जिन्दगी और जोंक', 'भाग्यरेखा', 'बदबू', 'कर्मनाशा ही हार', 'तीसरी कसम', 'सात बच्चों की माँ', 'जहाँ लक्ष्मी कैद है', 'भैंस का कट्या', 'चौदह कोसी पंचायत', 'शुतुर्मुर्ग', 'बबूल की छाँह', 'ढिबरी', 'कालसुन्दरी', 'समय', 'रेवा' आदि तमाम प्रामाणिक और अनुभूत यथार्थ की रचनाएँ उस गतिरोध को तोड़ती हैं, जो कथा-साहित्य में व्याप्त हो गया था। हरिशंकर परसाई, शरद जोशी, केशवचन्द्र वर्मा आदि व्यंग्य के कोण से अपने समय की विसंगतियों को वाणी देते हैं...।

कथानक, चरम बिन्दु, चरित्र-चित्रण, वातावरणीयता आदि क्रेफ्टमैनशिप की बातें पीछे पड़ जाती हैं और नई कहानी परिभाषा का एक नया संकट पैदा कर देती

है। लेखक स्रष्टा, द्रष्टा और भविष्यवक्ता होने के खोल उतारकर फेंक देता है, क्योंकि वह सीधे-सीधे मानवीय संकट का सामना करता है और अपनी हर कहानी में यथार्थ को खोजता और अभिव्यक्त करता चलता है। वह किसी भी प्रकार के आरोपण को अस्वीकार करता है और आधुनिकता के संक्रमण को वहन करते भारतीय व्यक्ति को उसकी नितान्त भारतीय परिस्थितियों और समय में सम्प्रेषित करता है। वह आरोपित, झूठी और खोखली मर्यादा तथा नैतिकता को भंग करता है और व्यक्ति की नैतिकता को प्रश्रय देता है, जो काले और सफेद की धार्मिक मान्यताओं को अस्वीकार कर मनुष्य के उन नए मूल्यों को प्रश्रय देता है, जो उसके अस्तित्व की अनिवार्य शर्त बन गए हैं। वह धार्मिक मानवतावाद से पृथक् न्याय और समता पर आधारित व्यापक मानवीय-मूल्यों को अंगीकार करता है...।

और नया कहानीकार यह सब धर्म, दर्शन, तंत्र या मतवाद के मातहत नहीं, परिवेश में आकंठ डूबे मनुष्य की आकांक्षाओं और अपेक्षाओं के मातहत ही स्वीकार करता है। नई कहानी इसीलिए मानव-मानव के नए उभरते और शक्ल लेते या टूटते सम्बन्धों को सबसे पहले रेखांकित करती है, क्योंकि वह अपने 'मैं' से निकलकर 'वह' या 'उसकी' प्रामाणिक अभिव्यक्ति करती है, और अपने 'मैं' से निकलकर जैसे ही वह दूसरे से सम्बद्ध होती है, लेखक प्रतिबद्ध हो जाता है। नए कहानीकार की प्रतिबद्धता का अर्थ इसीलिए जीवन से प्रतिबद्धता का है, मत-मतान्तरों, फैशनों या वादों से आक्रान्त होने का नहीं।

प्रामाणिकता और कथ्य का कालांकित (डेटेड) होना, दो विशेष बातें हैं, जो नई कहानी के सन्दर्भ में उठती हैं। प्रामाणिकता, अर्थात् झूठ और असंगत को कहानी के शिल्प और कथ्य के स्तर पर बराबर तराशते जाना, यानी सहजता की खोज। यह सहजता इकहरेपन का पर्याय नहीं है, बल्कि संश्लिष्ट यथार्थ को उसके सभी आयामों में से खोजकर बिना किसी तनाव या अतिरिक्त रोमैंटिक लगाव के अभिव्यक्त कर सकना है। प्रामाणिकता एक ओर अनुभव की सचाई की शर्त है तो दूसरी ओर सचाई को प्रौढ़ता से झेलकर अर्थों तक पहुँचाने की पहचान भी है।

इसीलिए नई कहानी मात्र जीवन-खंडों या घनीभूत क्षणों का सम्प्रेषण न होकर, उनमें निहित अर्थों या मूल्यों की कहानी है, जो अनेक स्तरों पर घटित होती है। अभिधात्मक रूप में वह स्थिति-विशेष, जीवन-खंड या घनीभूत क्षण की सच्ची प्रस्तुति है, तो व्यंजनात्मक रूप में वही मानवीय सम्बन्धों, घटना या क्षण को नए अर्थों तक ले जाती है। ये अर्थ उस यथार्थ से ही फूटते हैं, जिसे लेखक कहानी के लिए चुनता है। अतः आज कथ्य के चुनाव का दृष्टिकोण महत्त्वपूर्ण है; और इसीलिए अर्थगर्भा स्थितियों की महत्ता सहज ही बढ़ गई है, और नई कहानी परिवेश से उद्भूत प्रामाणिक अनुभव की गम्भीर संवेदनशील प्रतीति है, घटनाक्रम का वाचाल चलचित्र नहीं।

अपने समय का उल्लंघन नई कहानी में नहीं है, इसीलिए वह कालांकित (डेटेड) है। अपने समय की केन्द्रीय स्थितियों की अभिव्यक्ति और बदलते परिदृश्यों के साथ निरन्तर बदलते जाने की अपेक्षा से ही 'नए होते रहने' की बात जुड़ी है... यानी इसका कोई स्थिर रूप या प्रतिमान नहीं है; इसीलिए यह हमेशा अपरिभाषित रहने की नियति से आबद्ध है। किसी एक लेखक की अपनी रचना भी स्वयं उसके लिए प्रतिमान नहीं है, वह एक और नई शुरुआत की पीठिका बनती जाती है। यह प्रक्रिया ही नई कहानी की वास्तविक रचना-प्रक्रिया है। इसीलिए नए यथार्थ को खोजनेवाली कहानी नई है, बीते हुए की नए ढंग से खोज करनेवाली कहानी नई नहीं है। यह शिल्प- प्रयोगों का प्रयास नहीं, कथ्य के प्रयोगों का प्रयास है।

और कथ्य वही है, जिसकी अधिक या कम (यानी आनुपातिक) महत्ता सबके लिए है...वह सबसे कमोबेश रूप में जुड़ा हुआ है। कथ्य की यह सहभागिता या सबके अनुभवों (या विचारों) से आनुपातिक समरूपी सम्बन्धपरकता ही नई कहानी की तादात्म्य की स्थिति है। भावुकता या मनोरंजकता या मनोवैज्ञानिक सत्याभास अब सम्प्रेषणीयता के सेतु नहीं हैं। भाषा का चमत्कार, मुहावरों की छटा, या शैली की विशिष्टता अब कहानी के शृंगार नहीं हैं—शैली अब एक आरोपित रूपवादी मान्यता नहीं रह गई है। अब हर कहानी का कथ्य ही अपनी शैली निर्धारित करता है। पत्र शैली, डायरी शैली, संस्मरण शैली जैसी बनावटी और झूठे रूपवाद से मुक्ति प्राप्त कर यथार्थ को आमने-सामने देख सकने की चुनौती बेहद महत्त्वपूर्ण हो गई है।

और बदले हुए यथार्थ के स्तर पर यदि हम देखें तो नई यानी समकालीन कहानी में एक ओर वे पात्र हैं जो अपने प्रगाढ़ भारतीय संस्कार लिये जीवन के दृश्यपट से विलीन हो रहे हैं—यानी पिता, बुजुर्ग और उम्र के साथ मिटते हुए लोग—'आद्रा' की माँ, 'गुलरा के बाबा' के बाबा, 'चीफ की दावत' की माजाजी, 'बिरादरी बाहर' के बाप, 'वापसी' के पिता या 'पिता' के पिता और 'रक्तपात' की माँ।

आधुनिक नारी अब अपनी पूरी गरिमा, देह-सम्पदा और वास्तविक सम्मान के साथ आई है। 'यही सच है', 'मित्रो मरजानी', 'लाल पराँदा', 'जिन्दगी और गुलाब के फूल' आदि बहुत-सी कहानियों की नारियाँ नितान्त प्रामाणिक सन्दर्भों और जीवन-प्रसंगों से जुड़ी हुई हैं, जो पुरुष के 'माध्यम' से जीवन-मूल्यों या उसके अर्थों की खोज में तृप्त नहीं हैं, वे अपने पूरे व्यक्तित्व के साथ सहयोगी जीवन-पद्धति की भागीदार हैं, या स्वयं जिम्मेदार। सेक्स अब पाप-बोध देनेवाली क्रिया नहीं, एक वास्तविक और अनिवार्य आवश्यकता के रूप में स्वीकृत और समादृत है। वह लेखक की कुंठा का चटखारा नहीं, पात्रों की भौतिक और दैहिक अनिवार्य आवश्यकताओं की सहज माँग है। औरतें अब औरतें हैं, वे झूठी सती या वेश्याएँ

नहीं हैं, इसीलिए नई कहानी खलनायिकाओं से शून्य है, जिनकी पहले हर कदम पर जरूरत पड़ती थी। अब सम्बन्धों के ध्रुव दो हैं—स्त्री और पुरुष—जो सारी संगतियों और विसंगतियों के साथ अपनी प्राकृतिक अपेक्षाओं से सीधे-सीधे सम्बद्ध हैं। संशयग्रस्त सम्बन्धों के बिजबिजाते दलदल अब नहीं हैं। नारी की देह अब उसके अपने निर्णय की वस्तु है। धोखाधड़ी, बलात्कार या दीदीवादी-भाभीवादी विकृत परम्परा का मानसिक अत्याचार अब लेखकीय सहानुभूति का विषय नहीं रह गया है।

अकेलापन जहाँ पोज के रूप में आया है या एक नई रोमैंटिक भंगिमा में, वह साहित्यिक कृतित्व का अंग नहीं है। वह नकली और झूठा है। पर अपनी वास्तविक स्थितियों, यथार्थ परिस्थितियों, वर्जनाओं, विघटनवादी अन्धड़ों और भ्रष्टाचारजनित वातावरण में क्या कभी-कभी मनुष्य अकेला नहीं हुआ है? हमारे सामान्य जन का अकेलापन फालतू (सरप्लस) होने की नियति से उद्‌भूत है। 'मिसफिट' या फालतू (सरप्लस) होते जाने की यह समस्या नौजवानों या अवकाश-प्राप्त लोगों के सामने है, वे जो जिन्दगी को दसों उँगलियों से पकड़ पाने का जायज अवसर नहीं पा रहे हैं, या जिनकी दसों उँगलियाँ अशक्त हो गई हैं, समकालीन समाज में अकेले रह जाते हैं। पर यह संत्रास मृत्युभय या किसी सर्वशक्तिमान के अभिशाप का फल नहीं, समसामयिक विघटनवादी परिस्थितियों की देन है, जिनमें ऊबता या घबराता हुआ मनुष्य मौजूद है। यांत्रिकता और परिवारों के विघटन से सताया हुआ मनुष्य, सम्बन्धों की प्रत्यक्ष निरर्थकता के बावजूद, मृत्युवादी या भाग्यवादी नहीं हुआ है—वह घृणा, आक्रोश और नकार के 'निगेटिव' अस्त्रों से एक बहुत 'पॉजिटिव' भंगिमा अख्तियार कर रहा है।

समकालीन कहानी का मुख्य पात्र निम्न-मध्यवर्गीय मनुष्य ही है, जो अपने परिवेश से सम्पृक्त और सामाजिक जड़ों द्वारा अपने अस्तित्व की खुराक पा रहा है। वह प्रवृत्तिमूलक या अहंमूलक व्यक्ति नहीं—जीवन के घात-प्रतिघातों को सहता, हारता-हराता, क्षुद्रता और मनुष्यता को सहेजता-नकारता, अपनी निर्णय-शक्ति को बचाता-लुटाता, इसी दुनिया और इसी जीवन के अस्तित्व में विश्वास करता, सुख-दुख उठाता, जाने-अनजाने नए क्षितिजों को उद्‌घाटित करता और नए सम्बन्धों-सन्तुलनों को जन्म देता जिन्दगी को वहन कर रहा है।

और आज का लेखक जीवन की इसी समग्रता को यथासम्भव रूपायित करने के प्रयास में संलग्न है—वह स्वयं सहभागी है इस सारे वाङ्मय का। इसीलिए वह किसी बात का दावा नहीं करता, वह सिर्फ चिन्तन की स्वतंत्रता लेकर अपने परिवेश 'से' आए हुए मनुष्य और उसके मानवीय संकट तथा यथार्थ को यथासम्भव

प्रामाणिकता से प्रस्तुत करने और निरन्तर नई होती स्थितियों को आत्मसात् करने का विनम्र प्रयास करता है। इसीलिए उसके सामने प्रश्न अपनी उपलब्धियों का नहीं, उपलब्ध चुनौतियों से सामना करने का है।

ये कुछ बातें रचनाधर्मी संलग्न लेखकों के सन्दर्भ में ही उठाई गई हैं—लाखों की पृष्ठ-संख्या में मुद्रित व्यावसायिक लेखन के प्रसंग में नहीं; क्योंकि जिम्मेदार लेखन और चालू लेखन का अलगाव किए बगैर किसी भी बात का कोई अर्थ नहीं रह जाता।

शाश्वत मूल्यों का आग्रह और नई कहानी

तो जिस समय नई कहानी अपना स्वरूप अख्तियार करने लगी, उस समय हिन्दी गद्य में 'शाश्वत मूल्यों' का बोलबाला था। नई कविता 'क्षणवाद', 'लघु-मानववाद' आदि में उलझी हुई थी और कथा-साहित्य पाप-पुण्य, सुख-दुख, सौतेली माँ, सौत, कुलटा, शराबी, चरित्रहीन आदि मान्यताओं के इर्द-गिर्द चक्कर लगा रहा था। कहानी 'उद्‌बोधन' का माध्यम थी। हर कहानी किसी एक और इकहरे निष्कर्ष पर टूटती थी और 'सन्देश' देने की कला में महारत हासिल कर रही थी। ये 'सन्देश' और कुछ नहीं, लेखकों की नितान्त अपनी मान्यताओं का ही दूसरा स्वरूप थे और कहानी में 'विचारों' के नाम पर अच्छे या बुरे, काले या सफेद, सच्चरित्र और चरित्रहीन पात्रों के खाने बने हुए थे।

इतना ही नहीं—जो कुछ बदल गया या बदल रहा था, उसके प्रति हमारे तत्कालीन शीर्षस्थ लेखकों की भंगिमा में एक तरह का कड़ुवा व्यंग्य था। उनके लिए जीवन का प्रत्येक नया पहलू जिज्ञासा का विषय न होकर हिकारत का कारण बन गया था। जिन्दगी में आया हुआ परिवर्तन उन्हें रुच नहीं रहा था और वे उसकी ओर प्रश्नवाचक मुद्रा में नहीं बल्कि नकार की मुद्रा में खड़े थे।

स्टेशन पर खड़ी अपने जाते हुए पति को विदा देती हुई आधुनिका हमारे पुराने लेखकों के लिए 'एक झूठा पात्र' बनी हुई थी, क्योंकि वे यह स्वीकार नहीं कर पा रहे थे कि लिपस्टिक लगाए और मेकअप किए हुए औरत की भी एक बहुत सच्ची भावात्मक दुनिया है, या वह भी अपने पति के प्रति समर्पित हो सकती है, या कि वह भी अपनी तकलीफ में उतनी ही निस्संग हो सकती है जितनी कि वह औरत जो दरवाजों की ओट से, सर पर आँचल डाले और माथे पर बिन्दी लगाए, अपने परदेश जाते पति को रो-रोकर विदाई दे रही होगी। 'शाश्वत मूल्यों' के प्रति समर्पित कहानी अपनी संवेदना उन्हीं क्षेत्रों तक सीमित बनाए हुए थी, जो कि रूढ़ हो चुके थे। उस कहानी के लिए वह औरत ज्यादा सच्ची थी जो घर की चहारदीवारी में बन्द थी, उसका सुख-दुख, ऐकान्तिकता और अवरुद्ध जीवन उस कहानी के लिए ज्यादा 'पवित्र' था। अज्ञेय की 'रोज' कहानी के अलावा किसी भी अन्य कहानी में वह लेखकीय कोण नहीं मिलता जो उस रोज-रोज की जिन्दगी की

नीरसता और नीरवता को मुखर करता हो। उस समय की अधिकांश कहानियों में नारी एक व्यक्ति की तरह नहीं बल्कि कुछ-कुछ 'हिन्दू-ललना' के अन्दाज में सम्प्रेषित हुई है।

पात्रों के 'हिन्दूपन' ने हमारी पुरानी कहानी को जितना गुमराह किया है, शायद उतना किसी और चीज ने नहीं। अधिकांश कथा-साहित्य अप्रत्यक्ष रूप से हिन्दू-संस्कारों का कथा-साहित्य है—गनीमत यही थी कि इसमें साम्प्रदायिकता नहीं थी। गांधी जी के व्यक्तित्व के प्रभाव के अन्तर्गत 'हिन्दू' कट्टर नहीं होने पाया था। कट्टर हिन्दुओं का अंकन यदि हुआ भी तो ऐतिहासिक पात्रों के रूप में। लेकिन फिर भी उस समय की कहानी में हिन्दू-संस्कार प्रमुख है और कहानी की परिणति में उसकी स्पष्ट अनुगूँज सुनाई देने लगती है। इस हिन्दूपने ने आदमी को आदमी नहीं रहने दिया—वह (सब-कुछ निछावर करनेवाला) भाई, (पत्नी को सम्पत्ति समझनेवाला) पति, (ईश्वरभक्त) माँ, (जान पर खेल जानेवाला) दोस्त, (हर समय नौकर की तरह काम आनेवाला) पड़ोसी, (जगह-जगह रमनेवाला) साधु, (सिर्फ आहें भर-भरकर जीनेवाला त्यागी) प्रेमी, (वेश्या के लिए जान देनेवाला सद्गति को प्राप्त) गुंडा, (आत्मा को सुरक्षित रखकर तन बेचनेवाली) वेश्या आदि तमाम 'शाश्वत मूल्यों' को समर्पित इकहरे पात्रों में बदल दिया गया, वे हाड़-मांस के पात्र नहीं, बल्कि हिन्दू-प्रवृत्तियों के पात्र थे। चूँकि कहानी में यथार्थ और वास्तविकता का आभास देने के लिए कुछ मांसलता या भराव की जरूरत होती है, इसलिए ये पात्र अपने मूलभूत हिन्दूपने को कभी-कभी उजागर नहीं करते पर बारीकी से यदि देखा जाए तो तत्कालीन अधिकांश कहानियाँ इस रोग से ग्रस्त हैं। हिन्दू होना अपने में लज्जा की बात न भी हो, पर जो आदमी से पहले हिन्दू है, निश्चय ही वह चिन्ता का कारण अवश्य है। इसीलिए हर कहानी सद् और असद् के बोझ से दबी हुई है और यही वह बिन्दु है जहाँ से लेखकीय दृष्टिकोण के दूषित होने का खतरा पैदा होता है। जहाँ से लेखक अपनी नजर खोकर रूढ़ संस्कारों की नजर से सब-कुछ देखने लगता है। वह गलत निष्कर्षों तक कहानी को पहुँचाने लगता है और रूढ़ तथा विगलित मान्यताओं को अपनी सहमति देने लगता है।

उस दौर की अधिकांश कहानियों की औरतें हिन्दू पत्नियाँ हैं, हिन्दू बहनें हैं, हिन्दू ननदें हैं, हिन्दू सासें हैं...मुसलमान वेश्याएँ हैं और ईसाई कुलटाएँ हैं। आदमी—हिन्दू पति हैं, हिन्दू भाई हैं, हिन्दू ससुर हैं, मुसलमान गुंडे हैं और भ्रष्ट ईसाई हैं। यह हिन्दूपन इस हद तक हावी हुआ कि अनजाने ही हमारे लेखक भी 'हिन्दू' बने रहे...उन्होंने मुसलमान पात्रों को नहीं छुआ। अगर बहुत जरूरत पड़ी तो एकाध मुसलमान वेश्याओं को उन्होंने पकड़ा या पतित किस्म के ईसाइयों को उठा लिया।

इसका नतीजा यह हुआ कि आगे चलकर जब वर्ग-चेतना का उदय हुआ और आदमी को बहुत-कुछ उसके परिवेश में पहचानने की कोशिश की गई, तब भी

कृशनचन्दर जैसे लेखक किसी 'हिन्दू लड़की' को 'मुसलमान प्रेमी' के साथ भगा देने में सफल नहीं हुए, या जब ख़्वाजा अहमद अब्बास को उन्मुक्त प्रेम प्रदर्शित करने के लिए पात्रों की जरूरत पड़ी तो उन्होंने ईसाई पीटर और सोनिया कुलाबावाला का दामन थामा। आदमी के आन्तरिक विष या अस्वस्थ प्रवृत्तियों के उद्‌घाटन के लिए कृशनचन्दर के पास सुरेन्द्र, महेन्द्र और अवधेश रहे तो अब्बास के पास अनवर, सज्जाद और दिलावर। इन गलत और थोथी मान्यताओं से सिर्फ मंटो ने समझौता नहीं किया। उसके लिए आदमी आदमी था। सिखों को लेकर मजाक कर सकने का हक राजेन्द्र सिंह बेदी या बलवन्त सिंह के पास तक सीमित रहा। हिन्दुओं को बुरा कह सकने का अधिकार कृशनचन्दर को हासिल हुआ और मुसलमानों को खोल सकने का हक अब्बास, इस्मत और रजिया सज्जाद जहीर तक महदूद रहा। अगर कृशनचन्दर ने हिम्मत करके एक गाली किसी मुसलमान को दी तो घुमा-फिराकर एक गाली हिन्दू को भी देनी पड़ी। अब्बास ने अगर एक लाइन में हिन्दूसभाइयों को लताड़ा तो दूसरी लाइन में ही उन्हें मुस्लिम लीगियों को बुरा-भला कहना पड़ा।

और हुआ यह कि आदमी की सच्चाइयाँ और उसकी दुनिया इस 'तार पर चलनेवाले खेल' में अछूती ही पड़ी रही। कहानी 'सन्तुलन' की इस मजबूरी में मरती गई और खोखले नारों में तब्दील होती गई।

उर्दू कहानी ने मार्क्सवादी विचारों के मातहत बहुत-कुछ आदमी को बचा भी लिया, पर हिन्दी कहानी 'शाश्वत मूल्यों' के नाम पर अपनी चौहद्दियाँ और पुख्ता करती गई।

शाश्वत मूल्यों की यह बात कलात्मकता के सन्दर्भ में यदि उठी होती तो शायद कला-मूल्यों की कुछ रक्षा होती, पर वास्तविकता यह है कि कलात्मक संचेतना से विहीन लेखकों के लिए 'शाश्वत मूल्यों' का अर्थ ही 'हिन्दू पद्धति और प्रवृत्तियों' का रहा और जो कलात्मक संचेतना से सम्पन्न थे, उन्होंने 'शाश्वत मूल्यों' के इस नारे को जीवनपरक संचेतना के विरोध में स्थापित करने की कोशिश की। एकाएक कुछ दुखवादी पैदा हो गए और वे दुखियों को माँजने लगे या दुख उन्हें माँजने लगा। इस दुख में एक पूरी पीढ़ी की भावुक लड़कियाँ मँज गईं। दुख स्वयं एक स्वीकृत वस्तु बन गया और इसने 'प्रेम' जैसे शाश्वत मूल्य को झूठी आध्यात्मिकता की ओर उन्मुख किया। यानी 'प्रेम' धरती की चीज न रहकर हवाई बन गया और इस लूले प्रेम को ही सार्थक मूल्य ठहराया गया। प्रेमियों की एक अलग दुनिया बस गई और वास्तविकता से अपने को काटकर इन्होंने कल्पना की एक दुनिया निर्मित की जो सहज जीवन-सन्दर्भों और तर्कों से परे जा पड़ी। और इसमें हमारे विचारक-कहानीकार जैनेन्द्र ने हिन्दू रहस्यवाद का पुट दिया। 'नीलम द्वीप की राजकन्या' की बेचारी कन्या यह सोचती रह जाती है, 'जिसके लिए मैं हूँ, वह तो है, वह है। नहीं

तो मैं नहीं हूँ... ।'...'तू है। नहीं आया तो भी तू आ रहा है। तू न आने के लिए नहीं आया है।'

राजकन्या इन पंक्तियों में जिस 'दर्शन' से पीड़ित है, वह कितना सपाट, बेमानी और निरर्थक है, यह इन पंक्तियों से ही स्पष्ट है। परन्तु हमारा कहानीकार इसे ही, प्रेम के मूल्य का बोध मानता है और राजकन्या इसी बोध के प्रति समर्पित है। यह हिन्दू-रहस्यवाद बहुत समय तक गम्भीर जीवन-सन्दर्भों का भ्रम पैदा करता रहा और हमारा सम्बन्ध यथार्थ से काटता रहा। यदि इसे हिन्दू-रहस्यवाद न भी कहा जाए तो जैन संशयवाद कह लीजिए। इस रहस्यवाद और संशयवाद ने जीवनपरक दृष्टि को धुँधला करके एक भयंकर भ्रम की सृष्टि की।

यही रहस्यवादी दृष्टि एक महत्त्वपूर्ण उपलब्धि होती यदि कहानी में उसने जीवन-वास्तव की अमूर्तता को पकड़ने और अभिव्यक्त करने का रास्ता अपनाया होता, परन्तु ऐसा नहीं हुआ। इस संशयवाद ने अस्तित्व और मानवीय संकट या त्रास के सामने भी प्रश्न उपस्थित नहीं किया...बल्कि यह अपनी एक अलग दुनिया ही बनाता रहा—वह दुनिया, जिसका जीवन-वास्तव से या उसकी प्रामाणिक अनुभूति से कोई वास्ता नहीं था।

'शरीर के अवयव जितने ही कम होते गए, उनमें आत्मा की कान्ति मानो उतनी ही बढ़ती गई...रोटी, कपड़ा, आसरा हम चिल्लाते हैं; नि:सन्देह जीवन के एक स्तर पर यह निहायत जरूरी है, लेकिन मानव-जीवन की मौलिक प्रतिज्ञा यह नहीं है, वह है केवल मानव का अदम्य, अटूट संकल्प... ।' यह वाक्य जैनेन्द्र का नहीं, अज्ञेय का है। 'आत्मा की यह कान्ति' उन्हें जीवन से काटती गई। 'शरणार्थी' जैसी कहानी में भी अज्ञेय का यह दृष्टिकोण एक आरोपित दृष्टि का परिणाम है। उन्होंने भी 'अपने देखे हुए को' सच्चा नहीं रहने दिया और अपने विचारों के आग्रही पात्रों का सृजन करते गए। 'रोज' कहानी एक अपवाद है, जहाँ अज्ञेय में यथार्थ संगति को धुँधला नहीं होने दिया है...नहीं तो शिल्प और शैली की उत्कृष्टता के बावजूद उन्होंने भी 'दार्शनिक चिन्तन' की मुद्रा में ही अपने आस-पास के जीवन पर निगाह डाली है और उसे उतनी ही झूठी अभिव्यक्ति दी है जितनी कि रहस्यवादी और संशयवादी कथाकार ने।

शाश्वत मूल्यों की स्थापना में हमारे इन कथाकारों ने कहानी के वातावरण को यथार्थवादी ढंग से सम्प्रेषित जरूर किया, परन्तु आदमी के आन्तरिक यथार्थ को उन्होंने हमेशा खंडित किया। उस समय की कहानी की पूरी रचना-प्रक्रिया में यह दोष मौजूद है कि कहानीकार ने कहानी के अवयवों को हमेशा अलग पुर्जों के रूप में देखा और उनकी पृथक्-पृथक् सत्ता को स्वीकार करके उनके सन्तुलन से कहानी गढ़ने की कोशिश की। इस घोल को तैयार करने में असफल कहानीकारों के अलग-अलग तत्त्वों की मात्रा के अनुपात को भी नहीं समझा और वे निहायत

बचकानी कहानियाँ लिखते गए। जैनेन्द्र और अज्ञेय जैसे सफल कथाकार कहानी के तत्त्वों की मात्रा तो टीक अनुपात में निर्धारित कर सके, पर उन्होंने कहानी की अपनी आन्तरिक अपेक्षाओं को स्वीकार नहीं किया—वह उनके लिए एक हाड़-मांस की धड़कती हुई वस्तु नहीं रही बल्कि हड्डियाँ वे कहीं से बीन लाए, दृष्टि और मूल्य उन्होंने परम्परा की रूढ़ियों से ग्रहण किए और दिमाग अपना प्रक्षेपित किया। शाश्वत मूल्यों के इस अतिरिक्त आग्रह ने आदमी को आदमी नहीं रहने दिया। वह जीवन को वहन करनेवाला केन्द्रीय व्यक्ति स्वयं अपने अस्तित्व के संघर्ष से विमुख होकर रूढ़ हिन्दू-विचारधारा का संघर्ष जीने के लिए बाध्य किया गया। कोई भी पात्र स्वयं अपने निर्णय के अधीन नहीं जिया बल्कि लेखकों के निर्णयों के अत्याचार का वाहक बना। कहानी इसलिए महत्त्वपूर्ण नहीं मानी गई कि जीवन क्या कहता है, बल्कि इसलिए अमहत्त्वपूर्ण होती गई कि लेखक बराबर अपने को दोहराता गया।

शाश्वत है केवल जीवन और मृत्यु—और इसके बीच अस्तित्व का संघर्ष—परन्तु हमारे तत्कालीन कहानीकारों ने अपनी विशिष्ट मानसिक पद्धति को शाश्वत साबित करने का ढोंग किया और इसलिए वे प्रेमचन्द की कहानियों से दूर होते गए। 'कफन' या 'पूस की रात' या 'शतरंज के खिलाड़ी' के आदमी अपने पूरे परिवेश में आदमी हैं...वे शाश्वत मूल्यों की खोज में भटकते हिन्दू या मुसलमान नहीं हैं और न लेखकीय अत्याचार के शिकार हैं।

नई कहानी ने इन तथाकथित 'शाश्वत मूल्यों' की आग्रहमूलकता को खंडित किया था, केवल खंडित ही नहीं किया था बल्कि अस्वीकार किया था। अमरकान्त की 'जिन्दगी और जोंक', जितेन्द्र की 'जमीन-आसमान', ओंकारनाथ श्रीवास्तव की 'काल सुन्दरी', वीरेन्द्र मेंहदीरत्ता की 'पंखा कुली', राकेश की 'सौदा', निर्मल वर्मा की 'लवर्ज', राजेन्द्र यादव की 'जहाँ लक्ष्मी कैद है' आदि तमाम कहानियाँ उस आग्रहमूलकता से अभिशप्त पात्रों की कहानियाँ नहीं बल्कि अपने परिवेश में साँस लेते हुए आदमियों की कहानियाँ हैं। अपने अस्तित्व को झेलते और उसे प्रभावित करते या उसमें विघटित होते आदमी की कहानियाँ हैं।

कहानी में नया क्या है?

बहुत बार सुनने में आया कि क्या 'नई कहानी' वह है जो नई उम्र के लोग लिख रहे हैं? या वह है जो मात्र भौगोलिक परिवेश में नई है?

कुछ लोग, जो सतह से देखने के आदी हैं, उन्हें सिर्फ यह लगता है कि कहानियाँ शहर, कस्बे और गाँव में बँट गई हैं और परिवेश की नवीनता को ही नयापन कहकर चलाया जा रहा है। बात इतनी ही नहीं है। नई कहानी ने भौगोलिक परिधि को ही नहीं तोड़ा, उसकी आन्तरिक दृष्टि में महत्त्वपूर्ण परिवर्तन हुआ है।

जिस समय यह परिवर्तन हुआ, उससे पहले जन और उसके समाज के सन्दर्भ में सिर्फ एक पीढ़ी ही नहीं बदल रही थी, मात्र उम्र के तकाजे ही नहीं थे बल्कि वह सम्पूर्ण चेतना का संक्रमण-काल था। ऐसा नहीं था कि पिता लोग पुराने पड़ रहे थे और पुत्र लोग नए हो गए थे। हमारा इंगित उन परिवर्तनों की ओर है जो सामाजिक, आर्थिक और मानसिक धरातलों पर पड़ रहे दबाव के कारण हो रहे थे। यह दबाव उस मिले-जुले समाज को प्रभावित कर रहा था, जिसमें दो ही नहीं, तीन और चार-चार पीढ़ियाँ एक साथ रह रही थीं और अब भी रह रही हैं...जिन अमीरजादों और साधन-सम्पन्न लोगों की सन्तानों ने उस दबाव को प्राप्त सुविधाओं के कारण महसूस नहीं किया, वे आज भी नए मूल्यों के सन्दर्भ में उसी पुरानी चेतना को लेकर चल रहे हैं, जिसमें औरत एक जिन्स है, जिन्दगी महज ऐयाशी है...और वे आज भी समाज के गतिशील सवालों के उतने ही विरोधी या उनसे उतने ही अलग-थलग हैं, जितने कि उनके पुरखे थे। यह समुदाय सीमित है, पर उसकी चेतना निश्चय ही वही है जो उनके पिताश्रीओं की रही है।

इसी के साथ मध्यवर्ग के नौजवानों का भी एक बहुत बड़ा तबका ऐसा है जो सोचने-विचारने और जिन्दगी जीने के मूल्यों को लेकर वैचारिक और व्यावहारिक स्तर पर उतना ही पुराणपन्थी है, जितने कि उनके जीवित अग्रज हैं। कहने का मतलब यह है कि नए विचारों को वहन करनेवाले सिर्फ नई उम्र के लोग ही नहीं हैं, उनमें अधिक वय के लोग भी हैं और उनका विरोध करनेवाले सिर्फ पिछली पीढ़ी के लोग ही नहीं, नई पीढ़ी के लोग भी हैं। यह टकराव उम्र में बँटी हुई पीढ़ियों का नहीं, वैचारिक धरातल पर दो तरह से सोचनेवाली पीढ़ियों का है।

यह अच्छा ही हुआ कि गाँव, कस्बा और शहर की कहानियों का विभाजन मिट गया। शुरू-शुरू में प्रेमचन्द को गाँव का कथाकार कह-कहकर ग्रामांचल की कहानियों को ही 'नई' के अन्तर्गत लिया गया, जबकि यह बहुत स्पष्ट था कि हमारे नए कथाकारों की ग्रामांचली नई कहानियाँ भी बहुत-कुछ पुनः-प्रस्तुतीकरण से पीड़ित थीं। रेणु की कहानियों ने इस क्षेत्र में सर्वथा अछूती भावभूमियों को उद्घाटित किया। फणीश्वरनाथ रेणु के 'मैला आँचल' और 'ठुमरी' की कहानियों ने ग्रामांचल पर लिखी जा रही कहानियों की भंगिमा ही बदल दी और नई दृष्टि से सम्पन्न, नई कलात्मक अभिव्यक्ति के आधार पर इन कहानियों ने एक नई लीक डाली। प्रेमचन्द का नाम ले-लेकर उन्हें मात्र महान ग्राम-कथाकार कहनेवाले यह भूल गए कि प्रेमचन्द के लिए यथार्थ शहर, कस्बों या गाँवों में बँटा हुआ नहीं था... उन्होंने जीवन-यथार्थ को उसकी समग्रता में रूपायित किया था। नई कहानी की यात्रा का यह एक दुखद अध्याय था कि ग्रामांचलों पर लिखनेवाले लेखकों ने कहानी के नएपन को अपने-अपने गाँवों की हदों में कैद कर लेना चाहा और इसमें एकाध आलोचकों ने भी हाथ बँटाया, क्योंकि वे स्वयं आलोचक-प्रवर कहलाने के पीछे इतने उतावले थे कि उन्होंने कहानी के नएपन को न पकड़कर कुछ नए लेखकों की कहानियों को नया कहना शुरू किया, जबकि ग्रामीण जीवन की स्थितियों पर लिखी जानेवाली कहानियों में भी वही फॉर्मूलाबद्धता थी जो कि पिछली कहानी में थी। उसी तरह के चरित्र और उन चरित्रों के आस-पास 'चरित्र' बन सकनेवाली सभी योग्यताएँ। लम्बी काठियों, चट्टान की तरह सीना और रस्सी की तरह बुनी हुई बाँहें...वैसी ही हँसी कि जिससे सिवान पर बैठी चिड़ियाँ उड़ जाती थीं और जिनके शाप से पतिताएँ अन्धी हो जाती थीं। घोर रोमानी दृष्टि से उठाई गई ये कहानियाँ जीवन-खंड नहीं थीं, बल्कि चरितनायकों की कहानियाँ थीं। कथानक और चरम बिन्दु इन कहानियों में थे, चरितनायकों की महानताओं के किस्से थे और थी उनके प्रति एक अतिरिक्त रोमांस की दृष्टि। रोमांटिकता का यह सैलाब बहुत-सी ग्राम-कहानियों को देखते-देखते ले डूबा और कुछ लेखक भी अनजान तटों पर भटक गए। रेणु की 'तीसरी कसम', मार्कंडेय की 'सात बच्चों की माँ' और 'आदर्श कुक्कुटगृह', शिवप्रसाद सिंह की 'नन्हो', 'कर्मनाशा की हार' आदि कुछेक कहानियों ने इस धारा को किसी हद तक बचाया। घोर रोमांटिकता से पीड़ित अन्य सारी कहानियाँ अपने पुनः-प्रस्तुतीकरण दोष के कारण इस समय ही तिरोहित हो गईं। हमारे ग्राम-कथाकारों ने आज के गाँव से जीवन-सम्पर्क नहीं रखा, इसलिए वे वहाँ के यथार्थ को आत्मसात् करने में असफल रहे और स्वयं अपने जिए हुए यथार्थ को ग्रामीणता के मोह के कारण अभिव्यक्त करने में हिचकिचाते रहे। कुछ आलोचकों ने प्रेमचन्द का कतई गलत इंटरप्रेटेशन सामने रखकर यह साबित किया कि ग्राम-जीवन ही भारतीयता का प्रतिनिधित्व करता है, अतः ग्रामीण कहानियाँ ही भारतीयता

की सच्ची प्रतिनिधि हो सकती हैं और प्रेमचन्द ने इसलिए ग्राम को अपना केन्द्र बनाया। वे यह भूल गए कि प्रेमचन्द ने यथार्थ को खानों में विभाजित करके या मात्र ग्रामीण पात्रों के सन्दर्भ में ही नहीं जाँचा-परखा था। अन्त तक आते-आते प्रेमचन्द ने स्वयं इस मोह से मुक्ति प्राप्त की थी और तब उन्होंने आदमी को उसके परिवेश में से अन्वेषित किया था। वह परिवेश गाँव का भी हो सकता था और नवाबों के घरानों का भी। 'प्रेमचन्द ग्रामीण जीवन के महान कथाकार हैं!' जैसे सतही फतवों ने कितनी हानि पहुँचाई, इसका अनुभव स्वयं उन कहानीकारों को ज्यादा है जो इसके शिकार होकर अपनी प्रामाणिक अनुभूतियों से भी विमुख हो गए।

शहरी और कस्बाती कथाकारों ने भी इस राग में राग मिलाया था और वे भी वही गलती करने जा रहे थे जो कि ग्रामांचलों पर लिखनेवाले कथाकारों ने की थी। बहुत से अनर्गल वाद-विवाद इस विषय पर हुए और अन्ततः यह अच्छा ही हुआ कि इस तरह की बातें अपने आप समाप्त हो गईं और समर्थ लेखक अपने अनुभूत सत्यों की ओर अभिमुख हो गए।

ऐसा नहीं है कि नई उम्र के लेखक वातावरण विशेष में या भिन्न परिवेश में एक नए चरितनायक को पेश कर देने से नई कहानी के स्रष्टा बन जाते हैं। किसी विशेष व्यक्ति-वर्ग या समूह के बारे में लिखी गई कहानियाँ नई ही हों, यह भी गलत है। पुरानी और नई कहानी के बीच बदलाव का बिन्दु वैचारिक दृष्टि का है। भिन्न चरितनायक, पात्रों, समूह, वर्ग या अंचल पर लिखी गई कहानियाँ नई ही होंगी, यह एक गलत युक्ति है। बल्कि इससे कहानी के 'नएपन' को भी स्पष्ट या आभासित नहीं किया जा सकता।

'कफन' या 'शतरंज के खिलाड़ी' कहानियों को यदि नई कहानी का आधार बनाकर बात कहने से कुछ लोगों को यह कष्ट यदि न पहुँचे कि 'देखिए आखिर जुड़ गए न वहीं!' तो बहुत नम्रता से कहना चाहूँगा कि नई कहानी की पीठिका-स्वरूप हम इन कहानियों को ही नहीं बल्कि प्रसाद की 'गुंडा', यशपाल की 'पराया सुख' जैसी कहानियों और भगवतीचरण वर्मा की 'अंग्रेजों ने सल्तनत बख्श दी', अमृतलाल नागर की 'जूँ' आदि को ले सकते हैं—जहाँ कहानी के साथ-साथ एक और कहानी चलती है...यह 'मानवीय परिणति' की गाथा है...वह कहानी जो ऊपर है, वह भी अपनी अभिव्यक्ति, परिवेश और अंचल में नई है, पर वास्तविक रूप में ऊपर चलनेवाली कहानी जिस 'मानवीय परिणति' की गाथा को छाया की तरह नीचे छोड़ती चलती है वही उस नए आयाम को उद्घाटित करती है। घटनाएँ नई नहीं होतीं, मानवीय सम्बन्ध भी बहुत नए नहीं होते, भावावेग और आन्तरिक उद्वेग भी अछूते नहीं होते, पर इन सबकी एक नई दृष्टि से अन्विति ही नया प्रभाव छोड़ती है। अज्ञेय की 'रोज' और अमरकान्त की कहानी 'दोपहर का भोजन' से यह बात

ज्यादा स्पष्ट हो सकती है। 'रोज' की नारी का संकेत जितनी दूर तक जाता है उससे कहीं ज्यादा गहरा और व्यापक संकेत अमरकान्त की 'दोपहर का भोजन' की नारी का है। 'रोज' की स्त्री की सीमा मात्र उसका समाज है जबकि 'दोपहर का भोजन' की स्त्री की सीमा समाज से आगे मानवीय संकट का बोध है। यह अन्तर्निहित संकेत ही नई कहानी की यात्रा का प्रथम चरण था, जिसमें उसने इकहरे या अजीबोगरीब पात्रों को त्यागकर अपने यथार्थ और अपने जीवन से सम्बन्ध स्थापित किया था। यही कारण है कि नई कहानी की सांकेतिकता अमूर्त नहीं है—वह घनीभूत स्थिति से स्वयं उद्भूत है।

अब कथ्य ही प्रमुख है, क्योंकि कथ्य का संकेत ही आनुपातिक रूप में अर्थों की सृष्टि करता है। अब कहानी केवल कुछ विशिष्ट चरित्रों की कहानी नहीं है। जैनेन्द्र की 'रत्नप्रभा' कहानी जैसी औरतें कथ्य नहीं, बल्कि वे विलक्षण विकृतियों का शिकार औरतें हैं जिन्हें जैनेन्द्र की पीढ़ी गलत या सही ठहराती रही है, या एक निहायत कलाकारी अन्दाज में व्यक्ति-चित्रण के नाम पर या अछूते पात्रों के नाम पर चलाती रही है। नया कहानीकार पहले तो ऐसी थीम को उठाता ही नहीं, उठाता भी तो वह उसे नए अर्थों की अन्विति में देखता और तब प्रस्तुत करता। नए के नाम पर इस तरह का लेखन बहुत होता रहा है और होता रहेगा। रत्नप्रभा एक सम्पन्न औरत है और अकेली है। वह एक पुरुष के प्रति दया से भर उठती है, उसे हंटरों से पिटवाती है, नौकर रख लेती है और तब अपना प्रेम प्रकट करती है। यह विलक्षण स्थिति मानसिक विकृति का उदाहरण हो सकती है—कथ्य के दृष्टिकोण से कहानी का विषय नहीं।

कथ्य के कोण से कहानियाँ बदली हैं और कथ्य के प्रति दृष्टिकोण या जीवन-दृष्टि का अपना योगदान है। शायद कथ्य का यह बदला हुआ कोण एक तरह से स्पष्ट हो सके—जरा एक नजर पुराने कथा-साहित्य पर डालिए और अपने मन में कुछ चित्र बनाने की कोशिश कीजिए। अधिकांश कहानियों से किसी महिला का जो चित्र बनता हो, उसे परखिए। या पुरानी कहानी में निरूपित माँ या पिता या बन्धु या प्रेमी का खाका बनाने की कोशिश कीजिए। आसानी के लिए यदि किसी नवयुवती का खाका (जो उन कहानियों से उभरता है) खींचा जाए तो (अतिशयोक्ति-सहित) शायद कुछ इस प्रकार का होगा—

नवयुवती वह होती थी जिसके लहराते काले केश होते थे (बाल नहीं), उसके नीचे ललाट होता था, जिस पर कभी-कभी एक बिन्दी लगी रहती थी। ललाट के नीचे भृकुटियाँ थीं और उनके नीचे चकित मृगी के-से दो नयन थे। ये नयन सजल रहने के काम आया करते थे और इनमें सावन-भादों उमड़ते रहते थे। नयनों के पास ही नासिका होती थी और नासिका के दोनों ओर कपोल होते थे (गाल नहीं)। नासिका के नीचे अधर होते थे जो अस्पष्ट भाषा में बुदबुदाते रहते थे। अधरों के

नीचे चिबुक होती थी—सजल नयनों से जो अश्रुबिन्दु झरते थे, कपोल उनके बहने के काम आया करते थे और वे अश्रुबिन्दु चिबुक पर आकर 'टप' से चू पड़ा करते थे। गर्दन कभी-कभी होती थी, कभी नहीं भी। बाँहें बिल्कुल नहीं होती थीं। सिर्फ कोमल हाथ होते थे या कलाइयाँ। कलाइयों में चूड़ियाँ बजती रहती थीं और हाथों में सिर्फ एक उँगली होती थी जो आँचल लपेटते रहने के काम आती थी। उसके नीचे कुछ नहीं होता था। सिर्फ पैर होते थे, जिनमें भी एक अँगूठा ही ज्यादातर नजर आया करता था। वह अँगूठा धरती कुरेदने के काम आता था। नवयुवती के पास जबान होती थी (यह बताना मैं भूल गया था) जो सिर्फ 'दुत्' या 'मेरी माँ नहीं मानेंगी' या 'आप बड़े वो हैं' जैसे दो-तीन शाश्वत वाक्य बोलने के काम आती थी।

इसी तरह अगर हम इस कथा-साहित्य से तत्कालीन व्यक्तियों को जानना-देखना चाहें और इस बात की कोशिश करें कि उनके माध्यम से हम तत्कालीन समय, बोध, आकांक्षाओं और आस्थाओं या निराशाओं को जान सकें तो सिवाय कुछ विकलांग देहों के हमें कुछ नजर नहीं आता। इसका कारण यही है कि हमारे पुराने लेखकों ने 'शाश्वत की खोज' में अपने समय और उसकी आन्तरिक माँग के प्रति अपने को जीवित नहीं रखा। वे अपने कल्पना-लोक में अपने मानस-पुत्रों-पुत्रियों को गढ़ते रहे और स्वयं अपनी गाथा को दूसरों के माध्यम से प्रस्तुत करने का लोभ संवरण नहीं कर सके।

उनके लिए जो रास्ता था वह साहित्य से जीवन की ओर था, क्योंकि वे जीवन के प्रति या आदमी के सामने खड़ी भयावह परिस्थितियों और आसन्न संकट की ओर देखना हेय समझते थे। वे अपने शीशमहलों में बन्द थे और निरन्तर बदलती स्थितियों के प्रति उदासीन। यही कारण था कि वे साहित्य के चश्मे से जीवन को देख रहे थे और बहुत क्षुब्ध थे कि साहित्यकार का 'दर्शन' अपनाया नहीं जा रहा है।

नई कहानी ने इस जड़ता से अपने को अलग किया, बल्कि इस जड़ता से अलग जो कहानियाँ लिखी गईं वे नई के नाम से अभिहित हुईं। नई कहानी ने जीवन की सारी संगतियों-विसंगतियों, जटिलताओं और दबावों को महसूस किया...यानी नई कहानी पहले और मूल रूप में जीवनानुभव है, उसके बाद कहानी है। रास्ता जीवन से साहित्य की ओर हुआ। इसीलिए उसने अनुभूति की प्रामाणिकता को रचना-प्रक्रिया का मूल अंश माना। उसने जीवन को उसकी समग्रता में रूपायित किया—व्यक्ति को भी उसके यथार्थ परिवेश में अन्वेषित किया। ये व्यक्ति अपने में विलक्षण या अभूतपूर्व नहीं थे, इनकी कहानियाँ भी विलक्षण और अभूतपूर्व नहीं थीं, बल्कि वे उन व्यक्तियों की मानवीय परिणति की यथार्थ अभिव्यक्ति थीं। भीष्म की 'चीफ की दावत' की माँ या 'भाग्यरेखा' की वह रेखाएँ दिखाता हुआ व्यक्ति, शरद जोशी की 'तिलस्म' का नौकरीपेशा बाबू, दूधनाथ सिंह की 'रक्तपात' की माँ,

ज्ञानरंजन की 'पिता' के पिता, उषा प्रियंवदा की 'जिन्दगी और गुलाब के फूल' का भाई, मन्नू भंडारी की 'यही सच है' की वह औरत, कृष्णा सोबती की 'मित्रो', कृष्ण बलदेव वैद की 'मेरा दुश्मन' का पति, देवेन गुप्त की 'अजनबी समय की गति' का रिटायर्ड बूढ़ा—और तमाम लोग, जो इधर की कहानियों में आए हैं, मात्र अपनी ही नहीं, अपने माध्यम से अपने वक्त की कहानी कहते हैं।

पुरानी कहानी की जड़ता के कारण

'पुरानी कहानी से मेरा मतलब कहानी की उस धारा से है जिसकी चेतना और जीवन्तता अब समाप्त हो चुकी है। सन् '50 तक आते-आते सूखे का यह रोग तत्कालीन कहानियों को अपनी लपेट में ले चुका था। जब हम कहानियों के पुरानेपन की बात करते हैं तो उससे उसके लेखकों को अलग करके नहीं देखा जा सकता। जब-जब लेखक की सतत जागरूकता सीमित होती है, तब-तब ऐसा ही गतिरोध आता है। यह जागरूकता कई स्तरों पर होती है—अपनी कला, अपने समाज की संश्लिष्ट समस्याओं, अपने समय के नए मूल्यों (जिनके प्रति परम्परावादी बहुसंख्यक समुदाय का आशंकापूर्ण दृष्टिकोण होता है।) और भीतर-ही-भीतर बदलते भावनात्मक परिवेश के स्तरों पर। कहानी ही एक ऐसी विधा है, जो बड़ी सहजता और आडम्बरहीनता में अपने समय की भावात्मक और विचारात्मक विविधता को प्रस्तुत करती चलती है। यह तभी होता है जब कथाकार अपनी कला-चेतना को जीवित रख हर उठनेवाले वैयक्तिक या सामाजिक प्रश्न पर अपने को जवाबदेह पाता है। ये प्रश्न स्वयं भीतर से ही उठते हैं, क्योंकि प्रत्येक व्यक्ति के भीतर अनेक आंशिक व्यक्तित्वों का अन्तर्संघर्ष विद्यमान रहता है। जब इन प्रश्नों का उत्तर देना कथाकार बन्द कर देता है या उनके प्रति उदासीन होने लगता है, तभी यह गतिरोध आता दिखाई पड़ता है। सन् '50 के आस-पास यही स्थिति थी...देश की बौद्धिक चेतना और जनमानस एक जबर्दस्त संक्रान्ति से बोझिल थे...राजनीतिक उपलब्धियों के पश्चात् सांस्कृतिक संकट का वह समय हर क्षण एक नया प्रश्न पेश कर रहा था—हर व्यक्ति वैयक्तिक रूप में अपनी जिन्दगी के लिए नए मान-मूल्यों की स्थापना चाहता था, पर सामाजिक स्वीकृति के लिए दूसरों का मुँह जोहता था। हर तरफ एक संकट व्याप्त था, वैयक्तिक और सामाजिक आचरण के दो मानदंड बने हुए थे और वे मूल्य, जो बहुसंख्यक व्यक्तियों द्वारा पोषित थे, सामाजिक सम्बन्धों के स्तर पर अपनी सार्थक स्थापना के लिए प्रयत्नशील थे।

हमारे पुराने कथाकार उन प्रश्नों के उत्तर दे सकने की स्थिति में नहीं थे। ऐसे समय में सचमुच उनके परिपुष्ट दार्शनिक व्यक्तित्व ही आड़े आ रहे थे। वे उन नए प्रश्नों के प्रति परम्परावादी समुदाय की तरह शंकालु भी थे और अपनी लीक

छोड़कर हट सकने में असमर्थ भी। वे बदली हुई मानसिक आवश्यकताओं को चूँकि सही न मानकर उन्हें मात्र फैशन का नाम दे रहे थे, इसलिए उन्हें अपनी कला-चेतना और सृजन की प्रक्रिया में समाहित करने से हिचकिचाते भी थे। यह संशय और हिचकिचाहट हमेशा बनावटी कृतित्व को जन्म देती है। इसीलिए कुछेक पुराने कथाकारों ने बड़ी ही बनावटी और जोड़-तोड़ की कहानियाँ लिखीं और कुछेक ने शाश्वत मूल्यों की बात उठाकर अपने कृतित्व को गरिमा की पोशाकें पहनाईं। प्रस्तुत प्रश्न अनुत्तरित ही रहे।

जबकि समाज की युवतियाँ सारे घेरे तोड़कर आर्थिक दासता से मुक्ति के लिए छटपटा रही थीं, या दंगों में मारे गए परिवारों की लड़कियाँ परिस्थितिजन्य आवश्यकताओं के कारण काम करने के लिए विवश थीं और युवक अपने जाति-जन्य विचारों और अपनी पारिवारिक कुंठाओं से छुटकारा पाकर अपने अच्छे या बुरे जीवन के रूप को गढ़ने के लिए छटपटा रहे थे, जबकि शीघ्र विवाह की जरूरत को नकारते हुए युवक-युवतियाँ विवाह से पहले एक और तरह के सन्तुलन की खोज में भटक रहे थे, सब समय से पिटे हुए और मजबूरियों में जकड़े बुजुर्ग अपनी सार्थकता की खोज में व्याकुल थे, जब टूटे हुए परिवारों की नई परेशानियाँ सामने थीं, जब मध्यवर्गीय आर्थिक जीवन और विवश होता जा रहा था और साथ ही गाँवों में नए जीवन का जन्म हो रहा था और औद्योगिकीकरण की तेज रफ्तार के साथ-साथ आधुनिक जीवन को भोगने और उसके लिए संघर्ष करने की प्रवृत्ति जन्म ले चुकी थी—नई पीढ़ी की आशा-आकांक्षाओं और सपनों के रूप, उसके आन्तरिक और बाह्य संघर्ष के प्रतिमान बदल चुके थे जबकि एक पूरी पीढ़ी वैचारिक और व्यावहारिक स्तर पर बिलकुल दूसरी तरह से सोच-समझ रही थी, उस समय हमारे पुराने कहानीकार बुजुर्गों की तरह निष्कर्षवादी और समस्यामूलक कहानियाँ प्रस्तुत कर रहे थे। उनके मानदंड स्थापित हो चुके थे—लड़की प्यार करेगी पर माँ-बाप की इच्छा से ही ब्याही जाएगी, अपनी इच्छा से ब्याह करेगी तो दुख उठाएगी! बूढ़े हमेशा दया के पात्र होंगे और सामाजिक मर्यादा के पहरेदार नौजवान गुमराह ही होंगे, पर उनका मामला अन्त में लेखक सँभालेगा, नहीं सँभाल पाएगा तो पाप के भागीदार वही बनेंगे। डॉक्टर पेशे का आदमी अपने रकीब को हर हालत में जिलाएगा। नौकर पर चोरी का इल्जाम लगेगा पर उसके चले जाने पर यह साबित होगा कि गलती घरवालों की थी।

बहरहाल कहने का मतलब यह कि घोर-रोमानी और गणित की तरह हल होनेवाली कहानियों में समय का वह बोध नहीं उभर रहा था, जिसे नया पाठक चाहता था। पुराने खेमे के लेखकों के रचना-स्रोत सूखते जा रहे थे और उनका पाठक-समुदाय तेजी से क्षीण होता जा रहा था—यह एक ऐतिहासिक तथ्य है।

हमारे पुराने लेखक वय में बालिग हो चुके थे, पर बालिग साहित्य की रचना

का महत्त्व और आवश्यकता उन्हें या तो महसूस नहीं हुई थी या फिर वे उस तरह के कृतित्व-संस्कार की सीमाओं में आबद्ध थे।

और अन्दर पैठकर अगर देखें तो पुरानी कहानियों में युवती का जो कुल चित्र उभरता है, वह कुछ इस तरह है—युवती के केश होते हैं, ललाट पर बिन्दी, नासिका कभी-कभी क्रोध-प्रतिशोध में फड़कती है (खासतौर से तब, जब वह सब-कुछ बर्दाश्त करके मात्र अपना अधिकार पुरुष से माँगती है), सागर की तरह गहरी आँखें होती हैं, कानों में कुंडल होते हैं और अधरों पर स्मित रेखा। कपोल भी कभी-कभी होते हैं, जो रतनारी आँखों से दुख में ढरके हुए आँसुओं के बहने के काम आते हैं और आँसू की बूँदें कपोलों से होती हुई टप से चू पड़ती हैं। उसके बाद बाँहें नहीं, ज्यादातर हाथ होते हैं, जिनमें अँगुलियाँ होती हैं, अँगुलियाँ किसी बेहद संगीन और असमंजस-भरे क्षण या लाज-शर्म के वक्त आँचल का छोर लपेटने के काम आती हैं—गर्दन से नीचे कोई हिस्सा नहीं होता, बस पैर होते हैं, जिसका अँगूठा धरती कुरेदता रहता है।

इसी तरह युवकों, वृद्धों, नौकरों, भाई-बहनों, माँओं और गुरुओं आदि के भी अलग-अलग खंडित और विकलांग स्वरूप उभरते हैं। इसी के साथ उनकी दुनिया भी उतनी ही अधूरी उभरती है...उनका मानसिक संघर्ष भी सीमाबद्ध है और उनकी वैचारिक सम्पदा और बोध भी उतना ही अपरिपक्व है।

यशपाल और अश्क को छोड़कर पिछली पीढ़ी में से किसी भी अन्य कथाकार ने उस धरातल को छोड़ना स्वीकार नहीं किया, जिस पर वह खड़ा था और जो नीचे नीचे धसकता जा रहा था। अज्ञेय की कलात्मक उपलब्धि भी एक प्रतिमान उपस्थित करके अन्तर्विरोधों से ग्रसित सम्भ्रान्तता का चटखारा देकर भटक गई, क्योंकि उनके साहित्य को पढ़नेवाला बहुत ही सीमित समुदाय सांस्कृतिक रूप से देश की धरती, प्रकृति और व्यक्तित्व से इस तरह जुड़ा हुआ नहीं है, जैसा कि अन्य लेखकों का रहा है।

'लिटरेचर ऑफ सेंसिबिलिटी' की बात को एकदम गलत दिशा देकर ऐकान्तिक और नितान्त वैयक्तिक क्षणवादी अनुभूतियों को भी प्रतिष्ठित करने के प्रयास किए गए, जिसकी अन्तिम परिणति कुंठा-जनित निस्सहायता ही थी। इस 'बोधवादी साहित्य' का नायक हमेशा पराजित क्षण से ही अपनी दिमागी यात्रा शुरू करता रहा है...और बन्द सुरंगों में भटक जाना ही उसकी नियति रही है।

गणित की तरह सुलझनेवाली या शाश्वत मूल्यों का नारा देनेवाली या व्यक्ति के अन्तर्मन की पराजित बोधकथाओं की सबसे बड़ी उपलब्धि थी—पाठक को पढ़ने से विरत करना। पाठकों की रुचि ऐसी कहानियों में नहीं रह गई थी। पुरानी कहानी का पतन इसीलिए इतनी तेजी से हुआ कि देखते-देखते पुराने सक्षम लेखक पृष्ठभूमि में चले गए और श्रद्धालु पाठक उन्हें कभी-कभी याद करके उनसे भी नई कहानियों की माँग करते रहे।

पुरानी पीढ़ी के पास संचित ज्ञान की कमी नहीं थी, पर वह ज्ञान जीवन्त अनुभवों और संवेदना के बदलते हुए मानों द्वारा निरन्तर परिपोषित नहीं हुआ।

ऐसे ही समय में, जबकि पुराने लेखकों के सृजन-स्रोत सूख रहे थे और नया पाठक-वर्ग बदले हुए मान-मूल्यों की अभिव्यक्ति चाह रहा था, नई कहानी का उदय हुआ। यह 'नई कहानी' कोई आन्दोलन नहीं था, बल्कि उन प्रश्नों के जवाब में सामने आई थी, जिनकी चुभन हर वह व्यक्ति-लेखक महसूस कर रहा था जो समय के साथ संघर्षरत था और पुरानी कहानी की खामोशी पर चकित और खिन्न था।

पुरानी कहानी के पतन में नई कहानी के उदय का भी बहुत दबाव पड़ा। लेकिन उसके तिरोहित होने के मूलगत कारणों में उसकी अपनी शिथिलता ही प्रमुख थी—शिल्प-शैली और भाषा की शिथिलता के साथ-साथ कथ्य की नवीनता की कमी। इसीलिए पुरानी कहानियाँ इकहरी रह गईं, उनकी घनीभूत संवेदनात्मक परिणति की सांकेतिकता नहीं उभरने पाई। इस इकहरेपन को सहजता कहना ही गलती है। जटिल जीवन के अनुभवों से मुँह मोड़कर लिखे हुए साहित्य की निर्बलता को सहजता कहने की गलती भी होती रही है। पुरानी कहानी की यह सहजता विचारों की सुस्पष्टता और कलात्मक स्वानुभूति से निःसृत नहीं है।

पुरानी कहानी में भाषा के स्तर पर भी एक भयंकर अन्तर्विरोध पैठ गया था। भाषा की कृत्रिमता दिनोदिन बढ़ती जा रही थी, वे शब्द और भावखंड, जिनका कोई ध्वनि-बिम्ब लोक-मानस पर नहीं रह गया था, निरन्तर कहानियों में आ रहे थे। रोजमर्रा की जिन्दगी में दिखाई पड़नेवाले स्थल भी जब इन कहानियों में आते थे तो भाषा की रूढ़ता के कारण जीवनहीन और बनावटी बन जाते थे। भाषा की यह कृत्रिमता जीवन-प्रवाह से कट जाने का प्रमाण थी, क्योंकि कथा-साहित्य की भाषा कोशों से नहीं निकलती और न लेखकीय अन्तःपुरों में गढ़ी जाती है।

विचारणीय कारण और भी हैं, पर फिलहाल इतना ही।

नई कहानी, पुरानी कहानी, कहानी, समकालीन कहानी, लघु कहानी...

इससे इनकार नहीं किया जा सकता कि खानों में बाँटकर साहित्य को देखना एक गलत दृष्टिकोण है। उसे उसकी समग्रता और साहित्यिक परम्परा के सन्दर्भ में ही देखना चाहिए। यह एक मनोरंजक स्थिति है कि आज कहानी के क्षेत्र में कुछ ऐसी विकृतियों को भी आन्दोलन का नाम दिया जा रहा है जो रचनाओं की पीठिका से न उभरकर, व्यक्तियों की कुंठाओं से उभर रही हैं। किसी भी विधा में जब कुछ विशेष लक्षण परिलक्षित होते हैं—बौद्धिक तथा संवेदनात्मक स्तर पर—और जब वे स्वीकृत-पोषित मूल्यों पर दबाव डालते हैं और उन मूल्यों के लिए एक चुनौती बन जाते हैं, तब रचनाकार के सामने खुलकर मूल्यों को अंगीकार करने की समस्या आती है। और जब रचनाकार अपने सृजन द्वारा उस अंगीकृत सत्य को एक सार्थक अवधि तक अभिव्यक्ति देता रहता है, तब वह साहित्यिक आन्दोलन का रूप लेता है।

यह आन्दोलन समर्थ सर्जकों के मानसिक उद्वेलन का परिणाम बनता जाता है और इस प्रक्रिया में नए मान-मूल्यों का स्थिरीकरण तथा विकास होता रहता है। धार्मिक आन्दोलनों में 'इलहाम' की महत्ता है, राजनीतिक आन्दोलनों में गुट बनाने की मजबूरी है, पर साहित्यिक आन्दोलनों में सामाजिक तथा वैयक्तिक, बाह्य तथा आन्तरिक अपेक्षाओं की अनिवार्यता ही प्रमुख होती है।

इस अनिवार्यता के कारण ओछे नहीं होते। वह एक नितान्त आवश्यक संकट के रूप में सामने होती है, जिसका सीधा सम्बन्ध विचारों और कलाकार की अपनी ऐकान्तिक तथा सम्बद्ध इकाई से होता है।

कहानी के क्षेत्र में जितने भी तथाकथित आन्दोलन हैं, वे सब उस अनिवार्यता से प्रसूत नहीं हैं। कुछेक विकृत आन्दोलन नितान्त हीन स्तर पर चल रहे हैं और उनके मूल में कुंठा, वैमनस्य और हीन-भावना है...इसीलिए स्वर निहायत असंस्कृत और असभ्य है। उसमें किसी की दिलचस्पी नहीं होगी।

चर्चा के स्तर पर जिन नामों या शब्दों (जोकि अर्थ-आन्दोलन के रूप में आते हैं) का उल्लेख किया जा सकता है :

नई कहानी, पुरानी कहानी, कहानी, समकालीन कहानी और तथाकथित साहित्यिक कहानी (वस्तुतः लघु कहानी)—इन आन्दोलनों या इन शब्दों से सूचित प्रवृत्तियों पर अगर एक नजर डाली जाए, तो लगेगा कि इन नामों के पीछे कुछ मूलभूत अपेक्षाएँ हैं तथा हर नाम की एक अर्थ-संगति है।

कहानी : यह शब्द आज के सन्दर्भ में सिर्फ इतना ही अर्थ नहीं रखता। जब कोई कहता है कि 'कहानी कहानी ही होती है' तो सहज ही यह स्पष्ट हो जाता है कि 'कहानी' शब्द से किस अर्थ की अपेक्षा की जा रही है और वह अर्थ किस परिभाषा के मातहत जी रहा है। 'कहानी' के पक्षधरों का सीधा तात्पर्य किस्सागोई से है, यानी वे कहानी में कथनात्मकता-वर्णनात्मकता (Narrative) को ही उसका मूल्य मानते हैं। जो वर्णनात्मक शैली में पाठक का सहज मनोरंजन करे, फिर यदि उसे विचार भी दे सके तो दे, न दे सके तो वह कहानी की असफलता नहीं है।

पुरानी कहानी : यह शब्द उन लेखकों द्वारा प्रयोग में लाया जा रहा है, जो अधिकांशतः 'नई कहानी' के समर्थक हैं। उसके उन्मेष से पहले कहानी का रूप रूढ़ (पारम्परिक नहीं) हो गया था, उसके लिए 'पुरानी कहानी' शब्द का इस्तेमाल किया जा रहा है। यानी वह रूढ़ कहानी, जो एक साँचे में ढलती थी, जो गहन मानवीय संकट और अपेक्षाओं को वाणी देने में असमर्थ थी जिसने किस्सागोई को तो कुछ-कुछ छोड़ दिया था, पर निष्कर्षवादी अन्तों से जुड़ी हुई थी। 'पुरानी कहानी' कुछ न कहने में विश्वास नहीं रखती थी, बल्कि जो कुछ कहती थी, वह संश्लिष्ट मानव-प्रकृति की अवज्ञा करके, वह मात्र लेखक के अभीप्सित मन्तव्य की जोरदार वाहक होती थी। 'पुरानी कहानी' का 'मित्र' हमेशा मित्र ही रहता था, डॉक्टर वही डॉक्टर होता था, जो अपने रकीब को असाध्य रोग के बावजूद बचा ले, राखीबन्द भाई अपने समग्र परिवेश और माहौल को तिरस्कृत करके 'परमपुरुष' के रूप में बहन द्वारा याद किए जाने पर अवतरित हो जाए आदि-आदि। यानी उसका पात्र इकहरा होता था और झूठे आदर्शवाद से पीड़ित रहता था। यह ओढ़े हुए या आरोपित विचारों तथा जीवन की कहानी है।

समकालीन कहानी : यह आन्दोलन अपनी मूल प्रकृति में 'नई कहानी' से सम्पृक्त आन्दोलन ही है, जो कहानी में अतीव संयम, संक्षिप्तता और समकालीनता की माँग करता है। घटनात्मकता या नाटकीयता से इसका सख्त विरोध है। इसमें एक अजीब तरह की खामोशी, ठंडापन और सहजता है। वैचारिक धरातल पर इसका सीधा सम्बन्ध गहन मानवीयता और जीवन-सापेक्ष मूल्यों से है पर व्यक्ति या 'मैं' के माध्यम से, यानी एक तरह की संयत, सभ्य वैयक्तिक सामाजिकता से। नई कहानी के साथ ही कुछ अन्तर से आनेवाले लेखकों ने उसे एक नया नाम देना आवश्यक समझा था, पर उन सभी लेखकों के परवर्ती वक्तव्यों या वैचारिक स्थापनाओं से यह भी स्पष्ट हुआ कि वे नई कहानी की विचारधारा और उसके

मूल्यों से पृथक् नहीं हैं। वे उसी में एक और नया आयाम खोजने की कोशिश में थे, जिसे उन्होंने उपलब्ध भी किया है। इससे नई कहानी की विविधता और ज्यादा बढ़ी है।

लघु कहानी : यह आज की कलावादी पीढ़ी की कहानी है, जिसे वे अपने जाने साहित्यिक कहानी समझते हैं और अपनी रचनाओं को साहित्यिक स्वीकृति दिलाने के लिए इसी नाम से अपनी चर्चा कर लेते हैं। शायद कहीं उन्हें डर है कि यह विशेषण दिए बिना उनकी कहानी की साहित्यिकता पर किसी को विश्वास नहीं आएगा। इसके अधिकांश लेखक वे हैं, जो नई कविता से 'नई कहानी' की ओर मुड़े हैं और साहित्य की सम्प्रेषणीयता में विश्वास नहीं रखते। उनके लिए कहानी 'अँधेरे में एक चीख' है, और वे वैचारिक स्तर पर 'नई कहानी' के विरोधी भी हैं। लघु कहानी का कथ्य जीवन नहीं, मात्र अपनी नैतिक-बौद्धिक अभीप्साएँ हैं। यह कहानी 'पर्सनल डॉक्यूमेंटेशन' की तरह नितान्त वैयक्तिक है और हताशा को प्राप्य मानकर, अपने को उसी में जीने के लिए मजबूर पाती है। इसकी सार्थक इकाई 'क्षण' है...भूत और भविष्य से कटा हुआ। इसीलिए भविष्य उन्हें स्वीकार नहीं है, और मृत्यु की यंत्रणा ही उनकी चेतना का स्रोत है। 'लघु कहानी' का दर्शन स्वरति का दर्शन है, पर 'विचार' को वह भी सहेजती है, और हर तरह के साँचे को नकारती है। वह किस्सागोई, रोमांटिकता और आरोपित विचारों की परिपाटी को तो स्वीकार नहीं करती, पर स्वयं विचारों का आरोपण करना उसे अभीष्ट है। ये विचार भी व्यक्तिजन्य विकृतियों के ही नमूने हैं। लघु कहानी 'कहानी' को कहानी भी नहीं मानती, बल्कि उसे निबन्ध कहना ज्यादा पसन्द करती है। बहरहाल, इस सम्प्रदाय के लेखक एक अजीब बदहवासी में हैं।

नई कहानी : इसका उदय ऐतिहासिक सन्दर्भ में हुआ। इसने परिपाटीबद्ध रूढ़ अर्थों में 'कहानी' को स्वीकार नहीं किया। यह एक ऐसा मोड़ था, जो आन्तरिक और बाह्य कारणों से हिन्दी कहानी में आया। इसके अन्तर्गत कहानी के 'फॉर्म' तथा कथ्य—दोनों स्तरों पर एक नवीन दिशा की खोज की गई। 'नई कहानी' अपने में विकसित होती आई है; पहले उन्मेष में इसका कोई नाम भी नहीं था...पर बदलते हुए यथार्थ ने जब मूल्यों की एक संक्रान्ति खड़ी कर दी, तो नई कहानी ने उसे वहन किया और प्रेमचन्द-प्रसाद की कहानी की परम्परा को नए अर्थ तथा नए जीवन-सन्दर्भों की ओर अभिमुख किया। नई कहानी की आन्तरिक माँग ही यही थी कि उसकी यात्रा जीवन से साहित्य की ओर हो। जो कुछ जीवन में है...उसकी आन्तरिक शक्ति के रूप में उसे अभिव्यक्त किया जाए और भविष्य से उसे सम्पृक्त रखा जाए। वैचारिक धरातल पर 'नई कहानी' लघु-मानववादी, क्षणवादी, विजातीय बौद्धिकता को स्वीकार नहीं करती—वह अपने राष्ट्रीय-जातीय परिवेश के प्रति प्रतिबद्ध है और उसका मूल स्रोत है—जीवन, अपनी समस्त जटिलताओं और

संश्लिष्टताओं के साथ। यह आकस्मिक नहीं था कि 'नई कहानी' के उन्मेष के साथ ही, उसकी साहित्यिक विरासत की खोज में कुछ कहानियों पर से सहज ही आग्रह हटने लगा था। प्रेमचन्द या प्रसाद की उन कहानियों पर से सहज ही ध्यान विकेन्द्रित होने लगा था, जो पाठक समुदाय को कथ्य और कला की दृष्टि से संवेदित नहीं कर पा रही थीं। यह भी आकस्मिक नहीं था कि प्रेमचन्द की 'ईदगाह', 'बड़े घर की बेटी', 'पंच परमेश्वर' आदि कहानियाँ उतनी चर्चा का विषय नहीं रह गई थीं। जीवन के नए और बदले परिप्रेक्ष्य में प्रेमचन्द की ही 'कफन', 'पूस की रात', 'शतरंज के खिलाड़ी' जैसी कहानियों के प्रति सहज आग्रह बढ़ गया था। कहानियाँ नहीं बदली थीं, समय की माँग बदली थी और समय ने ही अपनी थाती में से नए चुनाव किए थे।

कथा-साहित्य में, इस बदलते हुए 'एम्फेसिस' (आग्रह) को नजरअन्दाज नहीं किया जा सकता। और यह बदला हुआ आग्रह ही वह बिन्दु है, जहाँ से कहानी मोड़ लेती है—और वह मोड़ ही 'नई कहानी' के नाम से अभिहित किया गया। रूढ़ि को नकारते हुए नई कहानी ने अपनी खोज शुरू की थी—यह खोज समाजधर्मा है—कथ्य के स्तर पर और शैली-शिल्प के स्तर पर उसने अपने लेखकों की वैयक्तिकता को भी अक्षुण्ण रखा है।

नई कहानी विकास की प्रक्रिया से गुजरी है, जिसके वस्तु-बीज प्रेमचन्द, प्रसाद और यशपाल में हैं।

नई कहानी ने उत्तराधिकार में जो कुछ पाया, उस सबको बिना सोचे-समझे ग्रहण नहीं किया—प्राप्त मूल्यों में से जिसकी संगति उसकी आन्तरिक प्रक्रिया की प्रकृति और अपने जीवनबोध के साथ बैठती थी, उसे ही उसने ग्रहण किया है। और हर लेखक ने अपने अनुभूत जीवन की निरन्तरता में से जीवनखंडों को उठाकर अभिव्यक्ति दी है। रेणु, राकेश, राजेन्द्र यादव, भीष्म साहनी, हरिशंकर परसाई, अमरकान्त, रमेश बक्षी, मार्कंडेय, शिवप्रसाद सिंह, मन्नू भंडारी, शैलेश मटियानी, उषा प्रियंवदा, मधुकर गंगाधर, राजेन्द्र अवस्थी, शानी, शरद जोशी जैस सशक्त लेखकों ने 'नई कहानी' को जीवन्तता और विविधता दी है। कुछ अन्तराल से आनेवालों में प्रयाग शुक्ल, विजय चौहान, रामनारायण शुक्ल, प्रबोध कुमार, महेन्द्र भल्ला, दूधनाथ सिंह, रवीन्द्र कालिया, ज्ञानरंजन, सुशील कुमार, परेश, विमल, देवेन गुप्त, अनीता औलक, योगेश गुप्त, अवधनारायण सिंह, प्रेम कपूर, गिरिराजकिशोर आदि ने और भी नए आयामों की ओर यात्रा आरम्भ की है।

इस साहित्यिक उपलब्धि को खानों में बाँटकर नहीं देखा जा सकता। नई कहानी को भी उसकी समग्रता में देखना होगा, क्योंकि खानों में बाँटकर देखना गलत नतीजों तक पहुँचाता है।

कथा-साहित्य : कुछ नए मुखौटे और अस्तित्व की मजबूरी

कहानी पर इधर जितनी और जो भी चर्चा हुई है, वह कुछ मूलभूत तत्त्वों को भी उभारती है। अनर्गल चर्चाओं के बीच ये तत्त्व की बातें बहुत-कुछ दबी रह गईं या उनकी ओर अधिक ध्यान नहीं गया।

होता यह है कि समय-विशेष में वास्तविक (जेनुइन) लेखन तो सचमुच बहुत कम होता है, पर उसके साथ साधित (डेरीवेटिव)लेखन कभी-कभी अमरबेल की तरह पूरे वृक्ष पर छा जाता है और उसी से या उसी के बल पर अपनी जीवनी-शक्ति खींचता रहता है। कुछ ऐसी ही स्थिति आज हिन्दी के कथा-क्षेत्र में भी है—वास्तविक साहित्यिक लेखन के साथ-साथ साधित उपजीवी लेखन बहुत ज्यादा होता है। पर अब वास्तविक लेखन और इस साधित लेखन के बीच एक रेखा भी उभरने लगी है।

यह साधित लेखन अपनी जीवन-शक्ति भी वास्तविक साहित्यिक लेखन से खींच रहा है और कभी-कभी साहित्यिकता का आभास देता रहता है। यह आभास देते रहना उसके लिए लाजिमी भी होता है, क्योंकि उसके समाप्त होते ही इस तरह के लेखन की कलई उतरने लगती है। इसीलिए ये उपजीवी लेखक चर्चाओं, लेखों, गोष्ठियों आदि के द्वारा वह झूठा आभास खड़ा किए रहते हैं तथा अपने नामों को कुछ सुप्रतिष्ठित साहित्यिक नामों के साथ नत्थी किए रहते हैं।

यह उनकी मजबूरी है...उनके अस्तित्व की शर्त है। इसे नकारकर उनके लिए जीना सम्भव नहीं होता। ऐसे लेखकों की बात करना व्यर्थ है।

लेकिन इसी शोर-शराबे में कुछ ऐसी बातें भी सामने आई हैं, जिनका सीधा सम्बन्ध कथा-साहित्य से है, और उन्हें गम्भीरता से लेने की एक जिम्मेदारी भी है।

इस तमाम उथल-पुथल में एक बात लोकप्रिय कहानी और साहित्यिक कहानी की भी उठाई गई है। यह एक विचारणीय विषय है, क्योंकि 'साहित्यिक कहानी' की बात विशेषत: उन लेखकों द्वारा उठाई गई है, जो हिन्दी की नई कविता के क्षेत्र में उदित हो रहे हैं, या कुछ स्वीकृति प्राप्त कर चुके हैं।

साहित्यिक कहानी का मसला क्या है, इसे जानने के लिए जरूरी होगा कि हम जरा पीछे की ओर एक दृष्टि डाल लें।

साहित्यिक कहानी का सवाल उन कवियों द्वारा उठाया गया है, जो अभी तक अपनी कविताओं के लिए एक विशिष्ट प्रबुद्ध पाठक वर्ग की माँग करते रहे हैं। धीरे-धीरे कविता के क्षेत्र में जब एक भयंकर बिखराव और विघटन आया तो इन कवियों ने कहानी की ओर रुख किया, विशेषतः इसलिए कि इन पिछले कुछ वर्षों में कहानी अच्छे अर्थ-प्राप्ति का साधन भी बन गई है। खैर, यह एक मामूली कारण हो सकता है, क्योंकि किसी भी वास्तविक लेखक-कवि के इरादों या ईमानदारी के प्रति सन्देह नहीं किया जा सकता। परन्तु इस साहित्यिक कहानी के उदय के पीछे जो कारण काम करते और दबाव डालते रहे हैं, वे उतने मामूली नहीं हैं कि उन्हें छोड़ दिया जाए।

यदि जरा पैठकर देखा जाए, तो यह साहित्यिक कहानी अपने वैचारिक स्तर पर नई कहानी के मान-मूल्यों के विरोध में सामने आई है। जहाँ नई कहानी की यात्रा जीवन से साहित्य की ओर है, वहीं इस साहित्यिक कहानी की यात्रा साहित्य से जीवन की ओर है। यही मूलभूत अन्तर है, जिसकी ओर नजर रखनी होगी।

यह साहित्यिक कहानी विशुद्ध कलात्मकता की पैरवी करती है और उसी बिन्दु पर अपनी चरम स्थिति मानती है। वास्तविकता यह है कि कहानी का यह आन्दोलन कलावादियों का ही आन्दोलन है, जो कि साहित्य में 'वैयक्तिक स्वतंत्रता' और 'कला कला के लिए' का प्रतिपादन करना चाहते हैं। चूँकि समाजधर्मा लेखन के प्रवाह के सामने इन लेखकों-कवियों के द्वीप कई बार बह चुके हैं, चूँकि उनके इस दृष्टिकोण को 'प्रबुद्ध पाठक-वर्ग' भी अस्वीकृत कर चुका है, इसलिए इस बार वे अपने इस नए नाम के साथ अवतरित हुए हैं। यह स्थिति कुछ-कुछ वैसी ही है, जैसी कि किसी ऐसे व्यापारी की होती है, जिसका बार-बार दिवाला निकल चुका होता है और वह बार-बार नए 'साइनबोर्ड' लगाकर अपनी किस्मत आजमाता रहता है।

'स्वान्तः सुखाय', 'कला कला के लिए', 'वैयक्तिक स्वतंत्रता' या 'साहित्यिक कहानी' —इन सबके मूल में चित्तवृत्ति एक ही है। साहित्यिक कहानी का लेखक किसी के लिए नहीं, यहाँ तक कि अपने लिए भी नहीं लिखता।

लेखक के लिए जब-जब इन मूल्यों की बात उठी है, तब-तब उसके पीछे कुछ सामयिक या ऐतिहासिक कारण रहे हैं। 'स्वान्तः सुखाय' लेखन या साहित्यिक कहानी का लेखन, इन दोनों की मूल प्रकृति में कोई अन्तर नहीं है।

देखना यह चाहिए कि 'स्वान्तः सुखाय' या 'कला कला के लिए' जैसे आन्दोलन किन परिस्थितियों में उठते हैं, और इनके पीछे वह कौन-सी मनःस्थिति होती है, जो काम करती है?

बदलते ऐतिहासिक सन्दर्भों में ही इसकी जड़ें खोजी जा सकती हैं, जब-जब

इतिहास का सन्दर्भ बदलता है, सामयिक स्थितियाँ कोई महत्त्वपूर्ण मोड़ लेती हैं (जो कि स्वयं इतिहास की थाती बनती जाती हैं) तब-तब संवेदनशील लेखक-कवि अपने लिए और उन मूल्यों के लिए चिन्तातुर होता है, जिनके प्रति वह समर्पित रहा है। विशेष ऐतिहासिक स्थितियों में मूल्यों के आग्रह भी बदलते रहे हैं और जीवन की गति भी। बदलते मूल्यों और जीवन की गति जब कुछ लेखकों को विकलांग कर देती है, और वे निजत्व की रक्षा के लिए अकुलाते हैं...जब वे गतिमान जीवन या युगबोध के साथ अपने आत्मबोध की समता स्थापित नहीं कर पाते, तो वे संन्यासी की तरह निरपेक्ष होने लगते हैं...कुछ-कुछ उसी तरह, जैसे खिलाड़ी चार पालियों के सेट में से जब तीन हार जाता है, तो चौथी पाली 'खेलने के लिए खेलने' लगता है और इसी को वह 'स्पोर्ट्‌समैनशिप' मानता है। लगभग यही स्थिति लेखन के क्षेत्र में भी है। जब कोई लेखक जीवन को झेल नहीं पाता, तो निरपेक्षता की बात करता है और 'लिखने के लिए लिखने' लगता है और तब वह अपनी गरिमा को बनाए रखने के लिए 'स्वान्तः सुखाय' की बात करता है। इसीलिए यह बात उन दो प्रकार के लेखकों के द्वारा ही उठाई जाती है, जो कभी साहित्य की जीवन्त धारा के साथ रह चुके हैं और अब उस मूलधारा से कट गए हैं, या उन लेखकों द्वारा उठाई जाती है जो अपनी सीमाओं के कारण साहित्य की मूलधारा से कभी जुड़ ही नहीं पाए हैं।

जो विशुद्ध यानी साहित्यिक कहानी की बात करते हैं, वे जीवन के सन्दर्भों और उसकी अनुभूति को कोई महत्त्व नहीं देते। वे जीवन को जिए जाने के पक्ष में भी नहीं हैं, बल्कि उसे केवल अपनी 'बुद्धि' से सोचकर लिखने के हामी हैं। उनका पात्र यदि प्यार भी करता है तो उसका एक हाथ 'प्यार' करता रहता है और दूसरा हाथ 'ठंडा' पड़ा रहता है। उस दूसरे हाथ का कोई सम्बन्ध पहले हाथ से नहीं होता। इस स्थिति को वे कला की 'निस्संगता' से मंडित करते हैं। उनके लिए कलाकार की प्रतिबद्धता (जीवन के प्रति) एक दुखद स्थिति है, क्योंकि वे कला की सामाजिकता के विरोधी हैं और स्वयं कला के लिए कलाकार-कथाकार-साहित्यकार के रूप में समर्पित हैं। यदि 'कला कला के लिए' ही है तो फिर यह मान लेने में उन्हें कष्ट क्यों होता है कि 'विज्ञान विज्ञान के लिए' और 'धन धन के लिए' ही हो? विज्ञान के नरसंहारी प्रयोगों के प्रति वे उद्वेलित क्यों हैं? उसकी विध्वंसात्मक शक्ति से आतंकित भी क्यों हैं?

साहित्यिक कहानी के प्रतिपादन का प्रयास इसीलिए उस प्रवृत्ति का प्रयास है जो मूलभूत मानवीय आस्था से वंचित है, और बार-बार साहित्य से तिरस्कृत होती रही है।

और इस शोर-शराबे में यह साधित-लेखन भी अमरबेल की तरह फैलने की कोशिश में है, जिसके पास अपने कोई मान-मूल्य नहीं हैं। वह कभी 'नई कहानी'

और कभी 'नई कविता' से कुछ खसोट लाता है और उसे अपना बनाकर पेश करता है। उसे जो भी वाक्यांश अच्छा लग जाता है, उसी को लेकर दौड़ने लगता है। उसकी दौड़ हिन्दी की तीसरे और चौथे स्तर की पत्रिकाओं में होती रहती है, जिन्हें अपना पेट भरने के लिए 'कुछ भी' हर महीने या हर सप्ताह चाहिए होता है। अपने अस्तित्व के लिए साहित्यिकता का यह आभास देते रहना उनकी एक मजबूरी भी है और अस्तित्व की शर्त भी।

नई कहानी और संत्रस्त लोग

नई कहानी के सन्दर्भ में बार-बार कुछ बातें गूँजती रहती हैं। कभी यह कहा जाता है कि यह कुछ लेखकों के दायरे में सिमट गई है, कभी कहा जाता है कि नई कहानी व्यावसायिकता का एक नारा है, कभी कहा जाता है कि यह विशेष राजनीतिक मतवादियों की कहानी है और कभी यह प्रश्न उठाया जाता है कि नई कहानी में नया क्या है? और अगर नया कुछ है तो वह पुराने से अलग कहाँ है? फिर यह भी उसी साँस में कहा जाता है कि कहानी में नयापन आया है, कि कहानी अब एकदम बदल गई है...कहानी ने कथ्य और भाषा के स्तर पर अपने को पुरानी कहानी से अलग कर लिया है...कि नए कथाकारों ने निश्चय ही कुछ उत्कृष्ट नई कहानियाँ लिखी हैं...कि नई कहानी एक आन्दोलन है...कि नई कहानी में कुंठा, निराशा, घुटन और एकरसता है...कि नई कहानी ने अपने समय की जिन्दगी को बहुत ईमानदारी और प्रामाणिकता से प्रस्तुत किया है...कि नए कहानीकार अपनी परम्परा से विद्रोह कर बैठे हैं...कि नए कहानीकार जिन्दगी को मुक्त होकर जीने के हामी हैं...कि यह प्रगतिवादियों का आन्दोलन है...कि यह 'पैटी बुर्जुआ' लेखकों से आक्रान्त है...और यह...और वह...।

पिछले दस-पन्द्रह वर्षों में चायघरों, कहवाखानों, गोष्ठियों, सभाओं, समारोहों आदि में बराबर यह और हजार तरह की बातें गूँजती रही हैं। सन् '65 भी इन्हीं चर्चाओं के साथ समाप्त हुआ और पता नहीं कब तक यह सब चलता रहेगा। 24-25-26 दिसम्बर, '65 को कलकत्ता में भारतीय संस्कृति संसद ने एक बृहद् आयोजन किया था। और उसमें भी बात आकर नई कहानी पर टिक गई थी। तीनों दिन लगातार नई कहानी की चर्चा ही होती रही और उद्घाटन गोष्ठी से जो बात उठी निर्धारित विषयों को छूती हुई समापन गोष्ठी तक एक लम्बी अनवरत बहस के रूप में चलती गई। कथा-समारोह की समाप्ति के बाद पत्र-पत्रिकाओं में उसकी रिपोर्टें भी प्रकाशित हुईं और 'ज्ञानोदय' जैसे प्रतिष्ठित पत्र ने तो एक विशेषांक ही निकालने की घोषणा की, जिसमें कथा-समारोह का विस्तृत विवरण ही प्रमुख होगा।

विभिन्न पत्र-पत्रिकाओं में जिन व्यक्तियों ने इस कथा-समारोह की रिपोर्टें पेश की हैं, उनमें उन्हीं के दर्शन होते हैं। इतना अधिकार तो रिपोर्टर को मिलना भी

चाहिए...यही तो उसकी एकमात्र उपलब्धि हो सकती थी।

बातें अगर बहुत खुलकर और बिना लाग-लपेट के कही जाएँ तो सही यह है कि इस कथा-समारोह ने एक ऐतिहासिक दायित्व पूरा किया है। ऐसा नहीं था कि यह समारोह अपने में कोई ऐकान्तिक घटना थी, बल्कि इसके पीछे पन्द्रह वर्षों की महत्त्वपूर्ण पीठिका है, और इन पिछले पन्द्रह वर्षों में जो कुछ फुसफुसाकर और छिपा-छिपाकर कहा जाता रहा है, वह सब एक बार में ही उद्‌घाटित हो गया।

और इस 'उद्‌घाटन' से बहुतों को तकलीफ हुई और कुछ लोग ऐसे नजर आए जो नई कहानी से संत्रस्त लगे। ऐसे संत्रस्त लेखकों की दशा अजीब थी, क्योंकि शायद वे यह मानकर चले थे कि नई कहानी नाम की जो चीज है, वह उन्हें भी मिलनी चाहिए। और अगर वह उन्हें नहीं मिलती तो वह नई नहीं है, उसमें जो नयापन है, वह समय के साथ आता ही है, और चूँकि वे भी इसी समय में 'रह' रहे हैं, इसलिए उनमें भी 'वह' है जो नई कहानी में है।

जब कुछ लेखक इस दृष्टि से सोचते हुए दिखाई देते हैं, तो उन पर रहम आता है...क्योंकि नई कहानी से जुड़े रहने की आकांक्षा के बावजूद, वे जब उसकी आन्तरिक प्रक्रिया को समझ पाने में अपने को असफल पाते हैं, तो आक्षेपों की भाषा में छिप-छिपकर बोलने लगते हैं। नई कहानी किसी एक लेखक, लेखक-त्रय या लेखकों के समूह की अपनी थाती नहीं है और न वह ऐसा कोई प्रतिमान है, जो हिन्दी साहित्य में पुरानी कहानी के बाद गढ़ दिया गया है।

किसी भी साहित्यिक विधा के 'नए' होने का प्रमाण ही यह है कि वह अपने से पूर्ववर्ती लेखन के सामने एक ज्वलन्त प्रश्नचिह्न लगा देती है और परिभाषा का संकट पैदा कर देती है। कथा-समारोह में यही बात इत्तफाक से सबसे पहले सामने आई।

उद्‌घाटन गोष्ठी में बोलते हुए जैनेन्द्र ने अपनी दार्शनिक शब्दावली में जीवन-दृष्टि की महत्ता से इनकार करते हुए बड़ी मासूमियत से प्रश्न किया—"यह (नई कहानी) है क्या? और अगर है तो कहाँ है?" और उनके मन में शायद यह प्रश्न घुमड़ रहा था कि यह (नई कहानी) है ही क्यों? और अगर है तो उनसे पूछकर क्यों नहीं है?

इस पूरे समारोह में सबसे ज्यादा संत्रस्त अगर कोई एक व्यक्ति दिखाई पड़ा, तो वे जैनेन्द्र थे। 'नई कहानी' के विरोध की सन् '65 तक जैनेन्द्र ने एक महत्त्वपूर्ण भूमिका अदा की थी और इसी भूमिका में वे कथा-समारोह में भी उतरे थे। यह बात उनके पहले भाषण से ही स्पष्ट हो गई थी। अपने लम्बे भाषण में उन्होंने केवल दो-एक ही बातें ऐसी कहीं, जिनका कुछ मतलब निकल सकता था, शेष उनका अपना शब्दजाल था। उन्होंने स्वयं कहानी-विधा का विश्लेषण करते हुए कहा—"जब कहानी का विश्लेषण होने लगता है तो अवरोध उत्पन्न होता है!"

विश्लेषण से घबराने की उनकी बात इसलिए विचारणीय बन जाती है क्योंकि लेखन के सन्दर्भ में इसका एक गम्भीर पहलू है। कृतित्व के विश्लेषण से कतराना एक तरह का नैतिक अपराध है...और इससे वे ही कतराते हैं, जो स्वयं को कुछ ज्यादा महत्त्वपूर्ण साबित करने की मजबूरी के मारे हुए हैं। विश्लेषण की स्वतंत्रता न देने के पीछे किसी भी लेखक की मंशा यही होती है कि जो कुछ वह कह रहा है वही सिद्ध सत्य है और उसे ज्यों-का-त्यों स्वीकार किया जाना चाहिए। इस धारणा के पीछे एक तरह के अन्धवाद की माँग है। आज के वैज्ञानिक युग में, जब मनुष्य ने हर चीज को जाँच-परखकर स्वीकार करने की स्वतंत्रता प्राप्त की है, तब उससे विश्लेषण न करने की माँग करना एक निहायत पुरानी बात है। हर पीढ़ी पिछली पीढ़ियों का विश्लेषण करेगी और स्वयं भी विश्लेषित होगी। यह एक आवश्यक प्रक्रिया है, क्योंकि यही अन्धवाद से मुक्ति का रास्ता है।

'नई कहानी' के लेखकों और कथा-समीक्षकों का 'अक्षम्य अपराध' यही रहा है कि उन्होंने अपने पूर्ववर्ती साहित्य का विश्लेषण किया और उसमें जो कुछ व्यर्थ, सड़ा हुआ और झूठा था, उसे खुलकर अस्वीकार किया। झूठा, विगलित और व्यर्थ का जो भी अंश रचना में आ जाता है, उसे बार-बार और हर बार अस्वीकार करते जाना ही 'नए' होने का द्योतक है। नई कहानी इसीलिए किसी स्थिर तत्त्व की पोषक नहीं है, अपने प्रतिमानों पर भी वह आश्रित नहीं है। स्वयं अपने में से (यानी सर्जनात्मक साहित्य में से) भी व्यर्थ को छाँटते जाने की दृष्टि ही नई कहानी की वास्तविक प्रक्रिया को जन्म देती है, इसीलिए नया शब्द न विशेषण है और न संज्ञा, वह मात्र उस प्रक्रिया का द्योतक है, जो सतत प्रवहमान है और हर बार नई होती चलती है।

इसी सन्दर्भ में अगली गोष्ठियों में सन् '60 के बाद के महत्त्वपूर्ण लेखकों दूधनाथ सिंह, गंगाप्रसाद विमल और ममता अग्रवाल ने अपनी बातों को सही परिप्रेक्ष्य में रखा था। दूधनाथ सिंह ने कहा था, "हमारी चेतना पर सदियों का बोझ लदा हुआ है...यह बोझ हमें संघर्ष करने की प्रेरणा देता है। ...हम अपने चारों ओर के वातावरण की उपेक्षा नहीं कर सकते, इसीलिए हम रचनाशीलता के सन्दर्भ में प्रामाणिक अनुभूति की बात को महत्त्वपूर्ण मानते हैं और अपने समय के साथ चलते रहने के लिए 'नए' होते रहना ही जीवन्तता का लक्षण है। ...नई कहानी इसीलिए स्वयं अपने में विकसित होती आई है और आज सन् '60 के बाद के महत्त्वपूर्ण कुछ लेखकों की कहानी भी नई ही है!"

और गंगाप्रसाद विमल ने भी इस 'नई' की प्रक्रिया को समझकर ही कहा था, "नई पीढ़ी प्रेम के (या किसी भी प्रसंग के) घिसे-पिटे रूप को स्वीकार नहीं करती...यह समकालीनता की विरोधी स्थिति है। हम रहस्य के स्थान पर युग-यथार्थ को जानना और समझना चाहते हैं। समकालीन बोध भोगे हुए यथार्थ से ही

प्राप्त होता है...इसलिए हम जीवन के साक्षात् बोध को स्वीकार करते हैं...यह बोध कोई स्थिर वस्तु नहीं है, इसके लिए सच्चे अर्थों में 'जीना' पड़ता है!''

ममता अग्रवाल ने 'कथा-शिल्प : प्रयोग की प्रक्रिया' के अन्तर्गत बोलते हुए कहा था, ''कहानी का कथ्य ही प्रमुख है और कथ्य को चुनने की दृष्टि ही नई होती है। कहानी की भाषा ही कथ्य और बोध के अनुरूप होगी, शिल्प के पीछे दौड़ना हमारा उद्देश्य नहीं।''

नवीनतम लेखकों में से इन तीनों लेखकों की बातों में विचारणीय तत्त्व थे। जब ये तीन 'समय के साथ चलते रहने' और 'बोध के स्थिर न होने' और 'कथ्य को चुनने की दृष्टि ही नई होने' की बात कहते हैं, तो यह और भी स्पष्ट हो जाता है कि हमारे नवीनतम लेखकों में इस 'नए' को वास्तविक रूप से आत्मसात् करने की क्षमता है और नए होते रहने की प्रक्रिया के प्रति उनमें एक सहज आसक्ति है।

'नई कहानी' की इस निरन्तर नए होने की प्रक्रिया को जो लेखक नहीं समझ पाते, उनके लिए विशिष्ट नामों की कुछ रचनाएँ ही 'नई कहानी' बनी रहती हैं, जबकि वे लेखक स्वयं अपने बनाए वृत्त छोड़कर ही आगे बढ़ जाते हैं और नए प्रयोग में संलग्न हो जाते हैं। नए कहानीकार के लिए स्वयं अपनी या अपने समकालीनों की भी कोई रचना साँचा नहीं है...और न ही 'नई कहानी' का कोई कटा-छँटा-तराशा कीर्तिमान, क्योंकि जब तक किसी एक लेखक की कोई कहानी किसी नई दृष्टि से कथ्य को उठाती है, और उस पर विचार-विमर्श होता है, तब तक किसी और लेखक की कोई और कहानी नए प्रयोग की ताजगी लेकर आ जाती है।

आज लोगों को आश्चर्य होता है कि सन् '60 के बाद कहानी के क्षेत्र में एक और नई पीढ़ी आ गई...और वे बड़े संत्रस्त भाव से कहते हैं—''यह अजीब बात है, इसका मतलब है कि अब आगे हर साल नई पीढ़ी आया करेगी...इतनी जल्दी कहानी फिर बदल गई!''

हाँ, बदल गई। सन् '50 के आस-पास की कहानी से सन् '65 की कहानी बदल गई है और यह प्रक्रिया ही नई कहानी की मौलिक और आधारभूत शक्ति और यह विविधता ही उसका वास्तविक स्वरूप है। जिस दिन 'नई कहानी' किसी स्वरूप-विशेष को अंगीकार करके स्थिर और परिभाषित हो जाएगी, वही उसकी मृत्यु का दिन होगा। अगर कोई व्यक्ति किसी एक लेखक या लेखक-त्रय या लेखक-समूह की कहानी को 'प्रतिनिधि' मानकर लिखने बैठ जाता है, तो वह चाहे जितना लिखता चला जाए, उसमें 'नए' की न तो गरिमा होगी और न वह 'नए' की प्रक्रिया से उद्भूत होगी।

मुझे इस सन्दर्भ में एक दिन की घटना याद आती है। उन दिनों मैं 'नई कहानियाँ' में था। एक बन्धु 'नई कहानी' के बारे में तमाम जिज्ञासाएँ लेकर आए और काफी देर बाद उन्होंने अपना असली प्रश्न किया—'तो साहब यह बताइए कि

नई कहानी का नेता कौन है...आप या अमुक या अमुक या अमुक... ?' तब मैंने बहुत विनम्रता से निवेदन किया था—"नेता! जनाब, यह बिच्छुओं की पाँत है...सब चले जा रहे हैं, जिस पर आप अँगुली रख दें वही बता देगा।"

और सचमुच यही कथा-समारोह में हुआ भी। नई कहानी के जितने भी लेखक थे, वे सब अपने विचारों से सम्पन्न थे, उनके पास कहने के लिए अपनी अनुभूत बातें थीं, इसीलिए उनकी बातों में तेजी और खरापन था। यह खरापन ही कुछ लोगों के लिए संत्रास का कारण बन जाता है।

उद्घाटन गोष्ठी में ही जीवन-दृष्टि का मसला पेश हो गया था। जैनेन्द्र ने 'जीवन-दृष्टि' जैसी किसी चीज को मानने से इनकार कर दिया था। भगवतीचरण वर्मा ने शायद जीवन-दृष्टि की जगह भावात्मकता को तरजीह दी थी और उसे गति-सम्पन्न माना था। चूँकि उद्घाटन गोष्ठी में विचार-विमर्श का मौका नहीं था, सिर्फ औपचारिक भाषण ही होने थे, अत: मैंने एक औपचारिक-सा भाषण दिया था। पर उसमें इस बात को जरूर उठाया था कि जीवन-दृष्टि ही वह प्रमुख बिन्दु है, जिसके बदलने से कहानी का परिदृश्य बदला है। पुराने लेखकों का रास्ता साहित्य से जीवन की ओर बढ़ा, पर नई कहानी ने इस रास्ते को बदला है और अब यह रास्ता जिन्दगी से साहित्य की ओर है।

उद्घाटन के बाद पहली गोष्ठी 'समकालीन कथा साहित्य में बदलती जीवन-दृष्टि' पर ही थी, इसलिए उद्घाटन गोष्ठी में उठाई गई जीवन-दृष्टि की चर्चा ही इस गोष्ठी में हुई और वह भी नई कहानी और पीढ़ियों के सन्दर्भ में। इसी सन्दर्भ में अमृतलाल नागर ने कुछ महत्त्वपूर्ण बातें कही थीं...उनके विचार में 'जीवन-दृष्टि' का मसला महत्त्वपूर्ण था, "जीवन के संघर्षों के बीच ही बोध होता है, जो जीवन-दृष्टि का निर्धारण करता है।" इसी के साथ उन्होंने पीढ़ियों के संघर्ष को सामने रखते हुए कहा था, "हर नई पीढ़ी विद्रोह करती है और उसे करना चाहिए। पीढ़ियों का विरोध साहित्य को अग्रसर करता है।" अमृतलाल नागर के ये शब्द बहुतों को सन्नाटे में छोड़ गए थे, क्योंकि कुछ नई पौध के लेखक, जिनके पास अपने विचार नहीं थे, वे एक अजीब-सी बनावटी श्रद्धा लिये घूम रहे थे और अमृतलाल नागर के ये वाक्य सुनकर उन्हें एकाएक लगने लगा था कि यह बात भी कही जा सकती है।

पीढ़ियों के संघर्ष से आँखें मूँदना एक सच्चाई से छिपकर भागना है। पीढ़ियों का यह संघर्ष बराबर रहा है और पुरानी तथा नई कहानी को लेकर भी है, यह भी बहुत साफ-साफ दिखाई देने लगा था। यह संघर्ष जैनेन्द्र कुमार के लिए व्यक्ति-व्यक्ति का था, पर नई पीढ़ी के लिए इसका स्वर वैचारिक था। अमृतलाल नागर की बात ही जैसे नई पीढ़ी की बात थी। और यह प्रश्न भी कुछ व्यक्ति-लेखकों तक सीमित नहीं था, इसका सीधा सम्बन्ध भी 'नई कहानी' के उस प्रयाण से था,

जिसका उद्घोष सन् '50 के आस-पास हुआ था। यह प्रयाण रचनाशीलता और विचारों के स्तर पर था, व्यक्ति-लेखकों के स्तर पर नहीं, क्योंकि नई कहानी के लेखक उस समय अनजान-अपरिचित लेखक-व्यक्ति थे।

स्व. डॉ. देवीशंकर अवस्थी ने भी पीढ़ियों के इस वैचारिक संघर्ष को स्वीकारते हुए सन् '60 के बाद की कहानी के कुछ सूत्र स्पष्ट किए थे। उन्होंने बहुत जोरदार शब्दों में सन् '60 के बाद की कहानी में 'सृजन के दौरान खोजते रहने' की बात की थी और एक महत्त्वपूर्ण बात जो उन्होंने कही, वह शायद किसी भी रिपोर्टर ने लिखना उचित नहीं समझा, क्योंकि वह एक विचारणीय बात थी। स्व. डॉ. अवस्थी ने कहा था, " 'आधुनिकता' या 'नया' एक प्रक्रिया है, जिसकी चेतना ने ही हमारी समकालीन कहानी को एकदम बदला है। इससे कौन इनकार कर सकता है कि पुरानी कहानी में प्रयोग की वह दृष्टि नहीं थी, जो नई कहानी में दिखाई देती है! सन् '60 के बाद की कहानी उससे भी बदल गई है।"

मेरे विचार से स्व. डॉ. अवस्थी की यह बात आधारभूत तत्त्व की ओर संकेत करती है और उन संत्रस्त लोगों के लिए विचारणीय होनी चाहिए, जो 'नए' के नाम पर कभी घबराते, कभी पसीना छोड़ते और कभी आक्रोश-अन्ध होते या समझौता करते दिखाई पड़ते हैं। यह हालत उन संत्रस्त लेखकों की ही होती है, जो साहित्य में नवचिन्तन और नवलेखन की बात को समझ पाने में असमर्थ हैं...ऐसे संत्रस्त लोगों में हर उम्र का आदमी है, इसलिए यह बार-बार कहना पड़ता है कि 'नवलेखन' के मूल्यों और धारणाओं का प्रश्न उम्र में बँटी हुई पीढ़ियों का नहीं, दो तरह से सोचनेवाली पीढ़ियों का है।

इसी बीच पाश्चात्य प्रभाव का सवाल भी उठ खड़ा हुआ था और ये आरोप लगने शुरू हो गए थे कि नया साहित्य पाश्चात्य चिन्तन से आक्रान्त है, इसीलिए उसमें कुंठा, निराशा और मृत्युवाद का बोलबाला है। इस प्रश्न का उत्तर डॉ. शिवप्रसाद सिंह ने बड़ी सूझ-बूझ और सफाई से दिया था। उन्होंने कहा था कि पाश्चात्य संस्कृति में से कुछ ग्रहण करना गलत काम नहीं है। जब संस्कृतियाँ इतने निकट आती हैं तो यह आदान-प्रदान एक सहज स्थिति बन जाती है...नया साहित्य जहाँ तक प्रभावों को ग्रहण करता है वहाँ तक उसे सही ही माना जाएगा। अन्धानुकरण करना घातक होता है...और यह अन्धानुकरण अधकचरे लेखकों में ही होता है।

इसी प्रसंग में श्रीकान्त वर्मा ने अन्तर्राष्ट्रीयता की चर्चा की थी और साहित्य की सार्वजनीन मानवीय अपील को ही प्रमुख ठहराया था। विघटन और बिखराव के सन्दर्भ में उन्होंने 'आज के बोध' को ही मान्यता दी थी।

कथा-समारोह में शुरू की गोष्ठियों में यह चर्चा बराबर 'नए' के विविध पक्षों के विवेचन पर आश्रित रही और जब 'समकालीन बोध और दायित्व' पर चर्चा आरम्भ हुई तो एकाएक विस्फोट हुआ। मोहन राकेश ने चर्चा का आरम्भ करते हुए

इस बात पर जोर दिया कि "चिन्तन का नया धरातल खोजने का काम एकेडेमिक स्तर पर नहीं हो सकता, उसके लिए जीवन्त साहित्यकार ही अपनी सतत जिज्ञासा लेकर प्रस्तुत हो सकता है।" और यहीं लेखक के अनुभवों की प्रामाणिकता का प्रश्न आता है, और "सामाजिक सन्दर्भों की अनुभूति ही प्रामाणिकता की आधार-भूमि है।" नई कहानी के सन्दर्भ में बोध के प्रश्न को उठाते हुए उन्होंने साहित्य के सवालों को जिन्दगी के सवालों के रूप में परखना चाहा, इसीलिए मनुष्य की बदली हुई संवेदनाओं और निरन्तर बदलते समय-प्रसंग को उन्होंने रेखांकित किया।

दायित्व को लेकर मैंने प्रतिबद्धता के कोण से बात उठाई थी और कहा था कि "यह प्रतिबद्धता कोई आरोपित मन्तव्य नहीं है। रचनाकार की प्रतिबद्धता ही उसे जीवन के संगत या विसंगत प्रसंगों से जीवन्त रूप में जोड़े रखती है। एक कहानीकार के नाते लेखक प्रत्यक्षतः जिन्दगी को झेलता है और सामान्य व्यक्ति के रूप में जो कुछ भोगता है, उसे ही अभिव्यक्ति देता है। सन् '60 के बाद की कहानियों को लेकर या नई कहानी के सन्दर्भ में जो कुंठा, निराशा, मृत्यु या संत्रास की बात की जाती है, यह भी नितान्त प्रासंगिक है, क्योंकि चारों ओर का विघटन आज के नए-से-नए लेखक के लिए एक मानसिक संकट पैदा करता है और सन् '60 के बाद की कहानी भी उसी अनुभूति की प्रामाणिकता पर टिकी हुई है। नई पीढ़ी नीलम देश की राजकन्याओं और प्रसंगहीन व्यक्तियों की कहानियाँ लिखने में विश्वास नहीं करती, क्योंकि जो जिन्दगी वह झेलती या भोगती है, उसी को वह सच्चाई से अभिव्यक्त कर सकती है।"

जैनेन्द्र कुमार इसी बीच मंच पर आए और उन्होंने अपना आक्रोश निहायत व्यक्तिगत स्तर पर प्रकट किया...उन्होंने श्रोताओं को सम्बोधित करते हुए कहा, "अभी आपने देखा कि नई कहानी क्या है? यह भोगवाद की कहानी है। नई कहानी वाले कहते हैं कि वे 'भोग' कर लिखते हैं। सिगरेट और शराब पीना और औरत के साथ भोग करना ही इनका अनुभव है। इन्होंने औरत को 'मादा' बना लिया है, उसे माँ और सीता के आसन से उतार दिया है!" (वे कह ही रहे थे कि एक श्रोता कहीं फुसफुसाया—'सुनीता माता को!') इसके बाद जैनेन्द्र कुमार ने अपने एक मित्र का किस्सा सुनाया कि वे मित्र उनके पास आए और बोले कि 217 औरतों को तो मैं भोग चुका, अब 218वीं चल रही है! "यह नई कहानी का 'भोग दर्शन' है। एक शादी करो, दूसरी करो, तीसरी करो और चाहो तो चौथी भी कर लो—तब देखिए, जीवन का अनुभव प्राप्त होता है...यही है नई कहानी की प्रामाणिकता की खोज!" उसके बाद जैनेन्द्र कुमार ने बड़ी खूबी और नाटकीयता से मुझे याद किया (क्योंकि उनकी एक कहानी का जिक्र मैंने पहले किया था, जिसमें एक प्रेमी-प्रेमिका के प्रेम को प्रेमिका का पिता बर्दाश्त नहीं करता। पिता उन दोनों को एक कमरे में बन्द कर देता है और कुछ समय बाद खोलकर उन दोनों को निकालता

है, तो लड़की अपने पिता से कहती है, 'आज से यह व्यक्ति मेरा भाई है!') और श्रोताओं से कहा, "कमलेश्वर को दुख यह है कि उस लड़की के साथ उन्हें क्यों बन्द नहीं किया गया! यही कुंठा है नई कहानी की!...पुराना साहित्य शाश्वत मूल्यों का साहित्य है और वह आत्मानुभूति का साहित्य है। उस परम्परा से अलग होना ही भ्रष्ट होना है। नई कहानी की यथार्थ की पुकार भोगवाद की पुकार है, जो महिमामंडित स्त्री को भ्रष्ट करने पर तुली हुई है...।"

हरिशंकर परसाई, जो इस समय श्रोताओं में बैठे थे, कहते हुए सुने गए—"हे श्रोताओ! जितना धर्म, ज्ञान और दर्शन था, वह सब जैनेन्द्र ने अपने प्रधान भाषण में आपको दे दिया था। ईर्ष्या और द्वेष अपने लिए रख लिया था।"

पर अपने भाषण में परसाई ने जैनेन्द्र कुमार की 'आत्मानुभूति' की चर्चा करते हुए कहा, "यह शब्द बुरा नहीं है। लेकिन लेखक को यह फर्क करना चाहिए कि कहाँ पर आत्मा बोल रही है और कहाँ पर अवसरवाद! होता यह है कि बोलता अवसरवाद है, पर हमारा यह लेखक समझता है कि आत्मा बोल रही है। लेखक की आत्मा कोई यंत्र नहीं है, वह झेली हुई स्थितियों से ही निर्मित होती है। कई खामियों के बावजूद प्रगतिवादी चेतना ने यथार्थ को निकट से जानने-समझने में सहयोग दिया है और यह यथार्थ-बोध ही आज नए साहित्य का आधार है। यथार्थ-बोध के अभाव में लेखक भावुकता और रोमान से आक्रान्त हो जाता है, जैसा कि बँगला लेखक शंकर की 'चौरंगी' में हर अच्छी स्त्री असमय मर जाती है या आत्महत्या कर लेती है...अच्छी स्त्री तो कष्ट-भरा लम्बा जीवन जीने के लिए मजबूर होती है!"

इस तरह की बातें फिर झेली या भोगी हुई स्थितियों के बारे में होने लगी थीं। जैनेन्द्र कुमार ने 'भोगने' का जो अर्थ लिया था, वह उन्हें ही शोभा देता था, पर श्रोताओं के लिए स्पष्टीकरण मोहन राकेश ने किया। उन्होंने कहा, "पुरानी पीढ़ी और नई पीढ़ी के बीच अब संवाद-सेतु भी नहीं रह गया है, क्योंकि पुरानी पीढ़ी दूसरों की बात को समझ सकने में अशक्त हो गई है। जैनेन्द्र कुमार 'भोगने' का जो अर्थ (जान-बूझकर) लगाते हैं, वह हमारा अभिप्राय नहीं है। हम उसे झेलने के रूप में प्रयुक्त करते हैं और उसका सम्बन्ध जीवन की हर विभीषिका, अन्याय और अत्याचार को भोगने से है।" शाश्वतता की बात का उत्तर देते हुए राकेश ने कहा था, "हर साहित्य कालांकित (डेटेड) होता है। 17वीं सदी की कोई कलाकृति महान हो सकती है, पर उस पर उस समय की छाप होती है, और उसी का अनुकरण 20वीं सदी में नहीं किया जा सकता, इसीलिए शाश्वत साहित्य की धारणा काल-सापेक्ष ही हो सकती है।" जिस समय मोहन राकेश बोल रहे थे उस समय श्रोताओं की अगली पंक्ति में बैठे जैनेन्द्र कुमार उन्हें टोक-टोककर बचपने का परिचय दे रहे थे, जिस पर राकेश को कहना पड़ा था, "यह अगली पंक्ति में बैठे

हुए जैनेन्द्र कुमार दर्जा चार के विद्यार्थी की तरह शोर मचा रहे हैं। मुझे आशा है, वे अपने को संयत (बिहेव) करेंगे।''

इस गोष्ठी में बहुत से वक्ताओं ने भाग लिया था। शिवप्रसाद सिंह ने कुछ महत्त्वपूर्ण सवाल सन् '60 के बाद की कहानी के सम्बन्ध में उठाए थे। सन् '60 के बाद की कहानी भी उसी 'प्रामाणिक अनुभूति' या 'अभिव्यक्ति की सच्चाई' या 'निरन्तर प्रयोगशीलता' के सन्दर्भ में चर्चित होती रही। दूधनाथ सिंह ने बड़ी तकलीफ और शालीनता से अपने को 'अभागी पीढ़ी' का कहा था। जो लोग शब्दों के सतही अर्थों तक ही जा पाते हैं, उनके लिए 'अभागे' शब्द में अजीब-सी ध्वनि थी और वे हतवाक् रह गए थे। उन्होंने यह नहीं सोचा कि जब दूधनाथ या गंगाप्रसाद विमल यह बात करते हैं, तो यह उनकी व्यक्तिगत विवशताओं का सवाल नहीं, एक पूरी पीढ़ी के सामने खड़ी विसंगतियों और वर्जनाओं का सवाल है, जिनमें यह नई पीढ़ी जीने के लिए अपने को नियतिबद्ध पाती है। आजादी के बाद जो मोहभंग हुआ है, वह पूरी पीढ़ी का है...किसी एक व्यक्ति का नहीं।

मोहभंग, विभाजन और टूटे हुए सम्बन्धों की पीठिका ने ही नई कहानी की मानसिकता को जन्म दिया था, इन स्थितियों से अपने को संलग्न पाना ही दायित्व-बोध का लक्षण था। लेखक का दायित्व एक सामान्य नागरिक के दायित्व से अलग नहीं होता, अन्तर होता है तो सिर्फ तीव्रता और गहराई का। जिसे सामान्य जन तकलीफ-आराम, सुख-दुख, आशा-निराशा जैसे शब्दों से प्रकट करता है, लेखक उन्हीं को समय की पीठिका में उभरे मूल्यगत प्रतिमानों से प्रकट करता है। जीवन-मूल्यों की यह खोज ही नई कहानी की वैचारिक आधार-भूमि है, इसीलिए नया लेखक 'मनोरंजन करने' और पेशेवर कहलाने से कतराता है, क्योंकि उसके लिए कहानी लिखना केवल जीवन-यापन की मजबूरी नहीं है। वह इस सारे विक्षोभ, अनास्था और टूटने के बीच रहकर विशिष्ट या मसखरा नहीं बनना चाहता, वह एक जिम्मेदार आदमी की तरह पेश आना चाहता है।

इस समारोह में जब 'प्रयोग की प्रक्रिया' पर बातचीत हुई, तो यही बात कहानी के सन्दर्भ में फिर सामने आई। राजेन्द्र यादव ने अपने लिखित भाषण में इसी बात की ओर इंगित किया था, जब उन्होंने कहा था, ''मैनेरिज्म के कारण युगबोध की पकड़ छूट जाती है। नई कथा घटना को नहीं, घटनाओं को नए सन्दर्भों, सूक्ष्म संवेदनाओं में व्यक्त करती है...यह कलाकार की प्रतिभा पर है कि वह परम्परा का निर्वाह करे या उससे हटकर अपने को नवीन रूप में प्रस्तुत करे। अन्दाजे-बयाँ जब आन्तरिक अनुभूति से उद्भूत नहीं होता, तब उसे दूसरों का मुँह देखना पड़ता है...।''

कहानी कला की यह आन्तरिक अनुभूति से उद्भूत अपेक्षा फिर कथ्य की उसी प्रामाणिकता का स्वर प्रखर कर रही थी, जिसके लिए नई कहानी प्रयत्नशील रही

है। पुरानी कहानी की शैली (डायरी शैली, पत्र शैली आदि) कितनी आरोपित थी, और वह कथ्य से कितनी असम्बद्ध थी, या वह यथार्थ अपेक्षाओं से कितनी कटी हुई थी, इस बात को राजेन्द्र यादव और रमेश बक्षी ने बड़ी अन्तर्दृष्टि से पेश किया। रमेश बक्षी ने अनायास प्रयास को ही महत्त्वपूर्ण माना और अनुभूति की ठीक-ठीक अभिव्यक्ति के लिए ही प्रयोग की सार्थकता को स्वीकार किया। रमेश बक्षी ने अन्य गोष्ठियों में भी कुछ मौलिक और महत्त्वपूर्ण विचार प्रस्तुत किए थे। अनायास और सायास कहानी के वर्गीकरण को रखते हुए उन्होंने संश्लिष्ट जीवन की संवेदना से निरन्तरता में जुड़े रहने की बात कही थी। नए कहानीकार का यह आत्मसंघर्ष ही उसे जीवन्त बनाए रहता है। जिस कहानी के लिए संयोजना न करनी पड़े, उसे ही उन्होंने अनायास कहानी की संज्ञा दी थी। अनायासता की यह तलाश ही आज की कहानी के हर अंग की मौलिक आवश्यकता बनती जा रही है, किसी भी तरह के आरोपण को, चाहे वह सामाजिकता का हो, सैद्धान्तिकता या वैयक्तिक कुंठा का—नई कहानी अस्वीकार करती है। ममता अग्रवाल ने भी 'शिल्प के पीछे न दौड़ने' की बात कुछ इसी अन्दाज और कोण से उठाई थी।

तीन दिन यह विचार-विमर्श चलता रहा था। शरद जोशी, धनंजय वर्मा, राजेन्द्र अवस्थी, सुदर्शन चोपड़ा, भीष्म साहनी, मन्नू भंडारी आदि ने भी चर्चाओं में महत्त्वपूर्ण भाग लिया था। शरद जोशी और परसाई की दोटूक बातें, कटाक्ष और साफगोई सबके लिए सुखद अनुभव था। शरद जोशी ने अपने चारों ओर की जिन्दगी को गहनता से देखने और मुक्त भाव से जीने पर जोर दिया। अपने व्यंग्यात्मक लहजे में उन्होंने लक्ष्मीनारायण लाल की बड़ी खबर ली और घोषित किया कि "नई कहानी के दो एक्सट्रीम्स हैं, एक, डॉ. लाल और दूसरे निर्मल वर्मा—ये दोनों ही आंचलिक हैं। लाल भाभी को भौजी लिखकर चमत्कार पैदा करेंगे और निर्मल को अगर रसोईघर से बरामदे में आकर, आँगन से निकलकर गली से होते हुए शराबघर में जाना होगा तो वे कहेंगे कि मैं किचन से निकलकर कॉरीडोर में आया, कॉरीडोर से कोर्टयार्ड में होता हुआ स्ट्रीट में पहुँचा और स्ट्रीट से पब में घुस गया। हिन्दी में बस यही दो 'नए' कहानीकार हैं, बाकी तो जो हैं सो हैं...।"

राजेन्द्र अवस्थी ने भी यथार्थ को समझने और अपने परिवेश को आँकने की बात कही थी। शरद जोशी या राजेन्द्र अवस्थी की बात का नुक्ता था—जातीयता (इंडियननेस)। नई कहानी ने शुरू से ही अपनी इस जातीयता की प्रवृत्ति को प्रमुख माना है, क्योंकि जातीय परिवेश से कटकर सच्चे साहित्य का सृजन नहीं हो सकता। वही तो लेखक की चेतना का मूल स्रोत है और उसके समय-बोध का प्राथमिक आधार।

भीष्म साहनी जिस गोष्ठी के अध्यक्ष-मंडल में थे, और जिसका वे स्वयं

संचालन कर रहे थे, उसमें भी विशेष नहीं बोले। पता नहीं, वे इतने चुप क्यों थे? जिस गोष्ठी के वे अध्यक्ष थे, उसमें भी उनसे जब बोलने के लिए अन्य साथी-लेखकों और श्रोताओं ने जोर दिया, तो वे इतना ही बोले कि कहानी के कलापक्ष को नजरअन्दाज नहीं करना चाहिए। भीष्म साहनी बहुत उदासीन ही रहे और श्रोताओं को यह मलाल ही रहा कि वे उन्हें नहीं सुन पाए।

सुदर्शन चोपड़ा ने नई भाषा की तलाश की बात कही। उनका आशय यही था कि बिना सटीक औजारों के हम कोई अच्छी और सुघड़ कलाकृति शायद न गढ़ पाएँ। भाषा की तलाश ही हमें सम्पन्न कर सकती है, नहीं तो सारा कथ्य अनगढ़ होकर धरा रह जाएगा।

वृन्दावनलाल वर्मा और रवीन्द्र कालिया की हालत लगभग एक-सी थी। एक को अपने पुराने होने का गर्व था तो दूसरे को एकदम नौसिखिया होने का। मैं बहुत कोशिश के बावजूद यह नहीं समझ पाया कि रवीन्द्र कालिया क्या कहना चाह रहे हैं। वे कुछ बोल रहे थे, शायद मृत्यु, संत्रास, नियति जैसे शब्दों का प्रयोग कर रहे थे और सामने की पंक्ति में बैठे राकेश को देखकर उनकी कहानियों का जिक्र करने लगते थे। यह सिलसिला बेहद मनोरंजक था। रवीन्द्र कालिया ने शायद कहा (जैसा कि उन्होंने स्वयं लिखित रिपोर्ट में लिखा है)—"...उसके निकट देश-काल का वह महत्त्व नहीं रहा...जहाँ देश-काल महत्त्वपूर्ण रहता है और उसमें प्रवाहित होनेवाली संवेदनाएँ गौण...(इसी समय उनकी दृष्टि मोहन राकेश पर पड़ती है और वे एकाएक कहते हैं) जैसे कि मैं मोहन राकेश की 'फटा हुआ जूता' कहानी को लेना चाहूँगा...इस कहानी में बड़ी ताजगी है, मैं उनकी इस कहानी को बहुत महत्त्वपूर्ण मानता हूँ। ...तो जहाँ तक मृत्यु, संत्रास, भय, अनास्था का सवाल है, कोई उससे मुक्त नहीं है...(उनकी दृष्टि फिर मोहन राकेश पर पड़ती है और वे झटके से कहते हैं) जैसे कि मोहन राकेश की कहानी 'जख्म' है...इस कहानी में राकेश अपनी पिछली कहानियों से बहुत अलग हैं...तो आज की कहानी में... ।"

चन्द्रगुप्त विद्यालंकार अपने में मस्त थे। चर्चाओं को लेकर वे संत्रस्त भी थे। उनके लिए जरूरी था कि वे दोनों पीढ़ियों से मुस्कराकर बात करें और सबका दृष्टिकोण समझने की कोशिश करें। तीनों दिन वे बातों को समझते रहे।

धनंजय वर्मा ने अपना लेख 'कथा साहित्य : उपलब्धियाँ, उभरती दिशाएँ और अपेक्षाएँ' विषय पर आयोजित गोष्ठी में पढ़ा था। उनके निबन्ध के शुरू के हिस्से में (शास्त्रीय भाषा के बावजूद) नए कथा-साहित्य के उद्‌भव के ऐतिहासिक कारणों की खोज थी और वे भी इसी निष्कर्ष पर पहुँचे थे कि 'नया' शब्द काल-सापेक्ष नहीं, दृष्टि-सापेक्ष है। उनके निबन्ध का उत्तरार्द्ध, जिसमें नए कहानीकारों की विशद विवेचना थी, अनपयुक्त था, क्योंकि वहाँ एक-एक लेखक को जाँचने-परखने का वह वक्त नहीं था। लेकिन उनके लेख का पूर्वार्द्ध बहुत महत्त्वपूर्ण था।

धनंजय वर्मा की शास्त्रीय भाषा को बहाना बनाकर 'प्राध्यापकीय आलोचना' पर जब कुछ आक्षेप हुए तो मन्नू भंडारी ने प्राध्यापकीय दृष्टि की सिद्धान्तप्रियता व परिभाषा–प्रियता को जीवन्त साहित्य के मूल्यांकन के लिए अपर्याप्त बताते हुए नई समीक्षा–पद्धति की माँग की थी। संश्लिष्ट कला–प्रक्रिया को स्पष्ट करने के लिए उन्होंने अध्यापकों एवं समीक्षकों के सामने रुचि के परिष्कार की बात रखी थी। धनंजय वर्मा को अपनी कुख्यात बिरादरी की जड़ता का सारा खमियाजा जबर्दस्ती भुगतना पड़ा, जबकि उनकी स्थापनाओं में उनका अपना स्पष्ट दृष्टिकोण था।

डॉ. लक्ष्मीनारायण लाल गोष्ठी में पधारते ही तानाशाहों पर बरस पड़े। नई कहानी की चर्चा करते हुए उन्होंने चंगेजखाँ, हलाकूखाँ, नादिरशाह, मुसोलिनी और हिटलर आदि 'लेखकों' के नाम लिये और अन्त में उन्होंने मार्क्स को एक पदक प्रदान किया और अपनी ओर से समारोह का समापन करके डेढ़ दिन पहले ही बहुत खुश होकर लौट गए। शैलेश मटियानी ने उन्हीं की परम्परा का निर्वाह किया। इन दोनों ही लेखकों ने श्रोताओं का भरपूर मनोरंजन किया।

समापन गोष्ठी तक पहुँचते–पहुँचते बातें बहुत स्पष्ट हो गई थीं और यह लगने लगा था कि पुरानी पीढ़ी के जड़ किस्म के लेखकों से बात करने का सिलसिला खत्म हो गया है, क्योंकि समारोह में सब बातें होती थीं और नए लोगों को लग रहा था कि अमृतलाल नागर, भगवती बाबू (जो वहाँ उपस्थित थे) जैसे अपवादों को छोड़कर पुरानी पीढ़ी के उपस्थित लोगों से शालीनता और सौहार्द्र से बात नहीं हो सकती, क्योंकि वे बातें कहने–सुनने–समझने के लिए नहीं, बल्कि कीचड़ उछालने और जैसे–तैसे अपना बचा–खुचा यश बचाए रखने के लिए हर स्तर पर उतर सकते हैं।

कलकत्ते के श्रोताओं ने सचमुच बड़े धीरज का परिचय दिया, सभा–भवन हमेशा आठ–नौ सौ श्रोताओं से भरा रहा और 'लेखक–पाठक : आमने–सामने' गोष्ठी में सचमुच इस बात का पता चला कि श्रोता या पाठक–वर्ग नई प्रयोगशीलता के प्रति कितना जागरूक और उत्कंठित है। श्रोताओं के संस्कार और प्रबुद्धता को देखकर एक आश्चर्यजनक अनुभव हुआ। श्रोताओं में नए को समझने–जानने की गम्भीर जिज्ञासा थी और उनके पास बेहद सूझ–बूझ थी।

समारोह की समाप्ति के पहले ही संत्रस्त लोगों की क्रियाशीलता एक अजीब–सी बेबसी और निरर्थकता की अनुभूति में बदलने लगी थी। वे अपने को मूल प्रवाह से अलग महसूस कर रहे थे और चेहरों पर झूठी मुस्कराहटें चिपकाए स्पोर्ट्समैनशिप का उदाहरण प्रस्तुत कर रहे थे।

समापन गोष्ठी में भीड़ बहुत ज्यादा थी। सबसे पहले लक्ष्मीचन्द्र जैन ने (जिन्होंने 'समारोह की पीठिका' पर उद्‌घाटन सत्र में संसद की ओर से सदाकांक्षाएँ व्यक्त करते हुए आयोजन की आवश्यकता और 'दृष्टि' के सम्बन्ध में अपने विचार व्यक्त करके शुभारम्भ किया था) संसद की ओर से कहा, "यह हमारे लिए बड़े महत्त्व

की स्थिति रही कि हमने रचनाकार को प्रत्यक्ष देखा और उसकी कहानी सुनी। आज की कहानी क्या कहना चाहती है, इसे भी जाना-समझा।''

इसी के बाद भँवरमल सिन्धी (समापन गोष्ठी के अध्यक्ष-मंडल के सदस्य) माइक पर आए, और तीनों दिनों के वाद-विवाद और बातों में जो कुछ महत्त्वपूर्ण सामने आया था, उसे उन्होंने रेखांकित किया। उन्होंने अपनी बातें बहुत तकलीफ से कही थीं, क्योंकि पुरानी पीढ़ी के व्यवहार से वे ही नहीं, श्रोता भी अत्यधिक खिन्न थे। भँवरमल सिन्धी ने बहुत स्पष्ट शब्दों में कहा, ''मैं नई विचारधाराओं का स्वागत करता हूँ...जैनेन्द्र कुमार और भगवतीचरण वर्मा ने कहा है कि यहाँ गाली-गलौज और तीतर-बटेर की लड़ाई हुई। मैं बहुत स्पष्ट शब्दों में कहना चाहूँगा कि जैनेन्द्र कुमार ने व्यक्तिगत स्तर पर उतरकर बहुत छिछली बातें कीं और आक्षेप किए...नई पीढ़ी के पास अपने विचार हैं, इसीलिए इन तीन दिनों में यहाँ जिन्दगी धड़कती रही!...पुराने में भी अच्छा मौजूद है, पर जो गल गया है, सड़ गया है, उसे साफ होना ही चाहिए, क्योंकि यथार्थ से मुँह नहीं मोड़ा जा सकता। यह समारोह आशा से अधिक सफल रहा है, यह जीवन्त विचारों, विवादों का मंच बना, यही इसकी सफलता है।'' भँवरमल सिन्धी ने अपनी बातें बड़े जोश से कही थीं और सभागार में सन्नाटा छा गया था। संत्रस्त लोगों की हालत बहुत पतली हो उठी थी। वे बगलें झाँक रहे थे और उन्हें कोई सहारा नहीं मिल रहा था। प्रो. कल्याणमल लोढ़ा ने नए-से-नए की चर्चा की और यह भी सुखद आश्चर्य ही था कि उन्होंने नवीनतम लेखकों की रचनाओं और उनमें रूपायित जिन्दगी की सूक्ष्मताओं को बड़ी पैनी दृष्टि से समीक्षित किया। सन् '60 के आस-पास के कथाकारों तक की महत्त्वपूर्ण रचनाओं पर उन्होंने आधिकारिक तरीके से दृष्टिपात किया और कहा कि नए की यह यात्रा अब अबाध रूप से शुरू होती है।

समापन में विभिन्न गोष्ठियों की रिपोर्टें भी पेश की गई थीं। विष्णुकान्त शास्त्री, रमेश बक्षी और भीमसेन त्यागी ने बड़ी निस्संगता से विवरण प्रस्तुत किया, जबकि अन्य व्यक्तियों ने अपने को जरा ज्यादा महत्त्वपूर्ण मान लेने का बचपना किया था।

सीताराम सेकसरिया ने संसद के अध्यक्ष के रूप में अपनी गरिमा और बड़प्पन का शालीन परिचय दिया और कहा कि विचारों का विनिमय ही हमारा लक्ष्य था... हम उसमें सफल रहे हैं। परमानन्द चूड़ीवाल ने कोषाध्यक्ष और स्वागत-समिति की ओर से तथा जगमोहनदास मूँधड़ा ने सचिव होने के नाते धन्यवाद-ज्ञापन किया।

लेखकों की ओर से स्व. डॉ. देवीशंकर अवस्थी धन्यवाद देने के लिए जाने ही वाले थे कि जैनेन्द्र कुमार मंच पर अपने आप पहुँच गए और अध्यक्षों से 'एक मिनट' समय माँगकर उन्होंने भँवरमल सिन्धी के भाषण के सन्दर्भ में आधा घंटा अपनी सफाई दी, दुख प्रकट किया और धन्यवाद देकर चुपचाप उतर आए।

मैंने पहले ही कहा है कि यह समारोह अपने में सांकेतिक नहीं था, इसके पीछे 15 वर्षों की भूमिका है। यह समारोह ऐतिहासिक इसलिए भी सिद्ध हुआ कि विचारों का विनिमय बहुत खुलकर हुआ और जो बातें आक्षेपों के रूप में फुसफुसाई जाती थीं, वे उभरकर सामने आईं, और उन पर जमकर वाद-विवाद हुआ। 'अभिव्यक्ति की सच्चाई', 'प्रामाणिकता', 'प्रयोगशीलता की निरन्तरता', 'नए होते रहने की प्रक्रिया', 'जातीयता का सार्थक सन्दर्भ', 'जीवन-दृष्टि की महत्ता', 'कथ्य का कोण', 'यथार्थबोध', 'अनुभूतिपरकता', 'जीवन को झेलकर या भोगकर लिखने की बाध्यता', 'कथ्य के अपने शिल्प से उद्भूत होने की अनिवार्य स्थिति', 'टूटे सम्बन्धों के बीच नए मूल्यों की खोज', 'संवेदनात्मक अभिव्यक्ति', 'निरन्तर झूठ को छाँटते जाने की अकुलाहट' और 'नई भाषा की तलाश' आदि पचासों आधारभूत कोण थे, जिनका उल्लेख और विशद विवेचन इन पन्द्रह वर्षों के बाद इस समारोह में हुआ। संत्रस्त लोगों के लिए ये केवल शब्द थे, पर उन लेखकों, जिनका पूरा इन्वाल्वमेंट अपने सृजन से है, के लिए इन शब्दों में ही गहन अर्थ और अर्थों के विभिन्न रंग थे। अपने को विश्लेषित करने की यह क्षमता इस नई पीढ़ी में ही है, जो स्वतंत्रता के बाद हिन्दी साहित्य में आई है, और जो जीवन की विविधता, विसंगतियों और प्रतीतियों सहित अपनी वैयक्तिक मौलिकता के परिप्रेक्ष्य में समय के यथार्थ के साथ अधिकाधिक सच्चे सम्बन्धों की खोज में व्यस्त है।

मुझे नहीं मालूम कि कहानी को लेकर इतना विशद विवेचन कभी किसी भी भाषा में हुआ हो, जितना पिछले वर्षों में हिन्दी में हुआ है और जिसकी सहज परिणति यह कथा-समारोह था।

संत्रस्त लोगों की पीढ़ी हमेशा हर साहित्य में रही है। इस पीढ़ी में वे पुराने भी होते हैं, जो अपनी साहित्यिक निर्मितियों के अन्ध गलियारों में से निकलकर 'समय' को झेल नहीं पाते और वे नई वय के भी होते हैं, जिसमें अपनी आन्तरिक शक्ति नहीं होती; जो नए की प्रक्रिया से अस्पर्शित हैं, जो नए का निरन्तर अपने में नया होते रहने की बात को आत्मसात् करने में अक्षम हैं। और कुछ वे भी हैं जो स्वयं अपने से इसलिए खुश हैं कि चलो साहित्य में उन्होंने भी कुछ कर लिया है। वे सन्तुलन खोजते रहते हैं, और मुँह देखकर मक्खन मारते हैं।

संत्रस्त लोगों की वह पीढ़ी हर समय मौजूद रहती है। साहित्य में सब-कुछ बदलता जाता है पर यह पीढ़ी कभी नहीं बदलती। नई कहानी के साथ भी यह पीढ़ी मौजूद है और हर नई अवधारणा के साथ यह मौजूद रहेगी। नए के अस्तित्व की यह शर्त है कि वह बराबर नया होते रहकर ही जिन्दा रह सकता है और संत्रस्त पीढ़ी के अस्तित्व की नियति ही यह है कि वह हर नए के रास्ते में जड़ बनकर खड़ी रहे।

कहानी में 'जीवित विचार' और अमूर्तता का प्रश्न

कीट्स के कुछ खत कहीं छपे थे। एक खत की लाइन बराबर याद आती रहती है : 'Every thing that reminds me of her goes through me like a spear!'

...वह नदी भी कभी-कभी बहुत उदास होती थी। उसके थके हुए पानी में रोशनी की शमशीरें काँपती रहती थीं। अब भी काँपती होंगी। पर कोई कब तक खड़ा रह सकता है? मेरा जो कुछ छूट गया है, वह जैसे अब भी वहीं है—मेरी शक्ल अख्तियार किए हुए और एकाएक बहुत-सा वक्त गुजर गया है। लेकिन इस गुजरने के साथ कुछ ऐसा भी जुड़ा हुआ है, जो हाथ नहीं आता, कहा नहीं जाता, लिखने से भी बच रहता है।

कुछ-कुछ ऐसा ही तो है, कहानी के बारे में भी...उसे परिभाषित नहीं किया जा सकता। शायद कोई भी सर्जनात्मक लेखक नहीं कर सकता। परिभाषा वे दे सकते हैं, जो उस सबसे गुजरे नहीं हैं और न जिन्होंने वक्त को गुजरते देखा है। अगर ऐसा हुआ होता तो वे भी परिभाषा नहीं दे पाते।

दूसरे की तकलीफ को शब्दों में बाँधा जा सकता है, अपनी तकलीफ को नहीं। आज कहानी में 'दूसरे की तकलीफ' जैसी कोई चीज नहीं रह गई है। जो दूसरे का था, उसे भी लेखक ने अपना बना लिया है। आज की कहानी के बहुत से 'मैं' ऐसे हैं जो 'स्व' नहीं हैं। उसने आत्मकेन्द्रित 'मैं' को आत्म-विस्मृति दी है।

'दूसरे की तकलीफ' —थके हुए पानी में रोशनी की काँपती हुई शमशीरों की तरह ही तो है। उसकी भी कोई परिभाषा नहीं है।

इधर बहुत सुनने में आता है कि हर कहानीकार पहले कवि रह चुका होता है। यह 'कवि' रूढ़ अर्थों में ही प्रयुक्त होता है कि जब वह कविता में 'सफल' नहीं होता तो कहानी की ओर आता है। यह 'सफल' होना क्या बला है? अगर यह सही होता, तो हर 'असफल' कवि 'सफल' कहानीकार हो गया होता।

हर कला किसी-न-किसी अपेक्षा के कारण ही अपनी-अपनी शैलियों में रूपायित हुई है। इन अपेक्षाओं के स्रोत भिन्न हैं। कपड़ा खाकर पेट नहीं भरा जा सकता और अन्न को पहना नहीं जा सकता। लगता यही है कि कविता और कहानी

की भावधारा में एक सूक्ष्म, पर मूलभूत अन्तर है। कहानी का जन्म मनुष्य की उस अपेक्षा से नहीं हुआ है, जिससे कविता का हुआ होगा। कहानी हमेशा एक प्रयोजन से जुड़ी रही है...'सह-अनुभूति' की अधिकाधिक एकात्मता ही उसकी यात्रा का लक्ष्य रहा है। इसीलिए कहानीकार की नियति 'भोक्ता' होने में है। वह निजत्व को रखते हुए भी अकेला नहीं हो पाता। अकेला होना ही उसकी मृत्यु है। सीमित अनुभवों का व्यक्ति कवि हो सकता है, कहानीकार नहीं।

कहानी मनुष्य की बौद्धिक और सामाजिक अपेक्षाओं से ज्यादा जुड़ी हुई है। निरन्तर जटिल होते जीवन को वहन कर सकना शायद कहानी के ही वश का है, या फिर नाटक के।

युगों का अन्तराल पार कर कविता के माध्यम से कही गई अधिकांश वे कृतियाँ ही जीवित रही हैं, जिनमें कहानी और नाटक के तत्त्व विद्यमान हैं। मात्र कविताएँ हमारी धरोहर-भर हैं। वे गतिशील समय-संचेतना के साथ बराबर नहीं चल पाई हैं। कथा-तत्त्व से हीन कविता के सामने कभी कोई बड़ा भविष्य नहीं रहा है। क्या साहित्य का इतिहास इसका साक्षी नहीं है?

कहानी अधिक 'सम्पूर्ण माध्यम' है, जो समय की पुंजीभूत संचेतना—सह-अनुभूति को समो सकती है, इसलिए जैसे-जैसे मनुष्य ने प्रगति की है, वह कविता को एक 'प्रभावशाली माध्यम' के रूप में स्खलित होते देखता और उसे छोड़ता हुआ आया है। वह उसकी अधिकांश बौद्धिक और मानसिक अपेक्षाओं को वहन करने योग्य नहीं रह गई है।

यह आकस्मिक नहीं है कि दुनिया-भर में सहसा कविता का ह्रास हुआ है। यह भी आकस्मिक नहीं है कि कहानी तथा नाटक—ये दोनों विधाएँ आज की संवेदना और सहानुभूति की समर्थ वाहक बनी हैं।

और हिन्दी की नई कहानी के सन्दर्भ में—यह भी आकस्मिक नहीं है कि नए कवि आज नई कहानी की ओर मुड़े हैं...। हम तो समझते हैं कि यह शायद उनकी आन्तरिक आवश्यकता का ही फल है। कवि मुड़ आते हैं कहानी की तरफ, पर उन कवियों को ही भावभूमि से लिखनेवाले कहानीकारों को कविता की ओर मुड़ते नहीं देखा। अब तक, शायद यह कहावत कवियों के लिए सच हो कि आदमी गलती करके ही सीखता है।

कविता ने हमेशा एक व्याख्याता रखा है अपने साथ। और इसी ने उस साहित्यिक उपजीवी वर्ग को जन्म दिया है, जिसे आलोचक कहते हैं। यह उपजीवी वर्ग दूसरे की सर्जना पर जीता है और उसी से इसने अपने लिए गरिमा अर्जित कर ली है। कुछ-कुछ उसी तरह की, जैसी कि आज की अर्थव्यवस्था में 'ठेकेदारों' ने कर ली है। जब-जब साहित्य से साहित्येतर कार्य लिया गया है—इस आलोचक वर्ग ने ही उसकी

भूमिका अदा की है और हमेशा अपने साथ द्वितीय तथा तृतीय स्वर की 'प्रतिभाओं' को लेकर प्रवृत्तिमूलक जेहाद बोले हैं। सर्जनात्मक प्रतिभा ने इसलिए अपने समकालीन आलोचक-सम्प्रदाय से कभी भी अच्छे सम्बन्ध नहीं बना पाए हैं। आलोचक ने हमेशा दूसरे-तीसरे और चौथे दर्जे की 'प्रतिभा' को इसीलिए मान्यता दी है...क्योंकि यह मान्यता देना, उसके अपने अस्तित्व को बनाए रखने की एक शर्त है। किसी भी प्रतिभावान लेखक या कवि को उसके समकालीन आलोचक ने नहीं पहचाना है। यह हमेशा क्यों होता रहा है? उन्होंने हमेशा मरसिये ही क्यों पढ़े हैं?

मैं कहानी और उनके पाठक के बीच में आलोचक की स्थिति स्वीकार नहीं कर पाता। समर्थ रचना को आलोचक की बैसाखियों की जरूरत नहीं होती। आलोचक का काम है, बीते हुए को सही परिप्रेक्ष्य में क्रमबद्ध रूप से रखना...यानी साहित्य का इतिहास लिखना।

जो कुछ भी नया आता है, वह आलोचक को चौंकाता है, उसे निस्तेज करता है। और जो कुछ भी 'नया' आता है, वह न तो स्वीकृति से आता है और न अस्वीकृति से। उसमें एक सहज साहस होता है और वह साहस ही कहता है—'अभी तो सब-कुछ बाकी है...यह हमें ही करना है।' इसे कुछ लोग उस थाती की अस्वीकृति मान लेते हैं, जो हो चुका है, या किया जा चुका है। बात ऐसी नहीं है। 'नए' के आने की यह सहज शर्त-भर है कि 'अभी कुछ भी हुआ नहीं है।'

यह दिमागी खलल नहीं, खलिश है।

नई कहानी में भी यही हुआ है। कहानीकार की नियति उसके मनुष्य के साथ बँधी हुई है। यदि कहानीकार एक इनसान के रूप में असफल होता है, तो कहानीकार के रूप में भी मारा जाता है। यदि वह कहानीकार के रूप में असफल होता है तो इनसान के रूप में भी मारा जाता है। यही आज के कहानीकार की जद्दोजहद है, जो उसे मुक्ति देती है। यह मुक्ति स्वयं 'नए' से ही मिलती है, रूपान्तरण से नहीं। रूपान्तरण सृजन नहीं होता—होता भी हो, तो घटिया दर्जे का। सृजन की पहली और अनिवार्य शर्त है—नया!

साधित अमूर्तता एक पिछड़ापन है। यह नया मूल्य नहीं है। कुछ लोग बौद्धिकता और अमूर्तता के साथ होने का सम्भ्रम खड़ा करते हैं। बुद्धि तो स्वयं अमूर्तता को भेदती है। बुद्धि का सतत संघर्ष ही अमूर्त के प्रति है। वह उसे परत-दर-परत उजागर करती चलती है। ईश्वर इतना अमूर्त था कि उसकी मृत्यु की घोषणा करनी पड़ी।

जीवित विचार अमूर्त नहीं होते। जिसमें भी जीवन का स्पन्दन है, वह पूर्णतया अमूर्त नहीं होगा, चाहे वह विचार हो या अनुभूति या कोई सूक्ष्म संवेग। कुछ-न-

कुछ तो ऐसा होता ही है, जिससे 'आरम्भ' होता है। शब्दों में चित्रों की सामर्थ्य के आगे ध्वनि की स्थिति है। ध्वनि भी अमूर्त नहीं है। यदि होती, तो संगीत कहाँ होता? सब कलाएँ अमूर्त को मूर्त ही करती रही हैं—यही उनकी यात्रा का पाथेय रहा है।

लेखन-प्रक्रिया या विचार-प्रक्रिया के दौरान जब अपने अनुभव अधूरे पड़ने लगते हैं और वस्तु की स्थिति से सामना करना सम्भव नहीं होता, तो लेखक उस ओर भागता है। कभी-कभी तो वह मात्र अस्पष्टता को ही अमूर्तता मान बैठता है। गहन वैचारिक सन्दर्भों में, जहाँ भाषा अपर्याप्त सिद्ध होने लगती है—कुछ खंडित संकेत शक्तिशाली माध्यम बन जाते हैं, जो आगे की गुह्यता को भेदने के लिए सहायक बनते हैं। उन्हीं के सहारे यह तलाश बराबर जारी रहती है। इस सतत प्रयास के स्थान पर अमूर्तता को साध्य बना लेना कुछ उसी तरह की बात है, जैसे कि किसी ताबीज में विश्वास करना। इसीलिए अमूर्तता एक अन्धविश्वास भी बन जाती है...पुरानी भावुकता, धार्मिकता और आदर्शवादिता का संशोधित स्वरूप, जो आज की तथाकथित और ओढ़ी हुई 'मिजरी' को एक झूठा प्रभामंडल प्रदान करती है। तब लेखक भावुकता के सहारे दया या रहम अर्जित करता था, अब कुछ लेखक इसके सहारे वही अर्जित करते हैं। कहानी में यह घोर स्वरति के क्षणों में ही आती है और 'मैं' के प्रति गिलगिली भावुकता जगाती है। और लेखक के संशयग्रस्त, शंकालु तथा भीरु मन को एक ऐसी अन्धी गली का रास्ता सुझा देती है, जहाँ वह अपने से भयभीत होकर दुबक सकता है।

यह सही है कि दृष्टि और बुद्धि के परे भी कुछ है...कुछ ऐसा है, जो मानव-प्रकृति और जीवन-प्रक्रिया की अतल गहराइयों में अवस्थित है। जो निर्गुण है। जो आन्तरिक संस्कृति के रूप में बहुत नीचे दबा पड़ा है। जो अस्तित्व की संश्लिष्टता के साथ विद्यमान है...उसकी खोज एक बड़ी चुनौती है...जो हमें हमारी असमर्थता का बोध भी कराती है। उस अमूर्त या निराकार की तलाश में, असमर्थता का वह बोध 'नियति' की आसान मंजिल पर पहुँचा देता है, जहाँ तलाश के प्रयत्न तो समाप्त हो जाते हैं, पर वह चुनौती नहीं। इसलिए वह साध्य नहीं है। बुद्धिवादिता के लिए वह एक ज्वलन्त और अनवरत प्रश्न है।

उसे नए मूल्य के रूप में साध्य मान लेना ही पिछड़ापन और अन्धविश्वास है।

नई कहानी! पुरानी कहानी!

'नया' शब्द समय-सापेक्ष है। अतः इसका कोई सवाल नहीं होना चाहिए। हर चीज अपने समय में नई होती है, फिर कहानी ही नई क्यों? नई कहानी ही नाम क्यों?

गांधी टोपी! व्यक्ति-सापेक्ष है। अतः इसका कोई सवाल नहीं होना चाहिए।

टोपी हर समय टोपी ही होती है, फिर टोपी गांधी टोपी ही क्यों? टोपा कहिए।

प्रेमचन्द-साहित्य, जैनेन्द्र-साहित्य! साहित्य हर समय साहित्य ही होता है फिर साहित्य पर ही नाम क्यों? पोथी कहिए।

गेलार्ड, वोल्गा, वैंगर्स, अशोका—ये सब होटल और रेस्तराँ खाना ही देते हैं, फिर यह नाम क्यों? ढाबा ही कहिए।

मशाल, दीया, मोमबत्ती, लालटेन, गैसलैम्प और बिजली—सब रोशनी ही देते हैं, फिर यह नाम क्यों? ज्योति ही कहिए।

पानी से पनचक्कियाँ चलती थीं, अब भी पानी से मशीनें चलती हैं तो फिर बिजलीघर ही नाम क्यों? पनचक्की कहिए।

दिक्कत यह नहीं है कि 'नया' विशेषण संज्ञा क्यों हो गया, दिक्कत यह है कि यह नया नाम ही क्यों? वह विशेषण भी रहता, तो भी उसे यही विरोध सहन करना पड़ता, क्योंकि नवीनता को स्वीकार कर सकना हरेक के वश में नहीं होता, खासतौर से उस पीढ़ी के लिए जो अपने समय के मान-मूल्य स्थापित कर उनके प्रति प्रतिबद्ध हो चुकी है। हर लेखक अपने लेखकीय जीवन की अवधि के साथ अपने को प्रतिबद्ध करता चलता है और वह एक वैचारिक और भावात्मक सम्पदा का मालिक बन जाता है। अपनी उस प्रतिबद्धता से अलग जा सकना, उसके लिए सम्भव नहीं होता। इसीलिए वह नए को स्वीकारने में हिचकता है। यह एक सच्ची स्थिति होती है।

संक्रान्तिकाल में जब जीवन के मान-मूल्य एकदम बदलते हैं और उन्हें स्वीकारने या नकारने का संकट उपस्थित होता है, तो पिछली प्रतिबद्धताएँ या संस्कार आड़े आते हैं और वह उन्हें चूँकि स्वीकार नहीं कर पाता, इसलिए नकारना ही एकमात्र रास्ता रह जाता है। यह एक अजीब-सी परीक्षा का समय होता है। इसमें उम्र नहीं, वैचारिक प्रतिबद्धता और संस्कार आड़े आते हैं। इसलिए नए और पुराने का भेद उम्र में बँटी हुई पीढ़ियों का नहीं, वैचारिक और सांस्कारिक स्तरों पर दो तरह से जीने-सोचनेवाली पीढ़ियों का भेद है।

जो कुछ भी नया है, वह वैचारिक और सांस्कारिक स्तर पर ही नया है। नई कहानी या यह नयापन का भेद वैचारिक स्तर पर उसकी वस्तु से, और सांस्कारिक स्तर पर उसकी तकनीक और शैली से सम्बन्धित है।

सचमुच...कहानी लिखना उन काँपती शमशीरों के बीच जीना है। ये शमशीरें रोशनी की हैं और थके हुए पानी में बराबर काँपती रहती हैं।

शरणार्थी आदमी और मोहभंग : 'नए' का एक और कोण

जब-जब परिस्थितियाँ बदलती हैं, तब-तब व्यक्ति और जीवन के सारे सम्बन्धों का नया सन्तुलन आवश्यक हो जाता है, बदले हुए सम्बन्ध स्थापित मूल्यों के लिए संकट पैदा कर देते हैं, तब यह जरूरी हो जाता है कि उस बदलाव के दबाव और उसकी पूरक शक्तियों से उत्पन्न नए मूल्यों को पहचाना जाए। विचार के स्तर पर इन मूल्यों को ज्यादा सफाई से पहचाना जा सकता है, संश्लिष्ट जीवन में इनका आभास शायद ज्यादा नहीं मिल पाता, इसीलिए नई बात को कुछ लोग समझने में असमर्थ रहते हैं या बने रहना चाहते हैं। पुरानी पीढ़ी के लिए हमेशा यह दिक्कत पेश आती रही है, क्योंकि अपने सृजन-काल में वे अपनी सहमति कुछ स्थापनाओं को दे चुके हैं और तब उनके लिए अपनी ही निर्मितियों या स्थापनाओं को तोड़कर निकलना बहुत मुश्किल हो जाता है। कहानी के क्षेत्र में भी यही होता रहा है।

जब-जब विचारों का संघर्ष और जीवन की गति बहुत उग्र होती है, तब-तब आदमी की मानसिक दुनिया का स्वरूप एकदम बदल जाता है। धनंजय वर्मा के शब्दों में, "...तब यह परिवर्तन इतना क्रान्तिकारी होता है कि (नया) विकास न होकर स्वतंत्र उद्‌भावना अधिक लगता है। यह नई उद्‌भावना (नई पीढ़ी) केवल समय-अवधि के धरातल पर ही पुरानी पीढ़ी से पृथक् नहीं होती वरन् जीवन-दृष्टि, वैचारिक स्तर, रचना की अन्त:प्रेरणा और शैली में भी पृथक् होती है।'

नई कहानी भी ऐसी ही एक उद्‌भावना है, क्योंकि जीवन के जिन दबावों और बदली हुई परिस्थितियों में इस कहानी ने जन्म लिया, वे परिस्थितियाँ विकास की परिस्थितियाँ नहीं थीं। आजादी मिलते ही जो भयंकर रक्तपात और संहार हुआ, उसमें शरणार्थियों के काफिले ही नहीं आए बल्कि अपने देश, घर, परिवार में ही स्वयं आदमी शरणार्थी बन गया। ऊपरी सतह पर तो विकलांग और भयभीत शरणार्थी सीमाओं के पार से आए थे, पर आन्तरिक स्तर पर एक बहुत बड़ा समुदाय शरणार्थी बन गया था। वे सब लोग, जो धर्मनिरपेक्षता में विश्वास करते थे और विभाजन के ऐन पहले तक विभाजन को ही अव्यावहारिक और असम्भव कल्पना-भर मानते थे, तथा जिन्होंने भारतीय एकता का स्वप्न सँजोया था और जो उस माहौल में पैदा हुए थे, जहाँ धार्मिक सहिष्णुता और उदारता एक बहुत बड़ा राष्ट्रीय

मूल्य था—वे विभाजन होते ही अपने-आपमें शरणार्थी बन गए थे। उनके माथे शर्म से झुके हुए थे, जबानें बन्द हो गई थीं। वे अपने को पूरी तरह से निःसहाय और निरर्थक पा रहे थे। स्वयं अपने देश में अपने समस्त विश्वासों एवं आस्थाओं को लिये-दिये और सँजोए हुए ही वे सब लोग झूठे पड़ गए थे। देश का वह तबका, जो अपने को बौद्धिक समझता था, सबसे ज्यादा हताश था, क्योंकि विभाजन की मार-काट से चाहे कुछ विशुद्ध हिन्दुओं और खालिस मुसलमानों को 'सही' होने का सुख प्राप्त हो, पर बाकी बहुत बड़ा समुदाय अपने मूल्यों और आस्थाओं के खंडित होने से बदहवासी की हालत में था और पराजय की भयंकर अनुभूति से जर्जर हो गया था। विभाजन में कत्ल, बलात्कार और अत्याचार ही नहीं हुए थे, बल्कि ऊपर से साबुत दिखाई पड़नेवाला आदमी भी भीतर से पूरी तरह चटख गया था और उसके सारे विश्वास और मूल्य बर्बरता की आँधी में उड़ गए थे। अपंग, कटे-फटे और रक्तस्नात आदमियों के काफिले तो दोनों ओर से आए और गए ही थे पर एक भीषण और उससे भी ज्यादा भयानक रक्तपात आदमी के भीतर हुआ था। दोनों देशों में तो कई लाख आदमी ही मरे थे, पर जिस आदमी ने इस रक्तपात को झेला और भोगा था, उसके भीतर सदियों में बने और करोड़ों जिन्दगियों द्वारा बनाए गए विश्वासों का ध्वंस हुआ था। इसीलिए देशों की सीमाएँ पार करनेवाले शरणार्थियों से भी ज्यादा शरणार्थी वे थे, जिनके मानवीय मूल्यों की हत्या हो गई थी। इस भयंकर संक्रमण को जिन लोगों ने सिर्फ दंगों में मरे लोगों की संख्या और शारीरिक कष्ट की सतह पर देखा है, उनके लिए यह भयंकर रक्तपात भी शायद 'सामाजिक-धार्मिक शक्तियों की टकराहट का एक स्वाभाविक विकास' हो सकता है, क्योंकि उन जड़ लोगों या लेखकों के लिए 'कुछ भी बदलता नहीं' और 'न कुछ ऐसा होता है जो अपने में नया हो।' वे बहुत आसानी से महाभारत-युद्ध या विश्व युद्ध का दृष्टान्त दे सकते हैं और परिस्थितिजन्य कारणों का तालमेल भी बैठा सकते हैं।

पर आधुनिक दृष्टि और बोध से दुनिया की घटनाओं को देखनेवाले संवेदनशील मन पर इसी महारक्त का बिलकुल पृथक् असर पड़ता है। इसीलिए अपने ही देश घर-परिवार में एकाएक शरणार्थी बन गए व्यक्ति की बात वे ही समझ सकते हैं जो चीजों को सतह के नीचे भी देखते हैं।

इसी के साथ जुड़ा हुआ है एक मोहभंग का अध्याय। वह 'त्यागी पीढ़ी,' जो 14 अगस्त की रात के ग्यारह बजकर उनसठ मिनट तक बहुत संयमी, आदर्शवादी, स्वप्नदर्शी, सच्चरित्र और साधु थी, एक मिनट बाद ही स्वार्थलोलुप अत्याचारियों में बदल गई। चारों तरफ एक नया राजनीतिक वर्ग पनपने लगा, जो जोंक की तरह जनता का रक्त चूसने लगा और अपने लिए सुविधाएँ बटोरने में लग गया। स्वार्थपरता, जातिवाद, भाई-भतीजावाद, कालाबाजारी, बेईमानी आदि का जो दौर चला उसने जनता को मोहभंग की स्थिति में जबर्दस्ती खड़ा कर दिया।

और वही शरणार्थी व्यक्ति जब दूसरी ओर अपने को इस मोहभंग की स्थिति में पाता है, तब भी हमारे पुराने पिताओं के लिए शायद कुछ नहीं बदलता। उनके लिए यह भी 'विकास का एक क्रम' है और उसमें भी इनके लिए 'गया' कुछ नहीं है। वह परिवार, जिसे चरमराने से उस समय 'बड़े घर की बेटी' बचा लेती है, जब टूटकर बिखर जाता है तब भी शायद हमारे पुराने लेखकों के लिए कुछ बदलता नहीं, उनके लिए यह भी विकास का एक क्रम है और शायद वे यह दृष्टान्त भी दे सकते हैं कि राम के वनगमन से दशरथ का पूरा परिवार पहले ही भंग हो चुका था—यह भी कोई नई बात नहीं है।

व्यक्ति-व्यक्ति का शरणार्थी होना, मोहभंग की स्थिति और खंडित परिवारवाला मध्यवर्ग और निम्न-मध्यवर्ग—ऐसी सच्चाइयाँ हैं जिन्हें हठधर्मिता से भी नजरअंदाज नहीं किया जा सकता। कथ्य के स्तर पर क्या यह स्वर और इस विभीषिका का अंकन नया नहीं है?

क्या यह नया नहीं है कि स्वतंत्रता के बाद पहली बार नई कहानी ने आदमी को आदमी के सन्दर्भ में प्रस्तुत किया है, शाश्वत मूल्यों की दुहाई देकर नहीं, बल्कि उसी आदमी को उसी के परिवेश में सही आदमी या मात्र आदमी के रूप में अभिव्यक्ति देकर?

नई कहानी का आदमी न जैन संशयवाद का शिकार है, न बौद्ध दुखवाद का और न हिन्दू भाग्यवाद का। वह चाहे अतिशय, अकिंचन और अतिसाधारण हो, चाहे नितान्त भौतिक आवश्यकताओं का मारा हुआ हो, पर वह है मात्र आदमी। अपने यथार्थ परिवेश में साँस लेता जिजीविषा से सम्पन्न व्यक्ति! 'जिन्दगी और जोंक' का बुड्ढा, 'मलबे का मालिक' का मालिक, 'बिरादरी बाहर' का बाप, 'जिन्दगी और गुलाब के फूल' का भाई, 'मैला आँचल' का बामनदास, 'सावित्तरी नम्बर दो' की सावित्तरी, 'दो दुखों का एक सुख' की भिखमंगिन, 'परिन्दे' की लतिका, 'विध्वंस' का पूरा विध्वंस, 'शहर' का नवयुवक—आदि नई कहानी के सैकड़ों इनसान और उनकी पूरी दुनिया क्या किसी धर्ममूलक संस्कार या अवधारणा की मोहताज है? क्या शाश्वतता की बात उठाए बिना इन सभी आदमियों को इनके नितान्त भौतिक परिवेश में भी मात्र आदमी मानने से अस्वीकार किया जा सकता है? नई कहानी ने वही कहा है जो ऐसा आदमी कहता है। नई कहानी ने वही महसूस किया है जो ऐसा व्यक्ति महसूस करता है। नई कहानी ने इसी रूप में अपनी उद्भावना की है। उसने हर तरह के आरोपण को अस्वीकार किया है और किसी भी बात को अन्तिम रूप से न कहने का साहस किया है। अन्तिम रूप से कुछ भी कह सकने का पाखंड वे ही कर सकते हैं जो 'आज' और 'अभी' से भी सम्पृक्त नहीं हैं। अन्तिम रूप से कुछ न कह पाने का साहस वही कर सकता है जो न आरोपित

दर्शन का बोझ लादता है और न जबर्दस्ती बात कहने की कोशिश करता है।

यह जबर्दस्ती प्रेमचन्द की 'पंचपरमेश्वर' में है, इसीलिए वह नई की पीठिका नहीं है। यह जबर्दस्ती 'कफन' में नहीं है, इसीलिए वह नई कहानी की आधारशिला है। 'शतरंज के खिलाड़ी' के नवाब न मुसलमान हैं, न हिन्दू—वे सिर्फ मनुष्य हैं, अपने परिवेश की देन—इसीलिए इस कहानी का स्वर नई कहानी का स्वर है। यशपाल की 'पराया सुख' की वर्जना एक पूरे वर्ग की आनुपातिक प्रवृत्ति का प्रतिनिधित्व करती है, इसीलिए उस कहानी का कथ्य नई कहानी का कथ्य है।

शायद यह कम महत्त्वपूर्ण नहीं है कि हिन्दू, मुसलमान, ईसाई, शैव, वैष्णव, सास, ननद, सौतेली माँ, शराबी पति, सौत जैसे धर्ममूलक और प्रवृत्तिमूलक पात्रों और अनमेल विवाह, विधवा की दुर्दशा, मातृहीन बच्चों की दुखभरी कहानी, जमींदार के हंटर और झूठे नारे लगाते जुलूसों की निहायत सतही दुनिया से कहानी को निकालकर नई कहानी ने हमें मानवीय संकट, आदमी की अपनी दुनिया और अस्तित्व-बोध के रू-ब-रू लाकर खड़ा कर दिया है।

और इन्हीं परिस्थितियों में नई कहानी के रचनात्मक मूल्यों में भी नई उद्‌भावनाएँ हुई हैं। आज की कहानी घटनाओं का सम्पुंजन या कथानक का मनोवैज्ञानिक विकास-भर नहीं है—'उसकी यात्रा घटनाओं या संयोगों में से न होकर प्रसंगों की आन्तरिक प्रतिक्रियाओं के बीच होती है और संवेदना के सूक्ष्म तन्तुओं पर धीरे-धीरे आघात करती हुई वह एक सम्पूर्ण अनुभव से गुजर जाती है, इसीलिए वह कथा-यात्रा नहीं, पाठक के उस अनुभव से स्वयं की यात्रा हो जाती है।' नई कहानी की यही आन्तरिक उपलब्धि है कि वह अनुभव के धरातल पर सार्थक होती है, वर्णन या कहानी के धरातल पर नहीं। उसमें कोई भी जीवन सत्य, विचार, निष्पत्ति या निष्कर्ष आदि निर्मित, निर्देशित और आरोपित नहीं होता, अनुभवों और अनुभूतियों, संवेदना और संचेतना की सम्पूर्ण प्रक्रिया से गुजरता हुआ पाठक स्वयं उस बोध पर अनायास पहुँच जाता है। वह किसी एक के व्यक्तिगत अनुभव निरीक्षण या दर्शन से निर्मित नहीं है। इसीलिए अपने निरीक्षण और दर्शन, जीवन-सत्य या बोध को वह पाठक तक केवल पहुँचाती ही नहीं, उसमें स्वयं पाठक के 'पार्टीसिपेशन' के माध्यम से वही अनुभूति और बोध जाग्रत् करती है।

रचना के धरातल पर तटस्थ और वस्तुपरक दृष्टिकोण यही है और यही वह जीवन-दृष्टि है जहाँ व्यक्ति का, उसकी अनुभूति, संवेदना और बोध का असम्पृक्त स्वयंसिद्ध कोई महत्त्व नहीं होता। वह पूरे परिवेश, सामाजिक सन्दर्भ और समकालीनता से सम्बद्ध होता है। यहीं आकर वैयक्तिक अनुभूति में भी पूरे युग-बोध और मूल्यों से जुड़ी हुई कहानी उस प्रयास को व्यक्त करती है जिसे नई कहानी के रचनात्मक मूल्यों का नयापन कहा जाता है।

कुछ विचार-बिन्दु

नई पीढ़ी के कथाकार ने एक नागरिक के रूप में प्रवेश किया था...इस पीढ़ी के सभी कथाकार मध्यवर्ग से आए थे, ऐसे घरों से, जिनके ढाँचे चरमराकर टूट रहे थे, पर जो अपनी पुरातन गरिमा में फिर भी भूले हुए थे...वह मध्यवर्ग अपनी विशिष्टता में आज भी 'हिन्दू' बना हुआ है, पर घरों से निकलकर आनेवाली पीढ़ी 'हिन्दू' नहीं थी। कर्मकांडों से मुक्त, धर्म से निरपेक्ष यह पीढ़ी नए मानवीय सन्तुलन की खोज में थी। इस खोज में औद्योगिक विकास और शहरों की जिन्दगी ने बहुत सहारा दिया...इस जिन्दगी ने चाहे उसे नया सन्तुलन न दिया हो, पर पुराने से टूटने को बाध्य अवश्य किया। और यह बाध्यता ही 'नए' की पहली चुनौती बनी। यदि जीवन की यह बाध्यता न होती, तो शायद 'नए' का इतना दबाव भी न होता। वह 'नया' फैशन के रूप में नहीं, एक अनिवार्य शर्त के रूप में आया था।

नई पीढ़ी के लेखकों ने इस शर्त को स्वीकार किया, हर स्तर पर—मानसिक, बौद्धिक, भावनात्मक—सभी स्तरों पर। भौगोलिक रूप में गाँव, शहर, कस्बे के स्तर पर। यह आकस्मिक ही नहीं था कि अलग-अलग जगहों में स्थित कहानीकारों ने 'नए' की इस शर्त को अपनी-अपनी तरह स्वीकार किया और इसीलिए इधर की कहानी में विविधता भी आई। यह विविधता भी नई कहानी की एक शक्ति है। कभी-कभी यह विविधता उन लोगों के लिए कठिनाई उपस्थित करती है, जो आज की कहानी में एक बँधा-बँधाया ढाँचा देखना चाहते हैं। सामाजिक स्तर पर जो ढाँचा टूट गया है, वह उस कहानी में खुद कैसे बचा रह सकता है जिसका स्रोत ही जीवन है, मृत्यु नहीं!

मृत्यु व्यक्ति की नियति है, विचारों की नहीं। विचारों की यह सम्पदा परम्परा से ही मिलती है, और उनमें जीते हुए निरन्तर विकसित और नया होते रहने की अनिवार्यता अपने परिवेश में जीनेवाले व्यक्ति की शर्त है।

सृजन व्यवसाय नहीं—विश्वास है। लेखक अकेला होता तो उसे किसी विश्वास या आस्था की जरूरत नहीं पड़ती। पर वह अकेला नहीं है...अस्तित्व के संकट को एक क्लर्क या दुकानदार बनकर भी झेला जा सकता है (जो किसी भी रूप में हीन नहीं है), पर लेखक उसे झेलने के साथ-साथ ठेल भी सकता है। यह संकट सम्पूर्ण

प्राप्ति नहीं है—इस संकट के पीछे छिपे तथ्य और रहस्य भी चेतना का प्राप्य हैं, इसलिए क्षण में जीने की कोई बाध्यता नहीं होती, पीछे देखकर, वर्तमान को वहन कर आगे देखना सहज प्रक्रिया बन जाती है।

कलाओं के विकास का आधार ही सामाजिक-साम्बन्धिक अस्तित्व है। यदि यह अस्तित्व उनसे निरपेक्ष होता, तो केवल अन्तर्विरोधों में जी सकना ही सम्भव होता। जो निरपेक्ष हैं वे उन अन्तर्विरोधों में मृत की तरह जी रहे हैं और अपने सलीब उठाए हुए कब्रिस्तान की ओर उन्मुख हैं। यहाँ रहते हुए मौत को छलना ही व्यक्ति का काम है और इस काम में सारी दुनिया हाथ बँटा रही है—बौद्धिक, सामाजिक, वैज्ञानिक, यांत्रिक आदि स्तरों पर। जो किसी भी रूप में मौत पैदा करता है वह तत्त्व अमित्र है, इसलिए उससे किसी की सहमति नहीं हो सकती और उसका प्रतिवाद करते रहना लेखक का धर्म है।

कहानी लिखना लेखक के लिए यातना नहीं है। यातनापूर्ण हैं वे कारण जो लेखक को कहानी लिखने के लिए मजबूर करते हैं और यह मजबूरी तभी होती है, जब लेखक का अपना संकट दूसरों के संकट से सम्बद्ध होकर असह्य हो जाता है...या उसकी अपनी करुणा दूसरों की संवेदना से मिलकर अनात्म हो जाती है।

कहानी लेखक को औरों से जोड़ती है, या यह कहूँ कि बहुतों-से सम्पृक्त होने की सांस्कारिक स्थिति ही कहानी की शुरुआत है। यह शुरुआत बार-बार हुई है और महान कहानीकारों द्वारा हर बार वह शेष होने की स्थिति तक पहुँची है।

कहानी की मृत्यु के घोषणा-पत्र लिखनेवाले और उन पर अँगूठा लगानेवाले झूठी अदालतों के दरवाजों पर बैठे हुए मुहर्रिर और उनके पेशेवर 'चश्मदीद गवाह' ही हो सकते हैं—लेखक नहीं। लेखक मृत्यु का नहीं, जीवन का साक्षी होता है। शव की साधना अघोरपन्थी तांत्रिक करते हैं, लेखक नहीं। लेखक का जीवन इतिहास-सापेक्ष है। इसके तमाम अन्तर्द्वन्द्वों का साक्षी है—व्यक्ति और उसकी सामाजिकता—दोनों का। जहाँ सामाजिकता की क्रूरता व्यक्ति के यथार्थ को दबोचती है, या जहाँ व्यक्ति के अहं की क्रूरता सामाजिकता के यथार्थ को नकारती है, वहाँ आज की कहानी यानी नई कहानी नहीं हो सकती—वहाँ आग्रहमूलक लेखन ही हो सकता है—ऐसा लेखन, जो किसी एकाकी क्रूरता को साग्रह अग्रसर करनेवाला यंत्र बन जाता हो।

नई कहानी आग्रहों की कहानी नहीं है, प्रवृत्तियों की हो सकती है। और उनका मूल स्रोत है—जीवन का यथार्थ-बोध। और इस यथार्थ को लेकर चलनेवाला वह विराट् मध्य और निम्न-मध्य वर्ग है, जो अपनी जीवनी शक्ति से आज के दुर्दान्त संकट को जाने-अनजाने झेल रहा है। उसका केन्द्रीय पात्र है (अपने विविध रूपों और परिवेशों में) जीवन को वहन करनेवाला व्यक्ति। नई कहानी ने इसीलिए उस 'तीसरे उपजीवी' को पनाह नहीं दी, जो एकाएक बहुत महत्त्वपूर्ण होकर प्रेमचन्द और प्रसाद के बाद यशपाल की समकालीन कहानी में सहसा घुस आया था। जिसने अपने झूठे

आभिजात्य को अस्त्र बनाकर उस विराट् वर्ग की नैतिकता और मानवीयता को और भी जर्जर किया था—उसके साथ बलात्कार किया था। जिसने आर्थिक रूप से विपन्न परिस्थितियों में जकड़े, रूढ़ियों में फँसे उस विराट् मानव-समुदाय के लिए एक व्यक्तिवादी नैतिक संकट खड़ा कर दिया था...जिसने हर औरत को अपने लिए निर्जन स्थानों या ड्राइंगरूमों में अकेला खड़ा कर लेना चाहा था...हर पुरुष को हीन-लघु बना देना चाहा था...उसे उसके सार्थक परिवेश के प्रति शंकालु और संशयग्रस्त करके अकेला कर देने की कोशिश की थी और क्षणवादी दर्शन की पीड़ावादी व्याख्या से हर क्रूरता, अनैतिकता और अमानुषिकता के प्रति उसे वीतराग कर देना चाहा था... ।

नई कहानी ने इस अन्धड़ को पहचाना था। तभी उसने जीवन को विभिन्न स्तरों पर वहन करनेवाले, उससे सम्पृक्त केन्द्रीय पात्रों की तलाश की थी—यथार्थ की तलाश की थी, जिसकी साक्षी हैं वे कहानियाँ, जो इस दौर में लिखी गईं—'पराया सुख', 'गदल', 'धरती अब भी घूम रही है', 'जानवर और जानवर', 'जहाँ लक्ष्मी कैद है', 'दोपहर का भोजन', 'चीफ की दावत', 'गुलकी बन्नो', 'शुतुरमुर्ग', 'बदबू', 'हंसा जाई अकेला', 'नन्हो', 'चौदहकोसी पंचायत', 'पंखाकली', 'भैस का कट्या', 'तीसरी कसम', 'लन्दन की एक रात', 'रेवा', 'यही सच है', 'गुलाब के फूल और काँटे', 'हिरन की आँखें', 'सिक्का बदल गया', 'कस्तूरी मृग', 'समय', 'जमीन-आसमान', 'रक्तपात', 'फेंस के इधर और उधर', 'एक पति के नोट्स' आदि। कहानियाँ और भी हैं, और यह भी सही है कि उपरोक्त कहानियों के लेखकों ने सभी कहानियाँ 'नई' नहीं लिखी हैं, पर यही आज की कहानी की सशक्त धारा है।

इन पिछले दस-पन्द्रह वर्षों में कुछ गजटेड आलोचकों के कारनामों के कारण एकाएक प्रगतिशीलता, जनवादी दृष्टिकोण आदि शब्दों से लेखकों को परहेज हो गया। इतना ही नहीं, उन शब्दों से उन्हें डर भी लगने लगा—वे शब्द डर का कारण नहीं हैं—शक्ति का स्रोत ही हो सकते हैं।

हाँ, एक अन्तर्द्वन्द्व हमेशा लेखक के मन में रहता है...क्योंकि कोई भी विचार अन्तिम नहीं है, और बदलते परिवेश में, जहाँ मूल्यों का संकट हो, आस्था को फिर-फिर टटोलने की आवश्यकता हो, निराशा से ऊब-ऊबकर घबराने की स्थिति हो, वहाँ एक लेखक का काम बहुत नाजुक हो जाता है...इस संक्रान्ति को धीरे से देखकर, अनुभव के स्तर पर जीकर संवेदनात्मक स्वर में कुछ कहना ही लेखकीय दायित्व है—और कहानियों की 'थीम' को चुनने की यही लेखक की दृष्टि भी है। इसलिए जीवन के प्रति प्रतिबद्ध होना लेखक की अनिवार्यता है।

जिनकी जीत होती रहेगी, वे क्रूर होते जाएँगे, इसीलिए लेखक हमेशा 'हारे हुओं' के बीच रहने के लिए प्रतिबद्ध है, और यह तब तक रहेगा जब तक सब जीत नहीं जाएँगे और लेखक बिलकुल अकेला नहीं रह जाएगा। तब उसे न आस्था की जरूरत होगी, न विश्वास की और न लिखने की।

इसीलिए, कहानी विचारों और भावना—दोनों को वहन करनेवाली विधा है। विचार के अभाव में भावना भावुकता में बदल सकती है और भावना के अभाव में विचार पुंसत्वहीन हो सकता है। तर्क संचेतना की शक्ति है, जो गहरे यथार्थ तक उतरने में मदद देता है...इसलिए बौद्धिकता ही कहानी को संयमित कर सकती है, उसे अश्रु-विगलित शोक-प्रस्तावों और 'अँधेरे की चीखों' से अलग कर सकती है। अपने यथार्थ को वहन करते हुए, निरन्तर बदलते परिवेश को देखते हुए लिखने का प्रयास ही 'लेखक' का 'प्रयास' होता है।

यह प्रयास कभी लेखकों को इतना न बाँधता, यदि यह 'नए' से प्रेरित न होता। आज प्रभावशाली रूप में लिखने की शर्त ही यह नयापन या आधुनिकता का बोध है। पर आधुनिकता वही है, जो अपने ऐतिहासिक क्रम और सामाजिक सन्दर्भों से प्रस्फुटित हुई है—जो प्रभावों को तो ग्रहण करती है, पर अपने आन्तरिक और बाह्य प्रारूपों में नितान्त जातीय और राष्ट्रीय है।

पश्चिम की कुंठा, कुत्सा, अकेलापन, पराजय और हताशा चिन्ता का विषय हो सकती हैं, वर्ण्य नहीं, क्योंकि हमारी कुंठा, अकेलापन और अस्तित्व का संकट उससे नितान्त भिन्न है—वह टूटते परिवार से उद्‌भूत है, वह आर्थिक सम्बन्धों के दबाव से अनुस्यूत है—हम अपने सलीब स्वयं ढोनेवालों की स्थिति में नहीं, हमारी स्थिति दूसरों द्वारा गाड़े गए सलीबों पर जबर्दस्ती लटका दिए गए लोगों की है।

कहानी हमें दूसरों से भयाक्रान्त नहीं करती, उनसे हमें संवेदना और सहबोध के स्तर पर सम्बद्ध करती है। नई कहानी ने बड़ी सूक्ष्मता और कलात्मकता से इस सम्बन्ध-सूत्र को पुनः स्थापित किया है—और कुहासे में लिपटी या धुन्ध में डूबी वस्तु-स्थिति को बौद्धिक प्रौढ़ता से साकार किया है।

अमूर्त की अभिव्यक्ति एक खोज है, पर गलत सन्दर्भों में वही पलायन भी है। अमूर्तता सूक्ष्मता की पर्याय भी नहीं है, बल्कि वह बौद्धिकता की विरोधी भी है। अमूर्त को अभिव्यक्ति देना कला का दायित्व हो सकता है पर अमूर्तता को प्रश्रय देना पलायन के अलावा कुछ और नहीं है। पिकासो या अन्य निराकारवादी चित्रकारों ने अमूर्त को अभिव्यक्ति दी है, अपनी अभिव्यक्ति को अमूर्त नहीं बनाया है। वर्ण्यवस्तु की विराटता और सूक्ष्मता की सघन-संकोचित प्रस्तुति यथार्थ को धुँधला नहीं, प्रखर करती है।

नई कहानी इस दिशा में भी प्रयत्नशील रही है और उसने जीवन की संश्लिष्टता की अभिव्यक्ति को भी (मात्र जटिलता या कठिनता को नहीं) अपने प्रयोगों में शामिल किया है। असफल प्रयोग दुरूह और जटिल भी दिखाई दिए हैं, पर सफल प्रयोग स्पन्दित जीवन-खंडों के रूप में आज भी धड़क रहे हैं।

अमूर्तता, लादी हुई सांकेतिकता और 'अस्तित्व' को जीवन से ऊपर मानने का पश्चिमी दर्शन, दिमागी भय और बदहवासी—इन तत्त्वों को लेकर भी कहानियाँ लिखी

जा रही हैं, तथा जो नितान्त अन्तर्मुखी होते जाने की नियति से आबद्ध हैं, वे कहानी की मूल जातीय धारा से इसलिए कटी हुई हैं कि उनमें जीवन के अपने संस्कारों की गन्ध नहीं है। परायी समस्याओं और परायी मानसिकता के मात्र दिमागी आवेग से त्रस्त कुछ लेखकों ने इस तरह के लेखन को एक 'स्टेटस सिम्बल' बनाने की कोशिश ही नहीं की, बल्कि अपने दायरे भी बना लिये और उनमें अपने को कैद कर लिया। इसका परिणाम वे कहानियाँ हैं जो आज की व्यावसायिक पत्रिकाओं की माँग को पूरा करने के लिए लिखी जा रही हैं--किसी एक चमत्कृत कर देनेवाले वाक्य के सहारे ये कहानियाँ किसी 'मूड' या स्थिति के निबन्धात्मक प्रस्तुतीकरण तक ही जा पाती हैं, क्योंकि उनमें उद्दाम जीवन के किसी पक्ष का अनुभूत यथार्थ नहीं होता।

आज की कहानी ने जब अपने परिपाटीबद्ध फॉर्म को तोड़ा, तो कुछ प्रयत्नों में अराजकता आ जाना स्वाभाविक था। यह सिर्फ हिन्दी में नहीं बल्कि देशी-विदेशी भाषाओं की नई कहानी में भी हुआ है। समसामयिक विदेशी कहानी-साहित्य की जीवन्त और स्वस्थ धारा से परिचय न होने के कारण हमारे यहाँ भी वहाँ की विगलित और पराजित पीढ़ी की आवाज में आवाज मिलाई गई और अस्तित्व के संकट को बन्द कमरों में बैठकर 'झेला' और प्रस्तुत किया गया, जिससे आज की कहानी को लेकर भ्रान्त धारणाएँ फैलीं।

पर 'अस्तित्व' को जीवन की एक स्थिति के रूप में मानते हुए और यथार्थ युग-बोध को सहेजते हुए कहानी की मूल धारा ने जीवनपरकता को नहीं छोड़ा। आज की नई दुनिया की संचेतना कहानी के माध्यम से सबसे सशक्त रूप में प्रकट हो रही है। प्रत्येक देश में कुछ ऐसा है जो तेजी से मर रहा है और कुछ ऐसा है जो उभर रहा है। इस तीव्र संक्रमण में सही मूल्यों को पहचानना और उनको अपनी कला का अंग बनाना सहज नहीं है। मूल्यों और आधुनिक संचेतना के नाम पर हमारे यहाँ भी बहुत-कुछ ऐसा लिखा गया है जिसका कोई सम्बन्ध समकालीन जीवन या जातीय जीवन से नहीं है, और न वह व्यक्ति के वास्तविक मनोजीवन का ही प्रतिफलन है। विदेशों में कुछ बोहेमियन किस्म के लेखकों की जमात मौजूद है, जो अपनी कुंठाओं की शिकार है और अपने विकृत मनोभावों को बड़े ही चुस्त वाक्यों और चौंकानेवाली भाषा में पेश कर रही है--ऐसी भाषा और ऐसे वाक्यों में, जिन्हें दुबारा पढ़ने पर कोई अर्थ नहीं रह जाता।

इन बोहेमियन या अघोरपन्थियों के तात्कालिक लेखन ने सभी को चौंकाया भी और उत्तेजित भी किया। लेकिन 'चौंकाना' 'बोध' नहीं होता और 'उत्तेजना' 'शक्ति' नहीं होती।

चौंकाने और उत्तेजित करने की उसी क्रिया में हमारे कुछ लेखकों ने भी हाथ बँटाया और ऐसी मनोदशाओं या स्थितियों की कहानियाँ लिखीं, जो परिभ्रष्ट मानवीयता की ठंडी निबन्धात्मक रचनाएँ-भर हैं। जो दिमागी बदहवासी को व्यक्ति का सत्य

स्वीकार कर जीवन में अकेलेपन, कुंठा, पराजय, अवसाद, जुड़े न होने की पीड़ा को खोजती घूम रही हैं—ये खोज व्यक्ति को सन्दर्भहीन मानकर चलती हैं, जिसके आगे या पीछे कुछ नहीं है, जो अपने एक 'नितान्त असम्पृक्त क्षण' में पूर्ण है।

विदेशों में भी इस विकृत दर्शन को साहित्यिक स्तर पर अस्वीकार किया गया है। इसका प्रमाण वे रचनाएँ हैं, जो वहाँ की प्रभावशाली साहित्यिक पत्रिकाओं में आ रही हैं, लेकिन जो हम तक नहीं पहुँचतीं।

नई कहानी के बारे में पहली बात जटिलता की उठाई जाती है। संश्लिष्ट जीवन के कथासूत्रों या अनुभूतियों की अभिव्यक्ति का प्रयास आज की कहानी में किया गया। हर अनुभूति की, यदि हम ऊपरी स्तर से जरा हटकर बातें करें तो, अपनी लम्बाई, चौड़ाई और एक अव्यक्त आकार होता है। वह जीवन्त होता है, उसमें साँसों की अनुगूँज भी होती है और इनसानी भावना भी। अनुभूति को उसकी इस समग्रता में नई कहानी ने ही प्रस्तुत किया है, नहीं तो अधिकांश कहानियाँ इकहरी अनुभूति को ही जीकर चलती थीं, इसलिए उनमें सपाट सीधापन था। आज की कहानी में उसी तरह का सीधापन नहीं, और न पहले की तरह वे सपाट हैं, अनुभूतियों को उनकी समग्रता में पेश करने के कारण नई कहानी में मांसलता आई है, और वस्तु तथा शैली के नए प्रयोगों ने अभिव्यक्ति के ढंग को बदला है, इससे प्रेषणीयता का परिचित सीधा रास्ता कुछ खोया-खोया-सा नजर आ सकता है, पर लिखित और अंकित कला नए रास्ते की तलाश में, अनुभवों के नवीन धरातलों को छूने के प्रयास में, जब-जब अकुलाती है, तब-तब कुछ आकार अनपहचाने-से लगते हैं...नई इमारत की नींव पड़ने के बाद पहले-पहल जो आकार सामने आता है, वह देखने में अजीब उलझा-उलझा-सा लगता है...बाद में उसका सौन्दर्य स्पष्ट होता है।

कला के क्षेत्र में यह सृजन लगभग ऐसी ही प्रक्रिया से गुजरता है और रचनाकार के मानस के धुँधले विचार-बिम्ब सार्थक सन्दर्भों में अंकित होने लगते है—अपने आकारों के साथ। ऐसे प्रयोगों की प्रक्रिया में कुछ अस्पष्टता कभी-कभी रह जाती है, पर सफल प्रयोग जटिलता के शिकार नहीं होते—आज की कहानी के किसी भी सफल या सार्थक प्रयोग के प्रति जटिलता का आरोप नहीं लगाया जा सकता...उल्टे, उनमें एक सुलझाव नजर आता है—जटिल और संश्लिष्ट जीवन के सूत्रों का। इधर की कहानी ने अपने को उन अस्पष्ट गुंजलकों से निकाला है, जो मात्र ग्रन्थियों या कुंठाओं को जन्म देती थीं। नई कहानी का यह एक सशक्त पक्ष है कि उसने उलझे जीवन को सम्प्रेषित करते हुए भी, अपने आन्तरिक गठन को बहुत सुलझाकर रखा है और इसीलिए उसका कथ्य और भी अधिक शक्ति-सम्पन्न रूप में अभिव्यक्त हुआ है। लेकिन 'सीधापन' और 'सुलझाव' दो अलग बातें हैं।

स्वतंत्रता-प्राप्ति के बाद प्रत्यक्ष या परोक्ष रूप से सभी क्षेत्रों में एक नवीन उन्मेष की सम्भावनाएँ दिखाई देने लगी थीं। हर क्षेत्र में इस उन्मेष के लक्षण भी दिखाई दिए और व्यापक स्तर पर उसकी प्रतिक्रियाएँ भी हुईं। जन-मानस की रुकी हुई शक्ति अकुलाने लगी और संस्कृति, धर्म, सामाजिक मूल्य, साहित्य—सभी में कुछ नया कर सकने की इच्छा तीव्र होती गई। साहित्य में यह 'नया' भावबोध के स्तर पर स्वीकारा गया और आधुनिकता को एक आवश्यक लक्षण माना गया।

साहित्य में आधुनिकता की माँग एक सच्ची माँग थी, लेकिन यह आधुनिकता थी क्या? यह समकालीनता ही थी। क्योंकि कुछ स्तरों पर समकालीनता को ही आधुनिकता माना गया है। लेकिन समकालीन जीवन-मूल्य या विचार आधुनिक हो, यह आवश्यक नहीं है। 'आधुनिकता' एक सन्दर्भहीन मूल्य नहीं है। यह परम्परा के सन्दर्भ में ही आँका जा सकता है। यह एक ऐसा मूल्य है जो बीते हुए को सार्थक रूप में भविष्य से जोड़ता है...।

आधुनिकता एक ऐसी मानसिक-बौद्धिक स्थिति है, जो अपने परिवेश और समाज की गहनतर समस्याओं से उद्भूत होती है और समकालीन जीवन को संस्कार देती है। मुख्य-मुख्य मानव-मूल्यों में सर्वव्यापी और सार्वजनीन होते हुए भी आधुनिकता का स्वरूप अपनी जातीय विशेषताओं से अलग नहीं होता। जातीय संस्कारों के रहते हुए भी उसमें इतनी उदारता है कि वह विजातीय गुणों को अपने में समाहित करने की शक्ति रखती है। लेकिन आधुनिकता की इस उदारता का दुरुपयोग या गलत बोध भी हो सकता है।

स्वतंत्रता-प्राप्ति के बाद कहानी के क्षेत्र में एक उन्मेष दिखाई पड़ा था, खासतौर से सन् '50 के आस-पास। यह उन्मेष एक अनिवार्य स्थिति थी। पर इस उन्मेष के साथ ही आधुनिकता दो रूपों में व्यक्त होती दिखाई दी—फैशनपरस्ती के रूप में और दूसरे सार्थक बोध के रूप में। फैशनपरस्ती ने आधुनिकता के नाम पर निरर्थक विजातीय संस्कारों को ओढ़ा और इस सार्थक मूल्य को समाज के सन्दर्भ से काटकर नितान्त वैयक्तिक 'अर्थ' दिए और अपने लिए 'स्वतंत्रता' की माँग की—जबकि दूसरी ओर कुछ साहित्यकारों ने आधुनिकता को समाज के नए सन्दर्भों में खोजा और अप्रत्यक्ष रूप से जीवन के प्रति आस्था की माँग की। नई कहानी की आन्तरिक शक्ति यही आस्था है—जीवन के प्रति और जीवन के सभी सन्दर्भों के प्रति।

कहानी दिमागी समस्याओं को खड़ा करके आरोपित सामाजिकता की ओर नहीं, बल्कि सामाजिक और समाज से सम्पृक्त व्यक्ति की यथार्थ चेतना की ओर उन्मुख है। यह यात्रा कहानी से यथार्थ-बोध की ओर नहीं, बल्कि यथार्थ-बोध से कहानी की ओर है।

प्रेत बोलते हैं!

हिन्दी समीक्षा के क्षेत्र में बहुत बार ऐसा हुआ है कि एकाएक कुछ प्रेतात्माएँ जाग पड़ी हैं। ये प्रेतात्माएँ जब-जब अपने में क्षुब्ध हुई हैं, तब-तब एकाध बलिदान लेकर शमित हुई हैं।

एक बलिदान हमने अभी ग्यारह सितम्बर को दिया है—गजानन माधव मुक्तिबोध का। मुक्तिबोध ने अपना सारा जीवन प्रगतिशील मूल्यों और जनवादी धारणाओं के लिए होम दिया...जिन्हें उन प्रेतात्माओं ने अपने प्रमाद में व्यक्तिवादी, रुग्ण और ह्रासोन्मुख शक्तियों के हाथों में सौंपकर एक गहरा मौन साध लिया था। यह मुक्तिबोध की अक्षुण्ण आन्तरिक आस्था ही थी, जिसने उन्हें विचलित नहीं होने दिया, और अपनी नितान्त असामयिक मृत्यु के कुछ महीनों पहले तक वे उसी गरिमा से अपनी आस्था का उद्घोष करते रहे...इन प्रेतात्माओं ने उन्हें घूर-घूरकर मौन अभिसन्धि द्वारा निस्तेज कर डालना चाहा, पर उनकी मृत्यु उनकी अडिग आस्था और संघर्षशील चेतना को हमारे लिए विकीर्ण कर गई है।

लेकिन सब मुक्तिबोध नहीं होते, शायद नहीं होंगे। जो कुछ मुक्तिबोध ने सृजनशील लेखक-कवि के रूप में सहा, वह प्रथम श्रेणी की प्रतिभा को हमेशा सहना पड़ा है, वे उन्हीं प्रेतात्माओं की मौन अभिसंधि के शिकार हुए, जिन्होंने पहले भी एक बार जागकर जनवादी सांस्कृतिक विरासत को सामन्तवादी कहकर, उससे पृथकत्व की माँग की थी और मार्क्सवाद की कुत्सित व्याख्या प्रस्तुत की थी।

इन्हीं प्रेतों ने सूरदास को 'कामुक' कहा था, पन्त को स्त्रैण, प्रसाद को पुनरुत्थानवादी और संकीर्ण, महादेवी को व्यक्तिनिष्ठ, कुंठित और असामाजिक, निराला को उद्धत और यशपाल को सेक्स-ग्रन्थियों से ग्रसित घोषित किया था। और तभी सन् '50 के आस-पास 'साहित्य में संयुक्त मोर्चा' की अपील करते हुए अमृतराय ने बहुत दुख के साथ स्वीकार किया था कि "हमारा आधार बिलकुल संकुचित हो गया है और हम नए और पुराने हिन्दी-लेखकों से कटकर अलग जा पड़े हैं...हम हिन्दी साहित्य के निर्माण की मुख्य धारा से कटकर अलग जा पड़े हैं!" और इन्हीं ऐतिहासिक परिस्थितियों में सन् '50 के आस-पास नई कहानी का प्रथम उन्मेष हुआ।

इससे पहले जब प्रगतिवादी कविता की मूलधारा मानव-मूल्यों को लेकर छायावाद की रोमांटिकता से अलग हुई थी और उसने अपना जीवन्त सम्पर्क जीवन के यथार्थ से दुबारा जोड़ा था, तब इन्हीं प्रेतों ने कुछ दिनों के बाद एकाएक जागकर मार्क्सवादी दृष्टिकोण को तिलांजलि देकर विशुद्ध तांत्रिक अर्थवादी दृष्टिकोण से समीक्षा का अस्त्र उठाया था और वास्तविक लेखकों को तहस-नहस और छिन्न-भिन्न करके शंकर शैलेन्द्र, शील, रामानन्द सागर, हंसराज रहबर, ताबाँ, नियाज हैदर आदि को मान्यता देकर प्रेत-नृत्य किया था। और हिन्दी नई कविता की वह स्वस्थ और पारम्परिक धारा, जो अपनी सांस्कृतिक विरासत, लोक-परम्परा और प्राणवान धारणाओं द्वारा विकसित मूल्यों को लेकर उठी थी, इन्होंने ही कलावादियों के हाथों में चली जाने दी थी, जिसका रोना आज श्री शिवदान सिंह चौहान रो रहे हैं। ('आलोचना' 31, सम्पादकीय)

साहित्य की महत्ता और सामाजिक प्रयोजनशीलता यही है कि वह हमें एक नया और स्वस्थ संस्कार देता है, हममें उदात्त सामाजिक मूल्यों को स्थिर करता है, वृत्तियों को परिष्कार देता है, हमारे सौन्दर्यबोध को विकसित करता है और मानवीय मूल्यों की प्रतिष्ठा द्वारा दायित्व-बोध को जाग्रत् करता है, और हमें हमारी उद्‌बुद्ध ऐतिहासिक परम्परा से जोड़ता है—यह कार्य वही साहित्य सम्पन्न करता है, जो अपनी जड़ें गहरी सामाजिकता में बैठाता है और सदियों से संचित सांस्कृतिक रस से खुराक ग्रहण करता है, पर यह उन्हीं सृजनशील साहित्यकारों द्वारा सम्भव होता है, जो अपनी जड़ों को पहचानते हैं और सारे विरोधों और अवरोधों के बावजूद अविचलित रहकर सतत खोज में निरत और विकसित होते रहते हैं। इसलिए ये कुछ नया करते हैं।

हिन्दी-समीक्षा में वह निरपेक्षता और समन्वय फिर नहीं आने पाया, जो आचार्य शुक्ल या आचार्य हजारीप्रसाद द्विवेदी ने स्थापित किया। जो विराट् मानवतावादी दृष्टि विकसित हो रही थी, जिसे मार्क्सवाद ने एक नया ऐतिहासिक दृष्टिकोण दिया था, उसे श्री शिवदान सिंह चौहान जैसे आलोचकों ने संकुचित और संकीर्ण करके कुछ अप्रतिभाशाली, दूसरे और तीसरे दर्जे के लेखक-कवियों को अपने साथ समेटा था और साहित्यिक जेहाद बोला था...शायद तभी अपने राजनीतिक और साहित्यिक आन्दोलन की गलतियों की ओर इशारा करते हुए श्री पी.सी. जोशी ने लिखा था—"नासमझ और महत्त्वाकांक्षी लोगों को उत्साहित किया गया, या उनका उपयोग किया गया कि वे संस्थाओं के नेताओं और अधिकांश कार्यकर्ताओं को नैतिक रूप से जर्जर करें!" ('फॉर ए मास पॉलिसी' से)। राजनीति के क्षेत्र में जो कुछ हुआ, वही शिवदान जी जैसे पुनरुत्थानवादी आलोचकों ने साहित्यिक क्षेत्र में किया। जब-जब कोई नवीन और यथार्थपरक साहित्यिक उन्मेष आया, शिवदान जी अपनी नींद से जागे हैं और हमेशा शक्ति-भर उस उन्मेष की प्रतिभाओं को 'नैतिक रूप

से जर्जर करने' का कार्यक्रम लेकर चलते रहे हैं। यह उनके अपने अस्तित्व और कुंठित व्यक्तित्व की शर्त और मजबूरी है। प्रगतिशील मूल्यों को लेकर चलनेवाली नई कविता के समर्थ कवियों को जैसे डेढ़ दशक पहले उन्होंने अपनी विकृत और अमार्क्सवादी विगलित व्याख्याओं द्वारा नैतिक रूप से जर्जरित किया था, या उससे भी पहले छायावाद के मानवतावादी उन्मेष को उन्होंने नकारा था (जिसे वे आज स्वीकार रहे हैं), वैसे ही आज वे नई कहानी के प्रगतिशील आन्दोलन को जर्जरित करने के लिए खड्गहस्त हुए हैं। अपनी उसी डिमॉगागी और वाग्जाल को लेकर।

'नई कहानी' शुरू से यथार्थपरक, समाजधर्मा और प्रगतिशील मूल्यों के प्रति समर्पित रही है...वह किसी गोष्ठी या मंच पर एक प्रस्ताव के रूप में स्वीकृत होकर सृजन के स्तर पर नहीं उतरी है, उसका अपना स्वाभाविक विकास हुआ है, जिसके बीज प्रेमचन्द और प्रसाद में थे। यह आकस्मिक नहीं था कि नई कहानी के उदय के साथ ही प्रेमचन्द, प्रसाद, यशपाल आदि की कहानियों के प्रति दुबारा आग्रह बदला था। 'साँप', 'जयदोल', 'पठार का धीरज', 'हीलीबोन की बत्तखें', 'एक रात', 'एक गौ' आदि से 'पूस की रात', 'कफन', 'शतरंज के खिलाड़ी' आदि कहानियों पर आग्रह (एम्फेसिस) खिसक गया था। यह आग्रह अपनी पूरी गरिमा के साथ 'नई कहानी' के उदय के साथ ही बदला था। और यह बदलता आग्रह मार्क्सवादी ऐतिहासिक दृष्टि और युग की संक्रान्ति की ही देन थी। हमारे समय की यथार्थ अनुभूति और संवेदन की ही देन थी, जिसने एक पूरी पीढ़ी को आध्यात्मिक, नैतिक और भौतिक स्तरों पर आक्रान्त किया था।

हाँ, नई कहानी ने अपने जातीय, राष्ट्रीय सन्दर्भों से अपने को अधिक जोड़ा था...अपने समाज के मानसिक, आर्थिक और नैतिक रूप से प्रताड़ित, दलित, बुझे और टूटे हुए पात्रों को ही सहानुभूति और संवेदना दी थी...लोक-जीवन से सीधा सम्बन्ध जोड़ा था। नई कहानी के लेखकों ने उस 'यथार्थ संकट' को झेला था, उसे आत्मसात् किया था, जो युद्ध और विभाजन के बाद एकाएक आ पड़ा था, और जिसे कटु यथार्थ के स्तर पर वह विकेंद्रित नई कविता वहन नहीं कर पा रही थी, जो कलाधर्मी, क्षणजीवी और लघु-मानवतावादी होती जा रही थी।

'नई कहानी' ने अपनी त्वरा में कुछ गलत रास्ते भी अपनाए, कुछ कुंठित और रुग्ण लेखकों को भी शायद पनाह दी...वह सब इसलिए कि उसका आन्दोलन तब नहीं था, और वह समय भी ऐसा नहीं था, जब प्रतिगामी लेखकों का कृतित्व अपनी प्रवृत्तियों को स्पष्टतः मुखरित कर पाया हो...वे प्रतिगामी लेखक भी एक भयंकर अन्तर्द्वन्द्व के शिकार थे, और उनका अन्तर्द्वन्द्व स्पष्ट होने के लिए कुछ और समय माँगता था। जैसे-जैसे उनका कृतित्व खुलता गया और उनकी आस्थाएँ प्रकट होती गईं, वे अपने-आप 'लघु-कहानी' के आन्दोलन में प्रविष्ट होते गए और 'अँधेरे में चीखने' को ही अपनी सार्थकता समझ बैठे।

और ऐसे समय, जबकि 'नई कहानी' अपने जीवन-सापेक्ष मूल्यों को अन्तिम रूप से घोषित कर, अपने किंचित् भटकाव से निकलकर प्रशस्त पथ पर समस्त प्रगतिशील और यथार्थपरक मूल्यों को लेकर चल रही है...श्री शिवदान सिंह चौहान प्रेत की तरह जागे हैं और एकाएक लम्बी नींद के बाद चीख उठे हैं। कई बार साहित्य के इस प्रासाद में रोशनियाँ हुई हैं...और जब-जब रोशनियाँ हुई हैं, तब-तब वह चीत्कार करते, डरावने प्रेत-स्वर मुखरित हुए हैं, और उन्होंने उन रोशनियों को बुझाकर ही दम लेना चाहा है।

श्री शिवदान सिंह चौहान आज यशपाल, अमृतलाल नागर, भगवतीचरण वर्मा, 'अश्क', विष्णु प्रभाकर, कृशन चन्दर, राजेन्द्र सिंह बेदी आदि को मान्यता देने की सहिष्णुता दिखा रहे हैं, जब उनकी परवर्ती 'नए कहानीकारों की' पीढ़ी और पाठक समुदाय श्री चौहान से पहले समादर-सहित उनके कृतित्व को जीवन्त प्राप्ति मान चुके हैं। और अपने प्रमाद में श्री चौहान वर्तमान तथा भविष्य की ओर पीठ किए हुए कुछ ऐसी भंगिमा में औद्धत्य के साथ खड़े हैं कि मेरे आतंक को मानो...मेरे सहधर्मी के अस्तित्व को मानो...।

जिस समाजपरक यथार्थवादी धारा के लिए श्री चौहान अपने विकृत आवेग में आकुल दिखाई पड़ रहे हैं...साहित्य में वह कहाँ और कौन-सी धारा है? वह कौन-सी विधा है, जो अपने समर्थ कृतिकारों के साथ वैचारिक और लेखन के स्तर पर उन मूल्यों के प्रति समर्पित है? आज कहानी की वह कौन-सी उपलब्धि है, जो अमृतराय, रेणु, भीष्म साहनी, राजेन्द्र यादव, मार्कंडेय, अमरकान्त, कमल जोशी, कृष्णा सोबती, हरिशंकर परसाई, मन्नू भंडारी, लक्ष्मीनारायण लाल, शिवप्रसाद सिंह, उषा प्रियंवदा, शैलेश मटियानी, शरद जोशी, राजेन्द्र अवस्थी, शशि तिवारी, ओमप्रकाश श्रीवास्तव, रमेश बक्षी, शानी, घनश्याम सेठी, शेखर जोशी, वीरेन्द्र मेंहदीरत्ता आदि के कृतित्व से अधिक प्रगतिशील और मानवतावादी मूल्यों को सहेजकर सामने आई है? या भविष्य की वह कौन-सी आशा है जो प्रयाग शुक्ल, विजय चौहान, रामनारायण शुक्ल, मधुकर गंगाधर, शरद देवड़ा, प्रबोधकुमार, महेन्द्र भल्ला, दूधनाथ सिंह, रवीन्द्र कालिया, ज्ञानरंजन, गंगाप्रसाद विमल, परेश, देवेन गुप्त, से.रा. यात्री, गिरिराज किशोर, एस. लाल, सुशील कुमार, अवधनारायण सिंह, मधुकर सिंह, नीलकान्त, काशीनाथ सिंह, प्रेम कपूर, ममता अग्रवाल, मेहरुन्निसा परवेज, ओम तिवारी, अरुण, महेन्द्र, नरेन्द्रनाथ आदि के अतिरिक्त उन्हें अधिक सम्भावनापूर्ण दिखाई देती है?

यह पूरी-की-पूरी पीढ़ी, मात्र कुछेक वर्षों के अन्तराल से आने के बावजूद उन्हीं आन्तरिक और बाह्य यथार्थवादी मूल्यों को लेकर नए बाँध और नई दिशाओं की खोज में व्यस्त है।

आज जैसे श्री चौहान यशपाल, अमृतलाल नागर, भगवती बाबू आदि को

देखने के लिए मजबूर हैं, उसी तरह दस वर्ष बाद वे जागेंगे और नई कहानी के पहले उन्मेष के लेखकों को देखने के लिए मजबूर होंगे, क्योंकि उन लेखकों की दिशा और आस्थाएँ अविचलित हैं, और तब वे आज नई कहानी से जुड़ी इस भविष्यत् की पीढ़ी की ओर पीठ करके खड़े होने और उनसे इसी प्रेत-स्वर में बोलेंगे। यह उनकी नियति है। साहित्य की जययात्रा में बार-बार ये प्रेत जागेंगे...और अपनी बोली में बोलेंगे।

श्री शिवदान सिंह चौहान की सम्प्रति स्थिति उस विकलांग अश्वत्थामा की सी है, जो योद्धा और वीर होते हुए भी परिस्थितिजन्य कारणों और अनभिज्ञता से विकृत हो गया था। जिसने अपने मानसिक उद्वेग में, अपनी परम्पराओं से उन्मूलित हो जाने के बाद अपनी धुरी खो दी थी, और जो प्रतिशोध के प्रमाद में मित्र और अमित्र को पहचानने का बोध और विवेक खो चुका था...उस पथभ्रष्ट का केवल एक ही जीवन-लक्ष्य रह गया था...हत्या! हत्या! विवेकहीन हत्या! मानवमात्र की हत्या!

बहुत से शिविरों में घुसकर अश्वत्थामा ने क्रूर और नृशंस हत्याएँ की थीं...भविष्यत् को मारा था उसने।

आज फिर वह लौटा है। सिवा स्वागत के और हम किन शब्दों में बोलें ?...अत: स्वागत है अश्वत्थामा!

नई कहानी की अपनी अन्वेषित कुछ दिशाएँ

नई कहानी में प्रस्तुत लोग अपने 'परिवेश' में जी रहे हैं। यह परिवेश भी बदला हुआ है, इसीलिए लोग भी बदले नजर आते हैं। स्वातंत्र्योत्तर कहानी में 'होरी' की पीढ़ी धुँधली पड़ने लगती है और 'गोबर' जैसे लोग जिन्दगी को वहन करने लगते हैं। 'गोदान' में जिस जिन्दगी की आकांक्षा की आहट मिलती है, उसी के स्वर नई कहानी में स्पष्ट हो जाते हैं। जिनके कदमों की आहट का एहसास होता था, वे लोग पूरी उपस्थिति के साथ मौजूद दिखाई देने लगते हैं। यह वे लोग हैं जो अपने परिवेश में साँस लेने और अस्तित्व की केन्द्रीय स्थितियों को वहन कर रहे हैं। अगर इन लोगों को सुविधा के लिए 'पात्र' कह लिया जाए तो यह स्पष्ट हो जाता है कि स्वातंत्र्योत्तर कहानी के अधिकांश पात्र जिन्दगी में रचे-बसे लोग हैं, जो सारी विषमताओं, विसंगतियों और संश्लिष्टताओं के बावजूद अपने अस्तित्व की स्थिति को आदमी की तरह जी रहे हैं। नई कहानी से पहले स्थिति कुछ दूसरी ही थी। तब यथार्थ को उसके परिवेश में अभिव्यक्त न करके, यथार्थवादी वातावरण में लेखक के मानसपुत्र ही पात्रों के रूप में सामने आ रहे थे, इसीलिए पुरानी कहानी में जबर्दस्त प्रवृत्तिमूलकता है, क्योंकि जैनेन्द्र और अज्ञेय के अधिकांश पात्र लेखक की अपनी मानसिकता के शिकार हैं—यानी, व्यक्ति की क्रूरता के नीचे सच्चाइयाँ दबी हुई थीं। जैनेन्द्र में कुछ कम, पर अज्ञेय में यह क्रूरता बहुत मुखर है। अज्ञेय के अधिकांश पात्र सिर्फ लेखक की जिन्दगी के गलत-सही पक्षों को प्रस्तुत करनेवाले तैयारशुदा गवाह हैं। अपनी जिन्दगी को 'जस्टीफाई' करते रहना तब एक बड़ी उपलब्धि हो सकती है जब लेखक के अपने आईने में वे बिम्ब भी दिखाई देते हों, जिन्होंने उसका आकार गढ़ा है। अन्तर्मुखता में यही खतरा होता है कि उसके भीतरी आईने पर कभी-कभी कतई रोशनी नहीं होती। जहाँ उस आईने में व्यक्ति के साथ-साथ परिवेश भी अपनी प्रतिच्छाया डालता है, वही तस्वीर अर्थों से सम्पन्न होने लगती है। कवियों में मुक्तिबोध से ज्यादा गहन ऐकान्तिक अनुभूतियों की रचनाएँ शायद किसी अन्य कवि के पास नहीं हैं—बल्कि मुक्तिबोध की कविताओं की भयावहता, घोर ऐकान्तिकता, असुरक्षा की अनुभूति और निर्वासन की पीड़ा जितनी सघन, ठोस और गूढ़ है, उतनी ही विराटता उनकी 'निजता' में है। उनकी 'निजता'

में समय, इतिहास और व्यक्ति की दारुण प्रतिच्छवियाँ झाँकती रहती हैं—वे कविताएँ स्वयं की साक्षी नहीं, समय के बोध की गवाह हैं। इसीलिए उनकी 'निजता' में अहं, कुंठा और दम्भ नहीं बल्कि बेचैनी, अकुलाहट और प्रतिवाद है। जहाँ कवि स्वयं अपने से समझौता नहीं कर पाता...लेकिन कथा-साहित्य में सिर्फ यह समझौता ही नजर आता है। हमारे शीर्षस्थ लेखकों ने कहीं स्वयं अपने से समझौता कर रखा था (चाहे वे बाह्य से वह समझौता न कर पाए हों)। यह समझौता बहुत विरूप और रुग्ण हो गया था, क्योंकि स्वयं अपने से किया हुआ यह समझौता ही परिवेश से काट देता है। यह समझौता ही उन सारी स्थितियों को खोजने के लिए बाध्य करता है, जिनके द्वारा लेखक अपने व्यक्ति को रूपायित कर सके—और अपने व्यक्ति को रूपायित करने के लिए यह भी जरूरी हो जाता है कि ऐसे पात्रों का चुनाव किया जाए, जो लेखक को अपने कन्धों पर लाद सकें। ऐसे पात्र वे ही हो सकते हैं, जिनकी स्वयं की जड़ें नहीं हैं और जिन्हें कहीं भी धरती में गाड़कर (रोपकर नहीं) उनके जीवित होने का क्षणिक एहसास कराया जा सकता है।

ऐसे श्रमजीवी पात्र उन तमाम कहानियों में मौजूद हैं, जो स्वतंत्रता से पहले लिखी गईं। ये वे पात्र नहीं थे जो जीवन के केन्द्र थे, या जिनके इर्द-गिर्द जिन्दगी और अस्तित्व की भयावहता लिपटी हुई थी। इस केन्द्रीय पात्र के अभाव में वे तमाम उपजीवी पात्र कहानी में पनपते रहे, जिनका कोई परिवेश नहीं था, या जो कहानी की स्थितियों में अपनी जिन्दगी और अपने यथार्थ के वाहक नहीं थे।

नई कहानी ने केन्द्रीय व्यक्तियों की तलाश की और उन्हें ही पात्रों के रूप में प्रस्तुत किया। यानी यथार्थ परिवेश में आदमी को देखा गया, 'यथार्थवादी वातावरण' में लाकर उस आदमी को झूठी जिन्दगी जीने के लिए विवश नहीं किया गया। यह कला का एक महत्त्वपूर्ण मूल्य है कि 'व्यक्ति की निजता' को समादर मिला। कहानी गढ़ने या लेखक का साक्षी बनने के लिए उसे संवाद रटाए नहीं गए। नई कहानी का व्यक्ति लेखक का गवाह नहीं, स्वयं अपनी बात का और अपना गवाह है।

जो आलोचक इस संक्रमण को नहीं समझ पाए, उन्हें यह दोषारोपण करते देर नहीं लगी कि 'नई कहानी' कुंठित और व्यक्तिमूलक है। व्यक्ति-व्यक्ति की निजता व्यक्तिमूलकता नहीं है, यह समझ सकना उसके लिए सम्भव नहीं हुआ। रुग्ण व्यक्तिवादिता वहाँ होती है जहाँ लेखक आदमी की सच्चाइयों पर हावी होकर अपनी दार्शनिकता या मान्यताओं को लादने लगता है। दूसरे व्यक्ति की बात को कह सकने या रेखांकित कर सकने का साहस व्यक्तिवादी लेखक में नहीं होता। इसीलिए वह लेखक समर्थ केन्द्रीय पात्रों को सामने लाने से कतराता है और उपजीवी पात्रों को महिमा-मंडित करता रहता है।

यथार्थवादी वातावरण का मोह छोड़कर जब कहानीकार ने अपनी दिशा बदली और यथार्थ परिवेश में ही आदमी को अन्वेषित किया तो केन्द्रीय पात्र अपने-आप

उभरने लगे। यह इसीलिए सम्भव हुआ कि कहानीकार ने नए दृष्टिकोण से जिन्दगी को देखना शुरू किया था।

अमरकान्त की 'जिन्दगी और जोंक' का रजुआ यद्यपि स्वयं उत्पादक इकाई नहीं है, पर वह दूसरों का गवाह भी नहीं है। वह अपनी दारुण परिस्थितियों का गवाह स्वयं है जो अस्तित्व के संकट को झेल रहा है और जिन्दगी को दसों अँगुलियों से पकड़े हुए है और मौत को छल रहा है। यद्यपि लेखक ने अन्त में 'खुलासा' देकर कहानी की सूक्ष्मता को क्षति पहुँचाई है, पर फिर भी ये वाक्य उस पात्र को उसके सम्पूर्ण संकट में अभिव्यक्त करते हैं—"पोस्टकार्ड लौटाते समय मैंने उसके चेहरे को गौर से देखा। उसके मुख पर मौत की भीषण छाया नाच रही थी और वह जिन्दगी से जोंक की तरह चिमटा था—लेकिन जोंक वह था या जिन्दगी? वह जिन्दगी का खून चूस रहा था या जिन्दगी उसका?—मैं तय न कर पाया।"

रजुआ सन्दर्भ से कटा हुआ व्यक्ति नहीं है—वह अपनी जिजीविषा के कारण ही सारे सन्दर्भों से जुड़ा हुआ है। इसी बात को यदि मुक्तिबोध के शब्दों में कहें तो—"नई कहानी में आधुनिक मानव (इसका मतलब चाहे जो लीजिए, प्रगतिवादी अर्थ मत लीजिए) की जो विचित्र मनोदशा है, उसको अगर आप उसके सारे सन्दर्भों से काटकर, उसके सारे बाह्य सामाजिक-पारिवारिक इत्यादि सम्बन्धों से काटकर, उस मनोदशा को मानो अधर में लटकाकर चित्रित करेंगे, तो मनोदशा के नाम पर (कहानी में) एक धुन्ध समा जाएगा। कहानी में अगर सिर्फ भीतरी धुन्ध हो और सिर्फ वही वह रहे और उसी की इतनी प्रधानता हो कि वस्तुसत्यों के संवेदनात्मक चित्रों का प्राय: लोप हो जाए तो आप वही गलती करेंगे जो नई कविता ने की। कविता की कला कथा की कला से अधिक अमूर्त तो वैसे ही होती है, इसलिए सम्भवत: उसमें वे बातें खप भी जाती हैं। किन्तु कहानी में ?...यानी, मैं यह चाहता हूँ कि साहित्य में मानव की पूर्ण मूर्ति (फिर वह जैसी भी हो) स्थापित हो जाए, तभी हम अपनी झलक उसमें देख सकेंगे। अगर नई कहानी—या कोई कहानी—वैसा नहीं करती तो मेरे खयाल से यह उचित नहीं है। मैं तो सिर्फ एक खतरे की ओर आपका ध्यान दिला रहा हूँ।"

मुक्तिबोध ने जिस 'सन्दर्भ से जुड़ी पूर्ण मूर्ति' का प्रश्न उठाया था, नई कहानी ने उसी ओर नजरें डाली थीं। एक रजुआ ही नहीं, सैकड़ों ऐसे पात्र इस दौर की कहानियों में मौजूद हैं जो अपने प्रामाणिक सन्दर्भों से पूरी तरह जुड़े हुए हैं। उषा प्रियंवदा की 'मछलियाँ' की विजयलक्ष्मी, निर्मल वर्मा की 'परिंदे' की लतिका, धर्मवीर भारती की 'गुलकी बन्नो', कृष्ण बलदेव वैद की 'मेरा दुश्मन' में माला का पति, मन्नू भंडारी की 'यही सच है' की दीपा, भीष्म साहनी की 'चीफ की दावत' के शामनाथ, फणीश्वरनाथ रेणु की 'तीसरी कसम उर्फ मारे गए गुलफाम' का हीरामन, मोहन राकेश की 'एक और जिन्दगी' का प्रकाश, रामकुमार की 'सेलर'

के मास्टरजी, शिवप्रसाद सिंह की 'नन्हो' की नन्हो सहुआइन, शेखर जोशी की 'बदबू' का कामगर, राजेन्द्र यादव की 'टूटना' का किशोर, शरद जोशी की 'तिलस्म' का क्लर्क पति, हरिशंकर परसाई की 'भोलाराम का जीव' का भोलाराम आदि सैकड़ों पात्र स्वयं अपने परिवेश में जी उठे थे। इन सभी और दूसरे पात्रों ने स्वयं अपना और अपने समय का साक्ष्य दिया है और मुक्तिबोध के शब्दों में 'मानव की पूर्ण मूर्ति' (फिर वह जैसी भी हो) की बात ही निभाई है।

यह संक्रमण ही इस बात की घोषणा थी कि कहानी अपने आन्तरिक मूल्यों को लेकर बदल रही है। चूँकि यह बदलना बेहद तीव्र और व्यापक था, इसलिए इसे 'विकास' का नाम नहीं मिल सका—इसे 'नया' ही कहा गया। इस नए ने परम्परा को नहीं, परम्परावाद को नकारा था। परम्परा शक्ति का स्रोत होती है, पर परम्परावाद जड़ता और रूढ़िवादिता को आश्रय देता है।

कहानी की परम्परा आदमी की परम्परा थी—पर परम्परावाद ने हमें नायकों, खलनायकों, खलनायिकाओं आदि के बने-बनाए साँचे सौंपने चाहे थे। नई कहानी ने इन साँचों को अस्वीकार किया था, क्योंकि ये साँचे ही आदमी को उसकी समग्रता में रूपायित नहीं होने देते थे।

यह आकस्मिक नहीं था कि नई कहानी में से खलनायकों और खलनायिकाओं जैसे पात्रों का एकाएक लोप हो गया था। जिन्दगी इतनी सपाट कभी भी नहीं थी कि आदमी को प्रवृत्तिमूलक वर्गों में बाँट दिया जाता। स्वयं आदमी के भीतर ही उसका आदमी भी मौजूद है और शैतान भी। आदमी स्वयं अपने से किसी भी किस्म का रिश्ता जीवन-सन्दर्भों में ही मुमकिन है—प्रामाणिक परिवेश और सन्दर्भ से कटकर तो खुद उसका अपना रिश्ता अपने से ही टूट जाता है।

जिनका रिश्ता 'अपने से' टूट जाता है, शायद वे ही उपजीवी और खलनायक बनने की नियति से आबद्ध हैं, क्योंकि वे न तो अपने को जानते हैं और न अपने परिवेश को।

केन्द्रीय पात्रों का यह रूपायन वास्तव में पात्रों की तलाश नहीं थी, बल्कि यथार्थ की तलाश थी, जिसमें जी रहे पात्रों के माध्यम से अस्तित्व की स्थितियों को अभिव्यक्ति मिली।

कहानी में यथार्थ की अभिव्यक्ति की बात करना खतरे से खाली नहीं था, इसीलिए यथार्थ को लेकर हमेशा यह कहा गया है कि कहानी का यथार्थ यदि कुछ है तो वह मात्र वातावरण होता है, या कहानी को वास्तविक बनाने के लिए इस्तेमाल में आनेवाला वह एक आवश्यक नुस्खा है। यानी, स्वतंत्रता से पहले कहानी में यथार्थ की स्थिति मात्र एक कला-मूल्य के रूप में स्वीकृत थी। यानी, यथार्थवादी

कहानी वह है जो आपको विश्वास दिला दे कि सारा कार्य–व्यापार वास्तविक स्थल पर मनोविज्ञानसम्मत रूप में हुआ है। यदि कहानी यह भ्रम पैदा कर देती है जिसमें पाठक को लगे कि उसे स्थानों, पात्रों आदि के नाम गलत नहीं बताए गए और घटनाएँ कार्य–कारण–क्रम में घटित हुई हैं, तो उसे सहज ही यथार्थवादी कहानी कह दिया जाता था। यानी, कहानी का कथ्य चाहे जितना भी सतही और झूठा हो, पर उसमें वास्तविकता का वातावरण यदि उत्पन्न किया जा सकता है तो वह सच्ची लगने लगेगी—और इस सच्ची लग सकने की स्थिति को ही यथार्थ चित्रण, वास्तविकता से ओत–प्रोत, वातावरण की विश्वसनीयता आदि नामों से अभिहित किया गया। इस भयंकर भटकाव का कारण यह भी था कि सदियों से हम कहानी को झूठ मानते आए थे। झूठ का यह तत्त्व 'कहानी' नाम के साथ ही कुछ ऐसा जुड़ गया था कि उसे उखाड़ फेंकना आसान नहीं था।

जब तक झूठ के इस तत्त्व को समाप्त नहीं किया जाता तब तक यथार्थ की सच्ची संस्थापना सम्भव नहीं थी।

नई कहानी ने घटना–संयोजना के तत्त्व को नकारकर कहानी के मनोवैज्ञानिक विकास की धारणा को समाप्त किया, इसीलिए उसमें से क्लाइमेक्स भी स्वयं मिट गया। मनोविज्ञानसम्मत विकास को नकारने का अर्थ यही है कि कहानी की परम्परावादी विकास–पद्धति को अस्वीकार किया गया। इस पद्धति का तिरस्कार होते ही 'यथार्थ' को कहानी की शैली का वाहक होने से मुक्ति मिली और तब कथ्य के यथार्थ को लिपिबद्ध करने की शुरुआत हुई। यानी, 'यथार्थ' कहानी–विधा का कलात्मक शृंगार न रहकर आदमी की आन्तरिक और बाह्य आकांक्षाओं का वाहक बन गया। 'यथार्थ' जीवन–सन्दर्भों और अर्थों को वहन करनेवाला जीवन–मूल्य बन गया।

कला–मूल्य को जीवन–मूल्य में बदल देना भी नई कहानी का एक मूलभूत प्रयाण–बिन्दु है। और जब कहानी निहायत अयथार्थवादी या अवास्तविक वातावरण में भी आदमी की परिणति को रेखांकित करने लगी, तभी उसे सच्चे अर्थों में यथार्थवादी कहा जा सका। हरिशंकर परसाई की कहानी 'भोलाराम का जीव', शरद जोशी की कहानी 'तिलस्म' आदि वास्तविक चित्रण की कहानियाँ नहीं बल्कि यथार्थवादी कहानियाँ हैं। उनका पूरा वातावरण निहायत झूठा है, पर उनमें कही गई बात बेहद सच्ची है। बात की सच्चाई ही कहानी को झूठ के तत्त्व से छुटकारा दिला सकती थी। और स्वतंत्रता के बाद की कहानी ने 'झूठ' की मान्यता को समाप्त कर कहानी को एक उत्तरदायी कला–माध्यम के रूप में प्रतिष्ठित किया। स्वतंत्रता के बाद के आदमी का यदि कभी विश्लेषण किया गया और उसकी मानसिक तथा बाह्य दुनिया को कभी पुनर्निर्मित करने की जरूरत पड़ी तो शायद इस काल की कहानी ही उसका सबसे प्रामाणिक स्वरूप उजागर कर सकने की स्थिति में होगी।

इसीलिए यह कहा जा सकता है कि स्वातंत्र्योत्तर कहानी ने झूठ के तत्त्व को काटकर एक नई दिशा की ओर प्रयाण किया है। इस झूठ को काट फेंकने में उन केन्द्रीय पात्रों का बहुत महत्त्व है जिन्होंने कहानी की इस मुक्ति में अनजाने ही योग दिया। प्रेमचन्द, यशपाल, रांगेय राघव आदि के यहाँ भी इस मुक्ति का संकेत मिलता है, पर उसकी सम्प्राप्ति सन् '50 के आस-पास ही हुई। इस मुक्ति ही का यह परिणाम है कि हिन्दी कहानी ने विराट् को क्षण के आईने में और खंडित क्षणों को व्यापक युगबोध की निरन्तर प्रवहमान धारा के आईने में देख सकने की शक्ति प्राप्त की।

आंचलिकता का उन्मेष भी इसी सन्दर्भ में देखा जा सकता है। एकरसता और झूठेपन से बच सकने के लिए ही नए कथाकारों ने अपनी अनुभूत जिन्दगी को निरूपित किया था। अनुभूत यथार्थ और प्रामाणिकता की आन्तरिक माँग ने ही कहानी को फिर से केन्द्रीय बिन्दुओं से जोड़ दिया था। ये केन्द्रीय बिन्दु इतने अतिपरिचित थे कि इन्हीं में अपरिचित भी समाया हुआ था। अतिपरिचित में से अपरिचित को रेखांकित कर सकना एक महत प्रयास था, क्योंकि इस अतिपरिचित में जो कुछ परिचित समाया हुआ था, वही नया था। मोहन राकेश की कहानी 'आखिरी सामान' की पत्नी सामान में कब बदल गई थी, यह अपरिचित ने कभी जानने ही नहीं दिया था। या, राजेन्द्र यादव की कहानी 'बिरादरी बाहर' में बूढ़े पिता कब से बिरादरी के बाहर हो गए थे, यह भी उस अतिपरिचय ने छिपा रखा था। और राकेश की ही कहानी 'अपरिचित' में परिचय का कितना सूक्ष्म और गहन बोध छिपा हुआ था, यह सामने ही नहीं आया था। 'लवर्ज' कब इतने निरपेक्ष प्रेमियों में बदल गए थे, यह भी निर्मल वर्मा ने ही रेखांकित किया था। आदमी और औरत के सेक्स-सम्बन्ध कितनी अति-प्राकृतिक अवस्था तक पहुँच गए थे, यह कामतानाथ की 'लाशें' कहानी ही बता सकी।

अतिपरिचित में जो कुछ बदल गया था और अपरिचित बनकर समाया हुआ था, वह नया नहीं तो और क्या था? पति-पत्नी के सम्बन्धों से अधिक सुपरिचित सम्बन्ध और क्या थे? पर उन्हीं सम्बन्धों में जो बीत गया था, और बीते हुए की जगह जो नया समाहित हुआ था, वही तो कहानी का कथ्य बना। परिवार और पिता, पति और पत्नी, प्रेमी और प्रेमिका, पुरुष और नारी के सेक्स-सम्बन्ध—ये सब बहुत जानी-पहचानी बातें थीं—इतनी अधिक परिचित कि इनके बारे में सोचने का सवाल ही नहीं था। लेकिन जब इन्हीं या इन जैसी अनेक स्थितियों में से परिवर्तित सन्दर्भों के संकट-बिन्दुओं को कथ्य बनाया गया तो कहानी की प्रतीति भी बदलने लगी।

कहानी 'अनुभव यात्रा' में बदल गई। जिस अनुभव से लेखक स्वयं गुजरता था, उसी से पाठक भी गुजरने लगा। कहानी को 'संक्षेप' में बताया जा सकना नामुमकिन हो गया, क्योंकि वह प्रतीति की कहानी बन गई—किसी भयावह संकट,

अस्तित्व, सम्बन्धों के विघटन, विसंगति, संश्लिष्ट जीवन, मोहभंग आदि तमाम युगीन स्थितियों के यथार्थ अनुभव से सम्पृक्त हो गई।

यह तब तक सम्भव नहीं था जब तक कहानी में सही आदमी की प्रतिष्ठा न हो जाती। परम्परावादी कहानी में चूँकि सही और केन्द्रीय व्यक्ति ही अनुपस्थित था, इसलिए समय की सही केन्द्रीय स्थितियाँ भी उपस्थित नहीं हो सकती थीं। सही स्थितियों तक पहुँचने की कोशिश के लिए यह नितान्त आवश्यक हो गया था कि सही आदमी की बात की जाए।

अनुपस्थित का उपस्थित किया जाना और अतिपरिचित में समाया हुआ अपरिचित खोज सकना, कहानी में सदियों से जुड़े हुए झूठ को अलग कर सकना और उसे विश्वसनीय ही नहीं, सच्चाई को वहन करनेवाली विधा में परिवर्तित कर लेना—ये नई कहानी की अपनी अन्वेषित दिशाएँ हैं।

यथार्थ और उससे भी आगे

बदले हुए यथार्थ की बात भी कर ली जाए।

दूसरे विश्व-युद्ध तथा स्वतंत्रता-प्राप्ति के सन्दर्भ में लेखकों की नई पीढ़ी समाज के घटकों के रूप में चेतना-सम्पन्न हो रही थी...वह आँखें खोलकर अपने चारों ओर फैली विभीषिका को देख रही था। उस समय के औसत नवयुवक के सामने एक टूटता हुआ पिता, एक चुसी हुई समर्पिता माँ, एक श्रृंगार करके रसोई के बर्तन धोती पत्नी, बात-बात पर पिटता हुआ एक छोटा भाई, मरने के कोसने सहती हुई एक छोटी बहन, लम्बी उमर लेकर आनेवाली एक लाचार-मजबूर और घर पर आश्रित चाची, सौतेली दादी या दादा, किसी बड़े शहर में जाकर अच्छी नौकरी कर सकनेवाला एक बड़ा भाई था। यह बड़ा भाई भी जुए के पत्ते की तरह अनिश्चित था! थोड़े-बहुत हेर-फेर के साथ यही चित्र था औसत समाज-परिवार का।

और उधर राष्ट्रीय क्षितिज पर कल-कारखानों की चिमनियों का धुआँ था, बहरा कर देनेवाली मशीनों की घड़घड़ाहट थी...और था आपाधापी का एक शोर! मतवाद, राजनीति, निर्माण, धोखाधड़ी, बेईमानी, लूट-खसोट! साथ ही नैतिकता तथा आदर्शवादिता की धसकती हुई मीनारें! और इस भयंकर अव्यवस्था (chaos) में घर का बड़ा भाई (या यथार्थ को झेलनेवाला व्यक्ति) किसी छोटे-से शहर के स्टेशन से, या कस्बे के मोटर-स्टैंड से, या गाँव के घर से किसी दूसरे की साइकिल उधार माँगकर, एक बक्सा लादकर निकल पड़ा था...अपने वर्तमान से जूझने और भविष्य को खोजने के लिए। वह किसी पार्टी का सदस्य नहीं था, किसी पार्टी का विरोधी नहीं था, वह मूल्यों की खोज में, या उन्हें तोड़ने-बनाने के लिए नहीं निकला था...वह किसी प्रेयसी की तलाश में, या टूटे हुए प्रेम के झटके से पागल होकर नहीं निकला था...वह अपने यथार्थ को झेलते हुए जिन्दगी में साँस लेने के लिए निकला था। वह कुछ डरा हुआ था, हल्का-सा हताश था, अनिर्णय की स्थिति में था...वह जानता था कि उसे माँ ने जो रोटियाँ बाँधकर दी हैं, वे शाम तक खत्म हो जाएँगी और प्रेमिका का जो पत्र उसने बक्से में नीचे सहेजकर रख लिया है, वही अन्तिम है। उसका सारा संघर्ष अब बदल गया था। अब वह समय के प्रति नहीं, समय में जिएगा, अब वह घर में नहीं, घर के प्रति जिएगा।

और यहीं से वह जीवन के नए मूल्यों का स्रोत बन जाता है, पाप-पुण्य की पुनीत परिभाषाओं से मुक्त हो जाता है। और देखता है कि दुनिया परम्परागत नैतिक धार्मिक मान्यताओं के सहारे नहीं—अर्थ, गणित और विज्ञान के सहारे चल रही है और धीरे-धीरे 'वह बड़ा भाई' घड़ियों के इशारे पर चलते दफ्तरों, कारखानों, मिलों, व्यवसाय-संस्थाओं आदि से जुड़ जाता है और घर से उसका सम्बन्ध सिर्फ खतों का रह जाता है।

यह विघटन कुछ अंशों में पहले भी शुरू हो चुका था, पर इतना तीव्र नहीं था जैसा कि युद्धोपरान्त हुआ।

समाज-परिवार का यही बदला हुआ परिवेश था। यद्यपि इसकी जटिलताएँ अनेक हैं, और बहुत गहरी भी। उस दबाव ने उस यथार्थ को जन्म दिया, जो संवेदना और मूल्यों के स्तर पर भी बदल गया था और निरन्तर बदलता जा रहा है।

यह यथार्थ हमारी उस पूरी पीढ़ी का था, जो उस 'बड़े भाई' की तरह निकल पड़ी थी।

और यहीं से अन्तर स्पष्ट होता है। नई पीढ़ी के कथाकार ने एक नागरिक के रूप में प्रवेश किया था...इस पीढ़ी के सभी कथाकार मध्यवर्ग से आए थे—ऐसे घरों से, जिनके ढाँचे चरमराकर टूट रहे थे, पर जो अपनी पुरातन गरिमा में फिर भी भूले हुए थे...वह मध्यवर्ग अपनी विशिष्टता में आज भी 'हिन्दू' बना हुआ है, पर घरों से निकलकर आनेवाली यह पीढ़ी 'हिन्दू' नहीं थी। कर्मकांडों से मुक्त, धर्म से निरपेक्ष यह पीढ़ी नए मानवीय सन्तुलन की खोज में थी। इस खोज में औद्योगिक विकास और शहरों की जिन्दगी ने बहुत सहारा दिया...इस जिन्दगी ने चाहे उसे नया सन्तुलन न दिया हो, पर पुराने से टूटने को बाध्य अवश्य किया। और यह बाध्यता ही 'नए' की पहली चुनौती बनी! यदि जीवन की यह बाध्यता न होती, तो शायद 'नए' का इतना दबाव भी न होता। यह 'नया' फैशन के रूप में नहीं, यह अनिवार्य शर्त के रूप में आया था।

नई पीढ़ी के लेखकों ने इस शर्त को स्वीकार किया। हर स्तर पर। मानसिक, बौद्धिक, भावनात्मक—सभी स्तरों पर। भौगोलिक रूप में गाँव, शहर, कस्बे के स्तर पर। यह आकस्मिक ही नहीं था कि अलग-अलग जगहों में स्थित कहानीकारों ने 'नए' की शर्त को अपनी-अपनी तरह स्वीकार किया और इसीलिए नई कहानी में इतनी विविधता भी आई। यह विविधता भी नई कहानी की एक शक्ति है। कभी-कभी यह विविधता उन लोगों के लिए कठिनाई उपस्थित करती है, जो आज की कहानी में एक बँधा-बँधाया ढाँचा देखना चाहते हैं। सामाजिक स्तर पर जो ढाँचा टूट गया है, वह उस कहानी में खुद कैसे बचा रह सकता है, जिसका स्रोत ही जीवन है!

'समय के प्रति' जीनेवाले व्यक्ति का अस्तित्व खतरे में पड़ गया था, क्योंकि वह समय का प्रतिनिधि नहीं रह गया था। समय के प्रति जीने की बात हमारे वरिष्ठ कथाकार जैनेन्द्र कुमार ने ही उठाई थी और उनकी इस बात में भी वही संशयवाद घुसा हुआ है, जिससे उनका पूरा चिन्तन भरा हुआ है। यथार्थ के परिप्रेक्ष्य में संशय की स्थिति भी आती है, जब निर्णय-अनिर्णय का सवाल सामने खड़ा होता है, परन्तु यही संशय जब संशयवाद बनकर सारे बोध को झुठलाने लगता है तब स्थिति भयंकर बन जाती है। यह संशयवाद जैनेन्द्र के यहाँ यथार्थ को झुठलाने का उपकरण बन जाता है। बेहतर हो कि उन्हीं की एक कहानी की मिसाल ले ली जाए, जिसे लिखकर उन्होंने किसी से प्रश्न किया था कि यह कहानी नई कैसे नहीं है?

कहानी यह है—एक लड़की और एक लड़का एक-दूसरे को प्रेम करते हैं। लड़के को लड़की का पिता पसन्द नहीं करता और वह चाहता है कि उसकी लड़की इस जंजाल से निकल आए। तब पिता एक अद्‌भुत प्रयोग करता है। वह लड़की और लड़के को एक कमरे में बन्द करके ताला लगा देता है और कह देता है कि वे अपना निर्णय लेकर ही निकलें। काफी समय बाद जब ताला खोला जाता है तो बाहर आते ही लड़की घोषणा करती है कि वह लड़का अब उसका भाई है और वे दोनों भाई-बहन बन जाते हैं।

यहाँ सवाल इस बात का नहीं है कि वे भाई-बहन क्यों बन गए? सवाल इस बात का है कि क्या यह स्वयं लेखक का ओढ़ा या ओढ़ाया हुआ आदर्श नहीं है? क्या सम्बन्धों के सन्दर्भ में यह बात एक औसत सच्चाई की प्रतीति देती है? या, यह हमारे समय की यथार्थ स्थिति है? लेखक के मन की वह कौन-सी रूढ़ि है जो हाड़-मांस के व्यक्तियों को इन वायवी सम्बन्धों वाले तिनकों में बदल रही है! यथार्थ से पलायन का यही रूप हो सकता है और यही शायद 'समय के प्रति' जीनेवाले लेखक का निर्णय। तमाम संशयवादिता के रहते हुए भी पुरानी कहानी के लेखक ने हमेशा अपना 'निर्णय' दिया है। लेखक हमेशा न्यायाधीश की तरह मौजूद रहा है—एक ऐसे न्यायाधीश की तरह जो स्वयं उन स्थितियों में उलझा हुआ है, जिनके प्रति वह निर्णय देने का अधिकारी बना हुआ है। और ये निर्णय 'शाश्वत मूल्यों' के नियम-कानून के मुताबिक दिए जाते हैं। लेखक बने-बनाए मूल्यों की शाश्वतता को पहले से स्वीकार किए बैठा है और समय आने पर शाश्वत मूल्य की किसी दफा में चालान करके सजा दे देता है या मानवीय उदारता के नाम पर बरी कर देता है।

स्वातंत्र्योत्तर कहानी में कहानीकार न्यायाधीश की कुर्सी को बेकार और बेमानी करार देता है और 'निर्णयों' की चालबाजी से विमुख होकर शाश्वत मूल्यों की दफाओं में पात्रों का चालान करना बन्द कर देता है।

इसीलिए वह समय के प्रति नहीं, बल्कि स्वयं समय में जीने की बाध्यता

अनुभव करता है। अतिशय व्यक्तिवादी ही समय के प्रति जीने की बात कर सकता है, क्योंकि वह व्यक्ति-मानस को उसके परिवेश से काट देना चाहता है...वह अपने चिन्तन में ही विश्व की गति मानता है और भौतिक नियमों की अवहेलना करता है, इसीलिए वह शाश्वत की बात करता है।

परन्तु बीसवीं सदी में यह व्यावहारिक रूप से स्थापित हो गया था (और खासतौर से दूसरे विश्वयुद्ध के बाद तो और भी) कि भौतिक जगत् का अस्तित्व मनुष्य के चिन्तन का अनुगामी नहीं है। भौतिक शक्तियाँ मानव की चेतना को बदलती हैं और मानव-चेतना भौतिक शक्तियों को बदलती है। इस प्रकार अपने भौतिक परिवेश को बदलता हुआ आदमी स्वयं को भी बदलता है—यही इतिहास का परिप्रेक्ष्य है...जहाँ बदलने और एक-दूसरे से प्रभावित होकर बदलते रहने का द्वन्द्व मौजूद है। इस ऐतिहासिक विकास-क्रम को समझे बिना यथार्थ को नहीं समझा जा सकता।

जब कृतित्व में यथार्थ की बात आती है, तो अलगाव स्पष्ट होता है—नई कहानी कलागत यथार्थता या वास्तविक यथातथ्य वर्णन को तरजीह नहीं देती, वह इतिहास के विकास-क्रम में जीते हुए और द्वन्द्वात्मक रूप से प्रभावित होते हुए आदमी के टूटने-बनने के यथार्थ को अपना स्रोत मानती है। यथार्थ कोई स्थिर तत्त्व नहीं है, वह निरन्तर गतिमान है और उसके हजार पहलू हैं जो आदमी को बदलते जाते हैं। धार्मिकता या नैतिक मान्यताओं ने आदमी को उतना नहीं बदला है जितना कि बीसवीं सदी के औद्योगिकीकरण ने। भौतिक आधारों के बदलने से समाज का सन्तुलन बदलता है और इस सन्तुलन के बदलते ही मनुष्य का चिन्तन भी बदलने लगता है। विचार, परिवेश, भौतिक आधार और सम्बन्धों का निरन्तर संक्रमण होते रहने की तरल स्थिति ही यथार्थ की स्थिति है। जिन्होंने यथार्थ की इस तरलता और निरन्तरता को नहीं पहचाना, उनके लिए राजनीतिक रूढ़िवादिता ही यथार्थ का पर्याय बनी रही। उन्होंने जिन्दगी के यथार्थ को नहीं देखा, बल्कि राजनीतिक बहसों और निर्णयों को अपनी कहानी का कथ्य बनाकर यथार्थ को कलंकित किया। उदाहरणस्वरूप, भैरवप्रसाद गुप्त की एक कहानी ले लीजिए, वह कहानी यों है—कानपुर की एक मिल में हड़ताल होती है। तमाम मजदूर पकड़कर जेल में ठूँस दिए जाते हैं। गिरफ्तार मजदूरों में एक व्यक्ति वह भी है जिसकी माँ मृत्यु-शय्या पर पड़ी है, क्योंकि उसके पास खाने के लिए एक दाना भी नहीं है। ऐसी हालत में उस मजदूर के कुछ मित्र भूख से मरती माँ के पास गेहूँ लेकर पहुँचते हैं और कहते हैं कि वह अपनी क्षुधा शान्त करे। पर वह माँ तत्काल पूछती है कि यह गेहूँ अमरीका का है या रूस का? और अमरीकी गेहूँ होने के कारण वह मरना पसन्द करती है। राजनीतिक मतवादिता और निर्णयों को कहानी का कथ्य बनाकर जितनी भोंड़ी और बेहूदी स्थिति यहाँ इस कहानी में उपस्थित की गई है, वह बेमिसाल है।

इस तरह की कहानियों और मनोविश्लेषणवादी कहानियों ने ही बहुत समय तक हिन्दी कहानी को यथार्थ का वास्तविक सामना नहीं करने दिया। कहीं वह आध्यात्मिकता के व्यक्तिवादी प्रपंच में खोया रहा और कहीं साहित्यिक प्रचारवाद का नारा बना रहा। उसे हमेशा 'साधन' के रूप में इस्तेमाल किया गया, जबकि यथार्थ की अपनी सत्ता आदमी की सत्ता की तरह ही महत्त्वपूर्ण थी। नई कहानी में 'यथार्थ की अपनी सत्ता' की पहचान का प्रयास है।

यथार्थ की सत्ता की पहचान ही निरन्तर बदलते रहने की प्रक्रिया को जन्म देती है, क्योंकि स्वयं यथार्थ बदलता जाता है। आधुनिकता भी इसी दृष्टि के आधार पर पहचानी जा सकती है। यथार्थ के इस परिवर्तन को परखते चलना और तदनुसार अपने को परिवर्तन के लिए हमेशा सन्नद्ध रखना ही आधुनिकता का लक्षण हो सकता है। स्वयं आधुनिकता और यथार्थ एक-दूसरे के पूरक और प्रणेता हैं।

नई कहानी अपनी यात्रा में इसीलिए बदलती आई है। शुरू-शुरू की सांकेतिकता, अभिव्यंजना, अछूती कथाभूमियों की तलाश, यथातथ्यवादी कलात्मक वेश आदि से अपने को बदलती हुई वह आज अस्तित्व, संत्रास, विसंगति, अनिर्णय की स्थिति, विश्व-बोध, अपरिचय आदि की मानवीय स्थितियों से जुड़ा हुआ पाती है। इसीलिए आधुनिकता या यथार्थ स्थितियों का बोध जीवन-दर्शन न होकर जीवन-दृष्टि से सम्बन्धित है, शाश्वत या चिरन्तन का अस्वीकार है।

कहानियों में इस गतिमान प्रक्रिया के दर्शन होते हैं—नई कहानी निरन्तर बदलती आई है, इसीलिए उसे किसी 'वाद' में नहीं बाँधा जा सकता और न वह उपलब्धियों की बात करके कहानी के कीर्तिमान स्थापित करती है। हर नई कहानी एक नई शुरुआत है।

चूँकि हमारे समय का यथार्थ बहुत भीषण, गलित, रुग्ण और बीमार है, इसलिए उसका बोध एक संकट पैदा करता है। जितना ही यथार्थ को अपने आस-पास और अपने भीतर देखते और अनुभव करते जाइए, उतना ही वह त्रासदायी दिखाई देता है...चारों तरफ एक निरर्थकता और विघटन व्याप्त है—भविष्य की खोज में निकला वह 'बड़ा भाई' दिशाहारा और उद्भ्रान्त है—वह अपने आस-पास परम्परावाद, जातिवाद, बेईमानी, अवसरवाद, भ्रष्टाचार और धार्मिक अन्धवाद को देख और महसूस कर रहा है...और इस विगलित और सड़ायँध से भरी दुनिया में हर क्षण मृत्यु से त्रस्त है। वह मृत्यु दैहिक नहीं, उसके सामने मरते मूल्यों की, अर्थों की ही है—और जब वह इस सबको चारों ओर पाता है तो एक अजीब से संकट-बोध में फँस जाता है। इस आधुनिक संकट-बोध में मनुष्य कुछ भी निश्चित रूप से नहीं कह सकता। नई कहानी में यह संकट-बोध निरन्तर विकसित होता आया है—इस संकट-बोध ने कहानी को मानवीय परिणति दी है।

कहानी ने अनजाने ही वह कार्य पूरा किया जो सामाजिक इतिहास की चेतना

करती है, यानी मनुष्य मात्र पर ध्यान केन्द्रित हुआ—समस्याओं, अत्याचारों या व्यभिचारों से ग्रस्त कुछ विशिष्ट प्रश्नों के समाधान और उनके इकहरे निष्कर्षों से अलग हटकर मनुष्य की अपनी स्थितियों और नियति की ओर कहानी अभिमुख हुई। इसीलिए काव्य-सत्य को तलाशनेवाले कवि भी कहानी के वस्तु-सत्य को खोजने में शामिल हुए।

वास्तविक चित्रण से कथ्य के यथार्थ तक की यात्रा एक महत्त्वपूर्ण यात्रा है। झूठ से सच्चाई के आस-पास तक पहुँचने के प्रयास आवश्यक थे। यथार्थ और जीते-जागते मनुष्य की संगति ने कहानी को 'झूठी' होने की नियति से मुक्त कर लिया और सहसा कहानियों पर होनेवाली चर्चाओं में यह सुनाई पड़ने लगा कि बात गलत या सही है। झूठी और वास्तविक होने की बात पीछे छूट गई...वास्तविकता से भरा चित्रण कलात्मकता का आधार नहीं रह गया—यानी कहानी के 'फॉर्म' पर टिकी यथार्थवादी दृष्टि 'कथ्य के यथार्थ' पर सन्तरित हो गई। यह सन्तरण भी स्वातंत्र्योत्तर कहानी को पिछली कहानी से अलग करता है।

और अब तो समय की संगति में जीनेवाली कहानी के लिए यथार्थ भी एक छोटे अर्थ की प्रतीति देने लगा है, क्योंकि कहानी और महत्तर दिशाओं की ओर अभिमुख है। "नया लेखक यथार्थ का भी गुलाम नहीं है...अब कहानी का 'सत्य' कहानीकार की यह अनुभूति है कि अन्तिम परिणति कुछ नहीं होती। छोटी-छोटी यातनाएँ उसे विचलित नहीं करतीं, न ही वह उन्हें मैग्नीफाइंग ग्लास से देखता है।...अत: कहानियों का स्वर हमेशा एक उपेक्षा और सपाट खुरदरे व्यंग्य का रहता है। यह बोध न तो निराशावादी है और न पलायनवादी!" (विजयमोहन सिंह के शब्दों में)

पूरे राष्ट्रीय स्तर पर जो विघटन और भयानक मोहभंग का दृश्य उपस्थित है, उसमें आज का केन्द्रीय व्यक्ति (जीवन को वहन करनेवाला व्यक्ति) एक अजीब-सी घुटन का शिकार है। दिशाएँ लापता हैं और किसी काम या विचार का कोई अर्थ नहीं रह गया है। 'अर्थहीनता' की इस दारुण नियति में आबद्ध व्यक्ति भी जिजीविषा से सम्पन्न है। 'यह मोहभंग की तर्कसंगत परिणति है।' अब कहानी का व्यक्ति कर्तव्य-चालित नहीं है, वह नैतिक, धार्मिक या राजनीतिक मतवादों द्वारा भी चालित नहीं है—अब उसकी गति अपनी क्षमता-अक्षमता से सम्बद्ध है।

मनुष्य की क्षमता को रेखांकित करता हुआ यह स्वर (चाहे वह क्षमता कभी उसकी अक्षमता का ही एक पक्ष क्यों न हो) अब प्रतिवाद का भी नहीं है। यह स्वर है अपने पूरे अस्तित्व को स्वीकारने का—इसके अलावा कुछ नहीं, जो कुछ है वह छलावा है, भ्रम और पलायन है।

मनुष्य की महायात्रा की साक्षी आज की कहानी जरूर है, पर वह रोमानी

भविष्यवाद की साक्षी नहीं है। जिस शून्य में आकर आज मनुष्य की नियति अटक गई है उसके प्रति कहानी की भंगिमा में यंत्रणा के चिह्न हैं...और अब कहानी 'यथार्थ' से भी ज्यादा किसी ठोस शब्द की तलाश में है जो उसके गंतव्य को मुखरित कर सके। इसीलिए कहानीकार की भाषा और दृष्टिकोण में अजीब-सा व्यंग्य और उदासीनता व्याप्त है। कामनाथ की 'लाशें', ज्ञानरंजन की 'छलाँग', मोहन राकेश की 'जख्म', शानी की 'एक नाव के यात्री', निर्मल वर्मा की 'शहर से ऊपर', गंगाप्रसाद विमल की 'विध्वंस', दूधनाथ सिंह की 'आइसबर्ग', उषा प्रियंवदा की 'नींद', विजयमोहन सिंह की 'वे दोनों', राजेन्द्र यादव की 'प्रतीक्षा', काशीनाथ सिंह की 'सुख', मन्नू भंडारी की 'यही सच है' आदि तमाम कहानियाँ जैसे अब फिर पूरे परिदृश्य को बदल रही हैं।

यह बदलता परिदृश्य ही नई कहानी की आन्तरिक प्रक्रिया का सबूत है। कहानी अपने अनुसार जैसे 'यथार्थ' से भी ज्यादा ठोस शब्द की तलाश में है, उसी तरह स्वयं अपने नाम की तलाश भी फिर कर सकती है...पर 'नए होते रहने की' प्रक्रिया से वह अब नहीं छूट पाएगी, क्योंकि 'नए' की तलाश ही उसे फिर-फिर और जीवन्त सन्दर्भों से जोड़ेगी। और वे तमाम कहानीकार, जिन्होंने नए की इस खोज में ही अपनी मुक्ति देखी है, बार-बार अपनी निर्मितियों को ही तोड़कर स्थितियों के आमने-सामने होंगे...कुछ और नए, कुछ और-और नए लेखक इस खोज में अपनी प्रामाणिक अनुभूतियों से स्पन्दित 'सच्ची कहानियाँ' लिखते जाएँगे।

कथा-समीक्षा और पराजित पहरुए

हिन्दी के एक अवसरवादी आलोचक आधुनिकता को 'मूल्य' मानने की आधुनिकता तक चले गए हैं। यह भी एक फैशन हो गया है कि किसी भी ऊल-जलूल बात को उलझाकर और दार्शनिक मुद्रा में कह दिया जाए, ताकि वह अभिव्यक्ति के गहन-संकट का एहसास देने लगे। हिन्दी कहानी के क्षेत्र में ऐसी आलोचक प्रतिभाएँ एकाध ही हैं और अब वे भी फिर काव्य-सत्य की खोज में निकल गई हैं।

कथा के क्षेत्र में निरन्तर कार्यरत रहने के लिए आलोचक में अपार धीरज और उस संकट-बोध का सामना कर सकने की शक्ति चाहिए जिससे कथाकार गुजरता है, क्योंकि अब कहानी 'सहयोगी अनुभव' की सीमा पर खड़ी है। विश्वविद्यालयीय कथा-शास्त्र के पैमाने बेकार हो चुके हैं और नया कथा-शास्त्र यदि गढ़ा जाएगा तो वह भी आज के सन्दर्भों से ही जन्म लेगा।

अब यथार्थ की कसौटी पर भी कहानी को परख सकना नामुमकिन होता जा रहा है। सामाजिकता, सोद्देश्यता, प्रयोजनशीलता, जीवनपरकता, आशावादिता या निराशावादिता जैसे शब्द भी पाप-पुण्य, सुख-दुख, अच्छा-बुरा जैसे पुराने शब्दों की तरह ही अर्थहीन हो गए हैं। यह और इन जैसे तमाम शब्द नई कहानी की ध्वनि और परिणति को अभिव्यक्त कर पाने में असमर्थ हो गए हैं।

कथानक, विषयवस्तु, शैली, शिल्प, चरमबिन्दु आदि तो बहुत पहले ही निकष नहीं रह गए थे, पर अब तो युग-बोध, जीवन-बोध, समष्टि-व्यष्टि आदि भी कहानी में कही गई बात को स्पष्ट कर पाने में अधूरे पड़ते हैं।

लगता यही है कि अब कहानी का विश्लेषण (यदि वह अत्यन्त आवश्यक ही हो तो) समाजशास्त्रीय पद्धति के आधार पर शायद गणित के रूप में ही किया जा सकता है। वह भी मात्र देह-परीक्षा ही होगी। कहानी अब स्वयं में एक सम्पूर्ण 'उपस्थिति' है—वह न जीवन का विश्लेषण है, न समस्याओं का सम्प्रेषण और न गुह्य रहस्यों का अन्वेषण। वह अपने में सर्वांश या आंशिक वस्तु-सत्य या भाव-सत्य का साक्षात्कार है। नई कहानी 'झूठ' के बीच से नहीं, सच्चाई और प्रामाणिकता के बीच से गुजरने की अनुभूतिपरक प्रक्रिया है।

यदि इस बात को समझना हो तो निर्मल वर्मा की 'लन्दन की एक रात',

'जलती झाड़ी' ; राजेन्द्र यादव की 'किनारे से किनारे तक', मोहन राकेश की 'सोया हुआ शहर', नरेश मेहता की 'तथापि', रेणु की 'रसप्रिया', महेन्द्र भल्ला की 'एक पति के नोट्स', गंगाप्रसाद विमल की ' ?', दूधनाथ सिंह की 'रक्तपात', मन्नू भंडारी की 'श्मशान', रघुवीर सहाय की 'मेरे और नंगी औरत के बीच', काशीनाथ सिंह की 'सुख', श्रीकान्त वर्मा की 'घर' आदि कहानियाँ पढ़ जाइए।

इन कहानियों से ही यह स्पष्ट हो सकेगा कि आधुनिकता की स्थिति स्वयं कहानी की केन्द्रीय स्थिति है। आधुनिकता ऊपर से लपेटी नहीं जा सकती और न उसे 'मूल्य' के रूप में ग्रहण किया जा सकता है। आधुनिकता निरन्तरता में विकसित होती हुई एक प्रक्रिया है, जो वर्तमान सन्दर्भों को गहनता और नयापन देती है, तथा नई चेतना को हमेशा अपनी ओर आकर्षित करती और नया संस्कार देती है।

स्थूल रूप में यदि इसकी पहचान करनी ही हो तो किन्हीं भी कहानियों को उठा लीजिए और लेखक के शब्द-चयन, व्यंग्य-भंगिमा और बात कहने के लहजे को देखते चलिए। लेखक की रग कहाँ पर दुख रही है, यह जानते देर नहीं लगेगी—और कहानी में वह दुखती रग ही लेखक की चिन्तन-प्रक्रिया और लगाव की स्थिति को स्पष्ट करके उसके आधुनिक-बोध को उजागर कर देगी। हर रचना में लेखक का 'स्व' भी सम्मिलित रहता है, वह 'स्व' इतना भावप्रवण होता है कि एक शब्द या वाक्य उसकी प्रतिक्रिया को ध्वनित कर देता है। कटी बाँह का ब्लाउज पहने औरत की बात लिखने का लहजा ही बता देगा कि लेखक संचेतना के किस धरातल पर खड़ा है और किस विचार-संस्कार-परम्परा का हामी है।

यशपाल और अज्ञेय में निश्चय ही वह आधुनिक अनासक्ति है जो कला के स्तर पर बात को निभा ले जाती है। यशपाल फिर भी कहीं-कहीं लेखकीय पक्षधरता का सबूत देने लगते हैं, पर अज्ञेय की यह बड़ी कलात्मक उपलब्धि है कि उनके शब्द आग्रह नहीं करते। जैनेन्द्र अपने लहजे से सही-गलत की अपनी व्याख्या अनजाने ही देते चलते हैं, इसीलिए वे कभी भी आग्रह-मुक्त नहीं हो पाते। उनके साथ मुश्किल एक और भी है कि उनका आग्रह भी गलत बातों पर होता है। नए लेखकों में शुरू-शुरू में मन्तव्य से प्रेरित आग्रह-मूलकता थी, पर अपनी कथा-यात्रा में उन्होंने इस पर भी संयम प्राप्त किया है। अब तो लेखक सहमति-असहमति की धारणाओं को भी छोड़ चुका है। वह अनुभव के जिस दौर से गुजरता है, उसी अनुभव का उसकी ही तीव्रता से यथासम्भव पुनर्निर्माण करता है और उसे पाठक के लिए छोड़ देता है। लेखक निर्णयदाता भी नहीं बनता। पढ़नेवाला स्वयं अपना निर्णय लेता है या निष्कर्ष का चुनाव करता है।

चूँकि हिन्दी कहानी का पाठक निष्कर्षों को हमेशा लेखक से प्राप्त करता रहा है, अतः कभी-कभी आज भी वह उसकी माँग कर बैठता है। पर नई कहानी का

पाठक-वर्ग अब ऐसी माँग प्रस्तुत नहीं करता—कहानी के अनुभव से गुजरकर वह अपने नतीजों तक स्वयं पहुँचता है।

हस्तक्षेप की यह अनुपस्थिति आधुनिकता का एक आधारभूत लक्षण है। हमारे कुछ पुराने कहानीकार कभी-कभी हस्तक्षेप की इस अनुपस्थिति को यह समझकर कि अब कहानियों में 'अन्त' नहीं होते, कुछ अन्तहीन कहानियाँ लिखकर बहुत संजीदगी से पूछते हैं—अब बताइए, यह कहानी नई क्यों नहीं है?

वे नहीं समझ पाते कि 'अन्त' का अन्तिम संस्कार स्वयं उस कथ्य ने और लेखक के इस दृष्टिकोण ने किया है जो कहने के लहजे तक में अब हस्तक्षेप नहीं करता। लेखक की संलिप्ति अब सिर्फ केन्द्रीय कथ्य में है, जिसे वह कहानी के लिए चुनता है। और यह संलिप्ति भी उस कथ्य की प्रामाणिकता को बनाए रखने के लिए होती है, अपना मन्तव्य लादने के लिए नहीं।

चूँकि यह दखलन्दाजी अब नहीं है, अत: सहसा ही लगने लगता है कि सब-कुछ अर्थहीन हो गया है। कहानियाँ भी अर्थहीन हो गई हैं और कहानी विधा अपनी समाप्ति के कगार पर खड़ी है। यह कहने में संकोच क्यों होना चाहिए कि कहानी अब तक बहुत बार समाप्त हुई है? और यह भी निस्संकोच कहा जा सकता है कि कहानी उसके बाद फिर शुरू हुई। कई बार कहानी विधा की सम्भावनाएँ चुकी हैं और उन्हीं में से नया दृष्टिकोण जन्मा है।

मुश्किल तब होती है जब कुछ तथाकथित आलोचक अपनी अस्तरीय रुचि लादकर विश्लेषण करते हैं और कहानी के किसी एक रूप को जिन्दा बनाए रखने की नाकाम कोशिश करते हैं। डॉ. नामवर सिंह यही करते रहे हैं—उन्हें कहानी विधा के प्रति इसलिए लगाव नहीं है कि उनकी अन्तर्प्रेरणा उन्हें इस विधा-विशेष के प्रति आकर्षित करती है, बल्कि इसलिए है कि उन्हें कहानी को पार्टी-विशेष के उसूलों के मुताबिक चलाना है। उन्हें कलागत और वस्तुगत मूल्यों के संरक्षण का उतना खयाल नहीं है जितना कि कहानी में 'गुरिल्ला युद्ध' शुरू करने का। नामवर सिंह चीनी लाल पहरुओं (चीन के रेड गार्ड्स) की तरह कहानी और कहानीकारों की शुद्धि का अभियान लेकर चले हैं। उनके लिए साहित्येतर घोषणाएँ ही साहित्य का स्वरूप निर्धारित करती हैं।

यहाँ यह भी समझ लेना आवश्यक है कि इस 'गुरिल्ला युद्ध' को शुरू करनेवाले यहाँ के लाल पहरुएरूपी आलोचक अभी तक 'साहित्यिक यथार्थ' को ही मानव-यथार्थ माने हुए बैठे हैं और उनका यह 'साहित्यिक यथार्थ' भी राजनीतिक पैतरेबाजी से उद्भूत है। यह हिन्दी का दुर्भाग्य ही है कि आलोचना के क्षेत्र में नामवर सिंह तक आते-आते आलोचक के प्रति रचनाकार की दिलचस्पी ही खत्म हो गई। हिन्दी में पहली बार आलोचक के अस्तित्व पर प्रश्नचिह्न लगाया गया और उसे 'अनपेक्षित तीसरा उपजीवी' माना गया। एक व्यक्ति कैसे सारी परम्परा को दूषित

कर देता है, इसका सबसे दुखद उदाहरण डॉ. नामवर सिंह रहे हैं। जब आलोचक अपनी साहित्यिक परम्पराओं और आधुनिक परिस्थितियों की सापेक्षता में रचनात्मक कृति को नहीं देखता, तो इसी तरह का भ्रम फैलता है जैसा कि हिन्दी कहानी में कुछ दिनों फैल गया था। 'परम्परा का ऐतिहासिक मूल्यांकन न कर पाने के कारण आलोचक जब विकृत व्याख्याएँ करने लगता है तो रचनात्मक प्रतिभा के लिए संकट की स्थिति पैदा हो जाती है।' क्योंकि तब रचनाकार को सही रूप में आगाह करनेवाला स्वर नहीं रह जाता...दृष्टि धूमिल पड़ जाती है और सन्तुलन बिगड़ जाता है। समीक्षा-सन्तुलन के बिगड़ते ही साहित्यिक वातावरण अराजकता से भर जाता है और चारों ओर कटुता, दलबाजी तथा पूर्वग्रहों का बोलबाला शुरू हो जाता है। हिन्दी कहानी में कुछ दिनों पूर्व तक यह मारकाट चलती रही है, क्योंकि पथभ्रष्ट लाल कुरतीवाले आलोचक सहसा कुछ लेखकों को नेस्तनाबूद करने के लिए अभियान में जुट गए थे।

यह संकट तब और भी गहन हो जाता है जब आलोचक अपने पूर्वग्रही विचारों के अलावा रचनाकारों के ऊपर अन्य उपकरण भी इस्तेमाल करता है।[1]

कभी-कभी ये उपकरण पक्षधरता का जामा पहनकर भी आते हैं—यानी तब आलोचक के लिए कृति नहीं, कृतिकार मुख्य बन जाता है और उसके प्रति राग-द्वेष की भावना ही कृतियों की समीक्षा का आधार बनती है। कई तरह के संकट पैदा किए जाते हैं। उनमें से सबसे हीन स्तर पर गुटबाजी होती है। विश्लेषण करके यदि

---

1. बात मैं किसी द्वेष से नहीं कहना चाहता (और यदि वह झलक भी आए तो आप मुझे क्षमा करें, क्योंकि इस घटना के बाद ही मन विक्षोभ से भर उठा था) पर केवल आलोचक की स्थिति और उसके गहन दायित्व-बोध की एक मिसाल देने के लिए इस घटना को सामने रख रहा हूँ। चंडीगढ़ में जनवरी, 65 में एक गोष्ठी आयोजित थी। उन दिनों कथा-समीक्षा के क्षेत्र में डॉ. नामवर सिंह संन्यासी का बाना पहने घूम रहे थे। वे वस्तु-सत्य की दुनिया से काव्य-सत्य की दुनिया में विचरण कर रहे थे। और गुलफाम की तरह शायद तीसरी कसम भी खा चुके थे कि अब वे कथा-समीक्षा नहीं करेंगे।

गोष्ठी के पहले, उसके दौरान और बाद में भी वे अपनी पैतरेबाजी में लगे हुए थे और अपने कथा-समीक्षक की पुनर्स्थापना के लिए बड़े सूक्ष्म उपकरणों का इस्तेमाल कर रहे थे। चंडीगढ़ कॉफी हाउस के बाहर अँधेरा था। एकाएक नामवर सिंह से मैंने कुछ कहा, और वे मुझे एक ओर ले गए और अपनी तरफ से उन्होंने बड़ी आत्मीयता से कहा, 'भाई, वह 'माया' वाला लेख (जिसमें उन्होंने मेरी, मोहन राकेश और राजेन्द्र यादव की कटु आलोचना की थी) तो 'पालिमिक्स' था। सच बात तो यह है कि मोहन राकेश और राजेन्द्र यादव तो चुक गए हैं...उनमें वैचारिक स्पष्टता भी नहीं है...इस दृष्टि से भाई कमलेश्वर, तुम ही सबसे ज्यादा सुलझे हुए और हमारे नजदीक हो!' डॉ. नामवर सिंह ने अभी बात पूरी भी नहीं की थी कि वहीं अँधेरे में खड़े पान खाते हुए डॉ. इन्द्रनाथ मदान बोल पड़े, 'नामवर जी, आप बिलकुल यही बात आज ही मोहन राकेश से कह चुके हैं...।' एकाएक सन्नाटा छा गया। नामवर जी के चेहरे पर क्या प्रतिक्रिया हुई, यह भी मैं अँधेरे के कारण नहीं देख पाया।

देखा जाए तो इस नतीजे पर पहुँचने में देर नहीं लगेगी कि हिन्दी कथा-क्षेत्र की यह गुटबाजी महज एक आलोचक की देन है।

विदेशों में आलोचकों की बिरादरी का सर्वेक्षण और पर्यवेक्षण किया गया था, उनकी मानसिक प्रक्रिया को वैज्ञानिक रूप से विश्लेषित किए जाने पर यही निष्कर्ष निकला कि वे 'सायकोटिक केस' हैं...वे भयंकर हीन-ग्रन्थि के शिकार हैं। उनकी मुख्य चालक शक्ति 'प्रतिहिंसा' है...बहरहाल जो भी हो, हिन्दी कथा-समीक्षा बुरी तरह से भ्रष्ट हुई और इसका एक कारण शायद यह भी हो सकता है कि कृतित्व के साथ आलोचक अपनी विवेकशीलता को विकसित नहीं कर पाया।

'समीक्षा-दायित्व' के सम्बन्ध में एक अहस्ताक्षरित अग्रलेख की ये पंक्तियाँ इस सन्दर्भ में भी महत्त्वपूर्ण हैं—"...समस्त प्रक्रिया को ध्यान में रखते हुए किसी भी कृति के मूल्यांकन में तीन तत्त्वों पर विचार करना अनिवार्य है। ये तीन तत्त्व अलग नहीं हैं, न इन पर एक-दूसरे से पृथक् रूप में विचार हो सकता है। ये तीनों समीक्षा के तीन आयाम हैं और किसी भी एक के बिना शेष दो निरर्थक हैं। ...एक कलाकृति पहले रूप में एक संचित शास्त्रीय परम्परा, जातीय सौन्दर्य-बोध और परम्परागत सृजन-शृंखला की विशिष्ट कड़ी होती है। दूसरे रूप में वह एक विशिष्ट समाज-व्यवस्था की सांस्कृतिक निधि होती है और उसका एक सामाजिक मूल्य होता है, उसके पाठक या श्रोता होते हैं, जो उससे प्रभावित होते हैं और उसका प्रभाव एक सामाजिक महत्त्व रखता है। तीसरे रूप में वह एक व्यक्ति की, एक विशिष्ट क्षण की अनुभूति की शब्दात्मक अभिव्यक्ति होती है और कुछ विशिष्ट तत्त्वों से समन्वित होकर वह कलाकृति का महत्त्व प्राप्त करती है। किसी भी कलाकृति या प्रवृत्ति का मूल्यांकन करते समय यदि इनमें से एक भी पक्ष की उपेक्षा की गई तो वह समीक्षा एकांगी बन जाती है। दुर्भाग्य से हिन्दी समीक्षा के क्षेत्र में यह भूल बार-बार हुई है और यही नहीं, वरन् बहुधा यह भी देखा गया है कि आलोचकों ने इस एकांगिता को ही अपनी विशिष्टता के रूप में प्रचारित किया और अज्ञानवश अपने एकांगी मार्ग के अतिरिक्त अन्य सभी मार्गों का सक्रिय विरोध किया। एक ओर, वे लोग रहे जिन्होंने परम्परा के नाम पर, शास्त्रीयता के नाम पर उन रूढ़ियों का समर्थन किया जिनका सारा अर्थ जीवन्त सांस्कृतिक परम्परा की सापेक्षता में नष्ट हो चुका था, जिन्हें किसी भी प्रकार के प्रगतिशील और वैज्ञानिक दृष्टिकोण को प्रश्रय देना स्वीकार नहीं था। दूसरी ओर, ऐसे भी लोग रहे हैं जिन्होंने प्रगतिशीलता और वैज्ञानिक समाजवाद के नाम पर दलगत राजनीति एवं नितान्त अवैज्ञानिक पद्धतियों का प्रचार किया; और तीसरी ओर, ऐसे भी लोग रहे जो साहित्य के विराट् सांस्कृतिक 'कैनवस' और महत्त्वपूर्ण सामाजिक स्थिति को पूर्णतया भूलकर केवल उसकी वैयक्तिक स्थिति, रचना-प्रक्रिया, शिल्प और सौन्दर्य-बोध का अन्वेषण करते रहे। तीनों का ही सत्य आंशिक था, अतः एक

विराट् समग्रता में समन्वित न होने के कारण वह विकलांग और हानिकर ही सिद्ध हुआ।''

'परम्परा का ऐतिहासिक मूल्यांकन' होने के बजाय समीक्षा-क्षेत्र में दलबाजी हुई और कहानी को तमाम हिस्सों में बाँट दिया गया। इसमें रचनाधर्मी लेखकों ने भी हाथ बँटाया (जिसका एक आंशिक गुनहगार मैं भी हूँ) पर रचना-धर्मी लेखक तभी कुछ कहने के लिए मजबूर होता है जब वह देखता है कि समीक्षा अपने दायित्व को वहन नहीं कर रही है और कृतित्व की आन्तरिक भाषा को नहीं समझा जा रहा है या उसकी रचनाशीलता के स्रोत अवरुद्ध किए जा रहे हैं। यह अवरोध प्रवृत्तिमूलकता और दलगत स्वार्थों से चालित होता है। हिन्दी कहानी का शहरी, ग्रामीण और कस्बाती वर्गीकरण निहायत बेमानी और फिजूल था...पर जब हमारी आलोचना ने परम्परा का मूल्यांकन और उससे सम्पृक्ति के सूत्र स्थापित करने शुरू किए, तो उसने जीवन-सत्य को खंडित करके यह घोषित किया कि प्रेमचन्द की परम्परा में ग्रामांचल की कहानियाँ ही आती हैं...और यह घोषणा होते ही भयंकर विस्फोट हुआ—सवाल था परम्परा की समग्रता और मनुष्य के सत्य को समझने का, उसकी नियति और परिणति को रेखांकित करने का—पर कथा-समीक्षा भयानक रोमांटिकता के वशीभूत ग्रामांचल के ऊपरी और सतही उपकरणों को ही देख-देखकर भाव-विभोर होती रही। अच्छा यह हुआ कि इस रोमांटिकता को फणीश्वरनाथ रेणु की कृतियों ने ही ध्वस्त कर दिया, क्योंकि उनकी कुछ कृतियों में यथार्थ का विराट् 'कैनवस' उद्‌घाटित हुआ और बदले हुए ग्राम-जीवन का विशद खाका उभर आया।

जैसे-जैसे रचनात्मकता के आन्तरिक और बाह्य उद्वेलन से समीक्षा का सम्बन्ध विशृंखलित होता गया, वैसे-वैसे समीक्षा के स्रोत सूखते गए और समीक्षा इतनी विपन्न हो गई कि उसके पास नई संचेतना को विश्लेषित करने के लिए शब्दों का अकाल पड़ गया। और तब समीक्षक कुछ शब्दों और उनके रूढ़ अर्थों से चिपककर बैठ गया। समकालीन कथा-साहित्य की समीक्षा का दुखद अन्त हुआ। कथा-साहित्य की नई संचेतना की सापेक्षता में न चल पाने के कारण डॉ. नामवर सिंह जैसी सम्भावनापूर्ण प्रतिभा का यह दुखद अन्त कथा-समीक्षा का एक कष्टकर अध्याय है। और स्व. डॉ. देवीशंकर अवस्थी की मृत्यु ने तो एक और बड़े शून्य को उत्पन्न कर दिया है।

इस अभिशाप से भी हमारी कहानी गुजर रही है कि उसकी समीक्षा और गम्भीर विश्लेषण के लिए सिर्फ राजनीतिमूलक शब्दावली है या शास्त्रीय पद्धति का रूढ़िवादी पैमाना। जब कहानी ने परम्परावाद (परम्परा को नहीं) और राजनीतिक प्रवृत्तिमूलकता को ही नकार दिया है, जब वह 'यथार्थ' से भी ज्यादा ठोस शब्द की तलाश में

है...जब उसने एक 'सम्पूर्ण उपस्थिति' और 'हस्तक्षेप की अनुपस्थिति' को अंगीकार किया है और वह मानव-नियति और अस्तित्व की परिणति जैसे बुनियादी सवालों के सामने खड़ी है।

अब तो यह और भी स्पष्ट हो गया है कि कृति और समय-बोध के साथ जब तक समीक्षक की संलिप्तता नहीं होगी, तब तक किसी सही अनुभव तक नहीं पहुँचा जा सकता। यह अनुभव केवल रचित साहित्य की सीमाओं तक ही महदूद नहीं है—इस अनुभव में अपने युग की सौन्दर्य-अनुभूति भी निहित होती है (इस सौन्दर्य-अनुभूति को शास्त्रीय अर्थों में कृपया न लिया जाए)—जिसमें वे छटपटाहट, व्याकुलता, विक्षोभ और अर्थहीनता के अर्थ भी शामिल हैं, जो आनुपातिक रूप में अनुभव के अंश हैं।

कितना विराट् है अनुभव का यह पूरा 'कैनवस'! अर्थहीनता के अर्थ 'यथार्थ' से भी ज्यादा ठोस शब्द की माँग, हस्तक्षेप की अनुपस्थिति, सम्पूर्ण उपस्थिति, झूठ से सच तक की महायात्रा, अस्तित्व की परिणति और नियति जैसे बुनियादी सवालों का सामना, निरर्थकता के बीच जीने की जिजीविषा, संत्रास को झेलने का साहस, और सबसे ऊपर एक जनतांत्रिक अनासक्ति! विराग की यह मुद्रा!

क्या आज हिन्दी-कहानी की यही अस्तित्व-भंगिमा नहीं है?

नई कहानी आज अपने को आदिम अनन्तता से घिरा हुआ पाती है। आदिम मनुष्य से आज तक के मनुष्य की सांस्कृतिक यात्रा की पूरी भूमिका उसकी पृष्ठभूमि है। आदिम युग में जिस अछोर, उद्दाम और विराट् का दर्शन मनुष्य ने किया होगा, उसे आज के अनुशासन, नियमानियमादि से भरे जीवन में देख पाना चाहे मुश्किल हो गया हो, पर मनुष्य अपनी प्रकृत-वृत्ति को कैसे छोड़ पाएगा? वह स्वच्छन्दता आज भी कहीं-न-कहीं उसमें विद्यमान है। जीवन और मृत्यु का वह आदिम संघर्ष आज अपनी पूरी भयावहता के साथ फिर उपस्थित है। इतने युगों के बाद वह शारीरिक मृत्यु की आशंका अब तक मनोजगत् की मृत्यु की आशंका में बदल गई है...क्योंकि मनुष्य ने तब से अब तक बहुत हासिल कर लिया है और जो कुछ हासिल किया है वह देह से ज्यादा मूल्यवान है। इसीलिए आज की भयावहता उस आदिम भय की भयंकरता से ज्यादा बड़ी है।

आदिम युग की मृत्यु, भय, असुरक्षा और संघर्ष से वर्तमान तक की मृत्यु, भय, असुरक्षा और संघर्ष के बीच मनुष्य द्वारा अर्जित और भी महत्त्वपूर्ण विचार-सम्पदा है, जिसने उसे एक ओर जिजीविषा दी है तो दूसरी ओर संत्रास को सह सकने की क्षमता।

यह विरासत चूँकि मनुष्य की है, इसीलिए कहानी की भी। अनन्तता, भयंकरता, स्वच्छन्दता और भयावहता से आगे आकर वैदिक युग में इन प्रकृत अवस्थाओं पर आध्यात्मिकता और आनन्दवाद की छाप पड़ती है...और मनुष्य उस विराट् अनन्तता

से एकाकार होने की कोशिश करता है। रामायण और महाभारत-काल तक आते-आते हमें समाज का सुव्यवस्थित रूप दिखाई देने लगता है और आर्थिक, राजनीतिक, नैतिक समस्याएँ उभरने लगती हैं। बौद्ध युग की अहिंसा, शान्ति और वैराग्य से होते हुए हम कबीर के निराकार तक पहुँचते हैं और इसी में बीसवीं सदी का विज्ञानवाद आगे चलकर जुड़ता है, जो नियमबद्ध तरीके से चलकर शुद्ध निष्कर्ष तक पहुँचने का हामी है।

और हम इस महायात्रा के अब उस दौर में हैं, जब विज्ञान ने हमारे सम्बन्धों का रूप ही बदल दिया है। औद्योगिकीकरण ने नई समाज-रचना की है। अपने देश में 'राजनीतिक औद्योगिकीकरण' हुआ, जिसके फलस्वरूप हमें राजनीतिक उद्योगों के जमाने से गुजरना पड़ रहा है। यदि देश में औद्योगिकीकरण होता तो राष्ट्रीय सम्पत्ति बढ़ती और हमारी पीढ़ी की मानसिक दशा बिलकुल दूसरी होती। राजनीतिक उद्योग के कारण हम जातिवाद, नपुंसकता, भ्रष्टाचार, अनाचार और अत्याचार जैसी राष्ट्रीय सम्पदा के हकदार बने। विभाजन ने हमें भीतर ही भीतर भयंकर रूप से तोड़ा। भ्रष्टाचार ने बहुत हद तक हताश किया।

सबसे भीषण मोहभंग हुआ जनतंत्र को लेकर। जनतंत्र के नाम पर देश में मजाक चल रहा है, उसने नई पीढ़ी को सबसे ज्यादा विभ्रमित किया। इस निहायत अव्यावहारिक तरीके से चलनेवाले जनतंत्र ने पूरे देश को निरुद्देश्य भीड़ में बदल दिया।

कहने को कुछ भी कहकर सन्तोष कर लिया जाए, पर यह एक दुखद सच्चाई है कि निरुद्देश्यता की पीठिका हमारे जनतंत्र ने ही तैयार की है, जिसमें कुछ भी स्पष्ट नहीं है। ऊपर से भारतीय समाजवाद के नारे ने अब समाजवाद का वह वैज्ञानिक रूप भी हमसे छिपा दिया है, जिसके लिए दुनिया में एक महान अभियान शुरू हुआ था और जिसका स्वरूप बहुत से भूखंडों में स्पष्ट होने लगा था।

भारतीय युवक के सामने समाजवाद और जनतंत्र का जो विकृत और निहायत अवैज्ञानिक रूप है, उसके प्रति वह कभी भी आस्थावान नहीं हो सकता।

ऐसी सामाजिक परिस्थितियों में लेखक से किसी बड़े विश्वास की माँग करना सिवा अत्याचार के और कुछ नहीं है।

अन्य देशों में समाजवाद और जनतंत्र की सफलता भारतीय युवक के लिए आदर्शवादी कल्पना हो सकती है, उसका अपना युग-यथार्थ नहीं।

अन्तर्राष्ट्रीय दृष्टि से यदि देखें तो विज्ञान द्वारा जो जीवनी शक्ति अन्वेषित और उत्पादित हुई है, वह समान रूप से सारे विश्व के लिए उपलब्ध नहीं है—वह विकसित देशों तक सीमित है या हमारे देश के उन कुछेक व्यक्तियों के लिए जो

आर्थिक दृष्टि से विश्व-स्तर के नागरिक हैं। भारतीय स्तर के नागरिक के लिए तो अभी वह भी उपलब्ध नहीं है, जिसका उत्पादन स्वयं भारत करता है।

और आधुनिक विज्ञान ने मृत्यु-शक्ति अन्वेषित और उत्पादित की है, वह समान रूप से सारे विश्व के लिए उपलब्ध है—यानी विश्व-भर को उसका समान खतरा है। बल्कि विकसित देशों के मुकाबले अविकसित देशों को ज्यादा खतरा है, क्योंकि हर बार यही देखा गया है कि मृत्यु-शक्ति के उत्पादक राष्ट्र बराबर ऐसे अविकसित देश खोजते रहे हैं, जहाँ वे अपनी शक्ति आजमा सकें।

तो जीवन सबके लिए समान रूप से उपलब्ध नहीं है, पर मृत्यु समान रूप से उपलब्ध है...भारत का हाल तो और भी भयंकर है...वह मृत्यु की छाया में है और जितना जीवन स्वयं उसके पास है, वह भी समान रूप से वितरित नहीं करता और राजनीतिक अवसरवादिता और नपुंसकता ने हमें और भी ज्यादा सन्देहशील बना रखा है। यानी, हमारी पीढ़ी के सामने कोई 'विजिबिल' भविष्य नहीं है...!

भविष्य की जगह शून्य, जनतंत्र की जगह भीड़, समाजवाद की जगह स्वार्थवाद और समवेत राष्ट्रीय दिशा की जगह भयानक निरुद्देश्यता—इन वास्तविकताओं की पृष्ठभूमि में यदि जरा-सा रुककर देखा जाए तो सहज ही स्पष्ट हो सकता है कि कहानी का स्वर इतना आदिम क्यों होता जा रहा है!

इस बढ़ती हुई भीड़ की अनन्तता, आदिम युग जैसी असुरक्षा, हर क्षण भीतर-ही-भीतर होती हुई मृत्युएँ और अप्राकृतिक मृत्यु भय के नीचे साँस लेता हुआ मनुष्य, निपट निरुद्देश्यता और भविष्य की गूँजती हुई शून्यता—इस सबने दुनिया को कितना असीम और कितना दुरूह बना दिया है।

इसमें भी क्या यह बहुत बड़े सन्तोष की बात नहीं है कि जिन्दगी ने, और उसके माध्यम से कहानी ने जिजीविषा कायम रखी है? यह सब उस विरासत और परम्परा (परम्परावाद का नहीं) की ही देन है कि आधुनिक युग में मूल्यों के विगलित होने के बाद बिना मूल्यों के जिए जाने की कोशिश नजर आ रही है? क्या यह जीवनी शक्ति का दृढ़तम प्रमाण नहीं है?

यह इसलिए सम्भव हो पा रहा है कि नई कहानी ने जो यात्रा केन्द्रीय पात्र और यथार्थ से शुरू की थी, आज जीवन की केन्द्रीय स्थितियों और यथार्थ से भी ज्यादा ठोस वास्तविकताओं के दिशा-बिन्दु तक आ पहुँची है, जहाँ 'स्वीकार करने से ज्यादा इनकार कर सकने का साहस दिखाई दे रहा है।'

कहानी का 'सम्पूर्ण उपस्थिति' हो जाना और दूसरे को 'अपने अनुभवजन्य परिवेश में' यह अनुभूति देकर कि वह सच्ची है, डुबो लेना छोटी बात नहीं है।

अपनी इस प्रक्रिया में कहानी यदि अपने विधागत अन्त तक पहुँचकर एक बार फिर समाप्त हो जाती है तो यही उसकी सबसे बड़ी सार्थकता है। जीवन का इससे बड़ा प्रमाण और कोई नहीं कि वह मृत्यु तक पहुँचता है और उसे पार करता

है। अपनी सारी सक्रियता के साथ अन्त तक पहुँचना सबका प्राप्य नहीं है।

इस सक्रियता में अब सारा दायित्व रचनात्मक प्रतिभा का ही है। सक्रियता को बनाए रखने का जो महत् कार्य आलोचना करती थी, वह पथभ्रष्ट हो चुकी है। कथा-समीक्षा ही क्यों, साहित्य-समीक्षा के वे प्रतिमान नहीं उभर पाए हैं जो कि नई संचेतना की वैचारिक पीठिका तैयार करते। यह तब तक सम्भव नहीं है, जब तक हमारी आलोचना दलगत और व्यक्तिगत दलदलों से नहीं उबरती और आधुनिक दबावों को स्वयं अपने अनुभव का अंग नहीं बनाती, पुरातन साहित्य-शास्त्र और सौन्दर्य-शास्त्र का पुनर्मूल्यांकन करके उसे नए प्रतिमानों से संवर्द्धित नहीं करती।

जब तक आज की आलोचना के लिए आज की रचना उसके अनुभव का अंग नहीं बनती—और वह तभी बन सकती है जब समकालीन समीक्षक भी सक्रिय रूप से इस गहन मानवीय संकट का भोक्ता बने—तब तक समीक्षा अपंग और निष्क्रिय ही बनी रहेगी और अपनी इस लँगड़ाती चाल को वह निरर्थक शब्दाडम्बर से ही ढकने का ढोंग करती रहेगी। या कभी-कभी अपनी उपस्थिति का एहसास कराने के लिए यथार्थ, संचेतना, मानवीय संकट, मानव-नियति और बुनियादी मसलों जैसे शब्दों को निहायत खोखले सन्दर्भों में इस्तेमाल करके जीवित होने के भ्रम में साँसें भरती रहेगी।

सृजनशील लेखक इस दोहरे शून्य में जीने के लिए अभिशप्त है और इस आपद्काल में वही समीक्षा के आपद्धर्म को जैसे-तैसे निभाता आया है। छायावाद और रहस्यवाद का पूरा स्पष्टीकरण महाकवि सुमित्रानन्दन पन्त और महादेवी वर्मा को ही करना पड़ा था—तमाम आलोचकों के बावजूद। क्या छायावादी और रहस्यवादी धाराओं का प्रामाणिक अध्ययन-स्पष्टीकरण इन दो दिग्गज कवियों के अलावा कोई दे सका है?

प्रगतिवाद का जितना सही और वैज्ञानिक निरूपण राहुल सांकृत्यायन, यशपाल और रांगेय राघव ने किया है, उतना क्या तमाम आलोचकप्रवरों ने मिलकर किया है?

प्रयोगवाद और नई कविता का जो विश्लेषण सच्चिदानन्द हीरानन्द वात्स्यायन, गिरिजाकुमार माथुर, धर्मवीर भारती, विजयदेव नारायण साही और लक्ष्मीकान्त वर्मा ने किया है, क्या उसका आंशिक सत्य भी कोई आलोचक उजागर कर पाया है?

नए साहित्य की प्रकृति और आन्तरिक बनावट ही ऐसी है कि उसमें अनुभव के स्तर पर उतरे बिना पार पाना मुश्किल है, इसलिए वह सृजनशील प्रतिभा (चाहे वह कवि या कथाकार न भी हो) ही नए साहित्य का विश्लेषण कर सकने में शायद समर्थ होगी, जो स्वयं जीवन के स्तर पर (साहित्य के स्तर पर नहीं) इस समय के

संकट को झेल रही है। यानी, कोई 'इनवॉल्व्ड' समीक्षक ही इस दायित्व को निभा सकेगा। जिन्दगी को मात्र राजनीतिक शब्दावली में पढ़नेवाले यहाँ के लाल पहरुए (चीन के रेड गार्ड्स की तरह सांस्कृतिक शुद्धिवाद के तथाकथित राजनीतिक अग्रदूत) मानवीय संकट और मानव-नियति की समस्या को भी उसी तरह मखौल और गन्दा मजाक में बदल देंगे, जिस तरह उन्होंने प्रेमचन्द की परम्परा की गलत रहनुमाई करते-करते कुछ अच्छे-खासे प्रतिभासम्पन्न और सम्भावनापूर्ण लेखकों को देखते-देखते लाशों में बदल दिया था।

अतिपरिचय का अपरिचय, अव-संगति और फालतू आदमी

आजादी के ठीक बाद देश में एक सामाजिक क्रान्ति की सम्भावना दिखाई दे रही थी। लगता यही था कि अंग्रेजों से छुटकारा पाने के बाद सामन्तों, जमींदारों और बुर्जुवाओं के नागफाँस से पूरा समाज निकल आएगा। यह प्रक्रिया भी आरम्भ हुई। राज्यों का विलयन भारत-संघ में बड़ी तत्परता से किया गया। सामन्ती शिकंजों से जन-सामान्य धीरे-धीरे उबरता हुआ दिखाई दिया। जमींदारियों के अन्त की घोषणा हुई और जमींदारियों के टूटने से किसान ने राहत की साँस ली। पर अब आजादी के बीस बरस पूरे होते-होते यह स्पष्ट नजर आने लगा कि इस सारे ढाँचे को तोड़कर प्रजातंत्रात्मक ढंग से इस सम्पदा को वितरित करने की जो बात सामने रखी गई थी, वह कितनी खोखली और झूठी थी!

आजादी के बाद केन्द्रीय स्तर पर हमें वह सरकार मिली, जिसने जनता के नाम पर शासन की बागडोर सँभाली, पर जो केन्द्रीय सत्ता के मूल उत्पादक स्रोतों को अपने हाथ में नहीं रख पाई।

केन्द्रीय स्तर पर राष्ट्र-शक्ति का वितरण तीन वर्गों में हो गया--

1. जो जनता के नाम पर राजनीतिक नेताओं के रूप में आए थे।

2. वे, जो नौकरशाही के सशक्त अवशेष थे और केन्द्रीय स्रोतों पर अधिकार जमाए बैठे थे--जो सरकार 'चलाने' की मशीन थे।

3. वे, जो नई सरकार द्वारा पैदा किए गए पदों के खरीदार थे--यानी बड़ा किसान, ठेकेदार, क्षेत्रीय नेता और व्यापारी वर्ग--जो शहरों, गाँवों और कस्बों में कांग्रेसी सरकार द्वारा जनता के नाम पर स्थापित 'स्थानों' या 'पदों' को अपने पैसे के बल पर खरीद सकता था, या राजनीतिक पार्टियों के पैसे के बल पर उन पदों को प्राप्त कर सकता था।

केन्द्रीय स्तर पर इस प्रक्रिया ने जन्म लिया और तहसीलों, गाँवों के स्तर पर राष्ट्र-शक्ति का वितरण चार हिस्सों में हुआ--

1. गाँव चौकीदार, पटवारी, लम्बरदार, गिरदावर, तहसीलदार और सर्किल एस.डी.ओ.

2. सरपंच, पंच, क्लर्क, चपरासी, न्यायपंच, मजिस्ट्रेट

3. जमादार, चौकीदार, सिपाही, थानेदार, एस.पी.

4. प्रधान, ग्राम-सेवक, बी.डी.ओ., ओवरसियर, सहायक कलक्टर और कलक्टर।

धरती, धन, शक्ति और सम्पदा (चाहे वह कितनी भी कम रही हो) का वितरण इन्हीं सात धाराओं में हुआ, जिनमें से जनता के नाम पर विशिष्ट और ईमानदार जनसेवक नेता केन्द्रीय सरकार के प्रमुख बने—जमींदार वर्ग क्षेत्रीय नेताओं में तब्दील हो गया, जो बिक्री के लिए तैयार पदों का खरीदार था। पहले यही पद रक्त और वंश की विशुद्धता के नाम पर प्राप्त होते थे, अब ये पद टोपी और खादी के बल पर प्राप्त होने लगे। और यह एक विचारणीय बात है कि क्षेत्रीय छुटभइए नेताओं का यह वर्ग नए बुर्जुवा वर्ग में बहुत जल्दी तब्दील हो गया। इसी में वह व्यापारी वर्ग भी आ मिला, जो सदियों से सामाजिक प्रतिष्ठा के लिए तड़प रहा था, क्योंकि आजादी से पहले तक सामाजिक प्रतिष्ठा और गरिमा उसे ही प्राप्त थी जो रक्त और वंश से शुद्ध था तथा जिसके पास धरती थी (राज्य, जायदाद, जमींदारी आदि)। वह वर्ग, जो अन्य स्त्रोतों से धन कमाता था, प्रतिष्ठा का हकदार नहीं था, क्योंकि भारतीय मानसिकता और आध्यात्मिकता उसे प्रतिष्ठा का कार्य नहीं समझती थी।

वास्तविक सामन्तों और जमींदारों के उन्मूलन से समाज में एक शून्य पैदा हुआ। वह शून्य था 'प्रतिष्ठित व्यक्तियों' के न होने का। किसी भी समाज में जब तक भारी उथल-पुथल के साथ क्रान्ति नहीं होती, तब तक पुराने मूल्य और मान्यताएँ मृत नहीं होतीं; इसीलिए सामन्तवाद और जमींदारियाँ तो समाप्त हुईं, पर वे मान्यताएँ पूरी तरह मृत नहीं हुईं—यानी 'प्रतिष्ठित व्यक्तियों' की अनुपस्थिति को सहज ही स्वीकार नहीं किया गया...जनमानस से गुलामी की वे तस्वीरें नहीं मिलीं और जब तक राज्य-व्यवस्था उन्हें पूरी तरह मिटाने की कोशिश करती तब तक उस शून्य को नए उभरे दो वर्गों ने भर दिया, जो आजादी के बाद एकाएक महत्त्वपूर्ण हो गए थे—सामन्तों की कमी पूरी की अंग्रेज और अंग्रेजीपरस्त नौकरशाह अफसरों ने, और जमींदारों की कमी पूरी की उस तीसरे वर्ग ने, जिसे राजनीति ने पैदा किया था—यानी, क्षेत्रीय नेताओं का वर्ग।

स्वतंत्रता से जो शक्ति के स्त्रोत फूटे, उन पर मुख्य रूप से इन्हीं दो वर्गों का अधिकार हो गया। केन्द्रीय स्तर पर अंग्रेजीपरस्त नौकरशाह अफसर-सामन्तों ने अधिकार जमाया और जिलों-तहसीलों-गाँवों के स्तर पर क्षेत्रीय नेताओं का बोलबाला हुआ और उन्होंने आजादी के स्त्रोतों पर अपनी मशकों के मुँह लगा दिए।

केन्द्रीय स्तर पर अफसर-सामन्तों ने समाजवाद की नीतियों को अपने दृष्टिकोण

से कानूनी जामा पहनाया और सर्वसत्तासम्पन्न भारतीय संसद में लिये गए फैसलों को अपने अर्थ दिए। कार्यक्रम में वे फैसले जब अमल में लाए गए तो उनका स्वरूप ही बदल गया। जो फैसले संसद में जन–सामान्य के हितों के लिये गए, वे नीचे धरती तक आते–आते जन–विरोधी हो गए। अन्तर्राष्ट्रीय क्षेत्र में यही नए भारतीय सामन्त देश की आकांक्षाओं के प्रतिनिधि बन गए। भारतीय दूतावासों, वाणिज्य–केन्द्रों, सांस्कृतिक प्रतिनिधिमंडलों, वैज्ञानिक कांग्रेसों, शान्ति–सभाओं, गोलमेज परिषदों, सीमा–विवाद कॉन्फ्रेंसों आदि सभी अन्तर्राष्ट्रीय विचार–विमर्शों में 'नेता' के पीछे–पीछे निर्णय की असली ताकत रखनेवाला यही नया सामन्त वर्ग रहा जो सलाहकार के रूप में उपस्थित रहता या बाद में उन फैसलों को व्यावहारिक शक्ल प्रदान करता रहा।

शहर–जिला–तहसील–गाँव के स्तर पर क्षेत्रीय नेताओं का जो बुर्जुवा नया वर्ग पैदा हुआ, उसने आजादी के स्रोतों को चूसना आरम्भ किया। असली आजादी इसी वर्ग को प्राप्त हुई...एकाएक यह वर्ग जोंकों की तरह फूलने लगा, जिले और तहसील के स्तर पर यह वर्ग ही सर्वशक्तिमान बन गया—कलक्टर और एस.पी. उसके चाकर बन गए, पुलिस उसके इशारे पर सही–गलत इल्जाम लगाने लगी, विकास–अधिकारी उसकी राय पर चलने लगे और व्यापार के स्रोतों पर इस वर्ग ने अपने रिश्तेदारों–भाईबन्दों के माध्यम से एकाधिकार जमाना शुरू किया।

यह सही है कि आजादी के बाद से कुछ विकास भी हुआ है। खेती–बारी के साधनों में सुधार हुआ है, व्यापार के जरिए बढ़े हैं, नई–नई चीजों के उत्पादन शुरू हुए हैं...नए काम–धन्धे चालू हुए हैं...और थोड़ी–बहुत नई आर्थिक शक्ति भी उत्पन्न हुई है पर समाज में जो यह क्षेत्रीय नेता वर्ग पैदा हुआ है, इसने उस उत्पादित आर्थिक शक्ति को अपने लिए सुरक्षित रखने के तरीखे अपनाए।...इस वर्ग ने छोटे व्यापारी पूँजीपति–वर्ग को भी अपने साथ मिला लिया।

यह आकस्मिक नहीं है कि आज देश में व्यापारी वर्ग इस क्षेत्रीय नेता वर्ग का हमप्याला–हमनिवाला बना हुआ है। हर शहर और कस्बे में जो सामाजिक वर्गीकरण हुआ है उसमें यह क्षेत्रीय नेता वर्ग आज के व्यापारी वर्ग के साथ ही उठता–बैठता और सामाजिक सम्बन्ध रखता है।

इन उन्नीस–बीस वर्षों में व्यापारी वर्ग तथा इस नेता वर्ग का प्रभुत्व बढ़ता ही गया है। खेती–बारी के लिए खाद या बीजों के वितरण पर इस क्षेत्रीय नेता वर्ग का प्रभाव हावी रहा, निर्माण–योजनाओं में अगर कहीं औषधालय भी खुला, तो इसी वर्ग की नई बनी कोठी में उसे स्थापित किया गया। पेड़ लगाए गए तो उस बंजर जमीन पर जिस पर इस नेता वर्ग का कब्जा था। बिजली यदि पहुँची तो शहर में सबसे पहले बिजली की फिटिंग और सामान की बिक्री का लाइसेंस इसी वर्ग के आदमी को मिला। कोई सरकारी दफ्तर बना या कोई बड़ी इमारत बननी शुरू हुई,

तो ईंटें बनाने का भट्ठा खोलने का लाइसेंस इसी वर्ग के आदमी या उसके द्वारा घोषित व्यक्ति को मिला—यानी आजादी द्वारा प्राप्त होनेवाली छोटी-से-छोटी सुविधाएँ भी इसी क्षेत्रीय नेता वर्ग के लिए उपलब्ध हुईं। देश में चाहे मिट्टी के तेल की कमी रही हो या चीनी या गेहूँ या चावल की—पर इस वर्ग को कभी दिक्कत में नहीं देखा गया। इस वर्ग का आदमी हर जगह और हर सुबह उसी शान-शौकत से कफन की तरह सफेद खादी पहने और तेल चुपड़े हुए ही घर से बाहर निकलता है। वह राशनकार्ड बनानेवाली कमेटी का मेम्बर होता है या चेयरमैन। राशन की दुकानें तय करने और खुलवाने का अधिकारी होता है...कहने का मतलब यह कि आजादी के सारे लाभ वही उठाता है।

'आजादी' एक उलझा हुआ और काफी अमूर्त-सा शब्द है। केवल 'अपनी राजनीति' से 'अपने द्वारा' और 'अपने लिए' काम कर सकने का वातावरण-भर आज़ादी नहीं है। मगर फिलहाल अर्थ की और उलझनों में न पड़ा जाए और 'प्रजातंत्रात्मक समाजवाद' में आजादी के लक्षण की पहली शर्त को समझने की कोशिश की जाए, तो वह शर्त है—समता। अर्थात् अवसर की समानता ही नहीं, बल्कि राष्ट्रीय सम्पदा के वितरण की समता। समाजवादी लक्ष्य को सामने रखनेवाली सरकार, जो कुछ उत्पादित होता है, उसके लाभ का वितरण समभाव से करती है। परन्तु हमारे यहाँ ऐसा नहीं हो सका। सम्पदा का उत्पादन न हुआ हो, ऐसा नहीं है, पर उस सम्पदा पर कब्जा जमानेवाला एक ऐसा नेता वर्ग भी तब तक पैदा हो गया था, जिसने उस सारी राष्ट्रीय आय का 85 प्रतिशत सोख लिया।

स्वयं कांग्रेसी सरकार ने जब विशुद्ध सामन्तों और जमींदारों के गढ़ नेस्तनाबूद किए, तो जो नई समाज-रचना होनी चाहिए थी, वह नहीं हो पाई, क्योंकि केन्द्र में अंग्रेज और अंग्रेजीपरस्त वर्ग हावी हो गया और अन्य क्षेत्रों में वही नेता वर्ग जम गया। जो कुछ तोड़ा गया था, उसके स्थान पर वे 'पद' पैदा हुए जो बिक्री के लिए थे और साथ ही सामाजिक प्रतिष्ठा के प्रमाण-पत्र भी थे।

देश में 'सार्वजनिक पदों' की बिक्री शुरू हुई और इस तरह राज्य पर दोहरा असर पड़ा। अपनी शक्ति को संचित रखने के लिए कांग्रेस ने इन पदों को बार-बार बेचने का अधिकार अपने पास रखा, ताकि वह अपनी स्थिति को हमेशा मजबूत रख सके, साथ ही जो पदों को खरीद सकते थे, वे अपने कार्यकाल में ही पूरा लाभ इकट्ठा कर लेना चाहते थे, क्योंकि भविष्य के बारे में वे निश्चिन्त नहीं थे। जो कुछ कांग्रेस ने किया, कोई भी राजनीतिक पार्टी अपनी स्थिति की मजबूती के लिए वही करती; परन्तु समझदार पार्टी ऐसे लोगों को अबाध अधिकार नहीं देती। इन अबाध अधिकारों को प्राप्त कर देश में उस बुर्जुवा वर्ग का उदय हुआ, जिसमें छोटे व्यापारी, पूँजीपति और क्षेत्रीय नेता शामिल हुए।

सहज ही इस बुर्जुवा वर्ग की पूरी ताकत स्थितियों को 'जैसा का तैसा' रखने में लगी और विकास के हर कार्य को, यदि वह उनके प्रभाव-क्षेत्र के भीतर नहीं था, उन्होंने सहयोग नहीं दिया। केन्द्र से प्रचारित हर कार्यक्रम को उन्होंने अपने स्वार्थों की दृष्टि से देखा। इस बुर्जुवा वर्ग की नई जमींदारियाँ कायम होती गईं, उद्योग-धन्धों में हिस्से बढ़ते गए...इस वर्ग ने भी अपने स्वार्थों के लिए तथा अपनी स्थिति मजबूत रखने के लिए अपनी 'जाति' का सहारा लिया और देश में भयंकर जातिवाद का रोग फैल गया। यह रोग चूँकि नीचे से फैला था, इसलिए इसने पूरे देश को अपनी लपेट में ले लिया और महान लक्ष्यों को सामने रखनेवाली राजनीतिक पार्टियों को भी इसके सामने घुटने टेकने पड़े।

चुंगियों, जिला परिषदों, राज्य विधानमंडल से लेकर केन्द्रीय संसद तक बिक्री वाले पदों का ताँता लग गया—यह उस वर्ग के लिए अतिशय लाभदायक था, जो केन्द्र में हावी हो गया था। केन्द्र में जमे हुए अंग्रेज और अंग्रेजीपरस्त सामन्त ऐसे लोगों के बल पर ही अपनी वास्तविक सत्ता कायम रख सकते थे, अत: उन्होंने 'प्रजातंत्र' को ही अपना नारा बनाया, समाजवाद से उनका कोई लेन-देन नहीं था। प्रजातंत्र की प्रणाली से जो वर्ग प्रमुखता पा रहा है, वह अपने क्षुद्र स्वार्थों में लिप्त है और उनका जागरूक न होना इस केन्द्रीय सामन्तवादी वर्ग के लिए श्रेयस्कर है और आगे भी बना रहेगा।

चूँकि म्यूनिसिपैलिटियों के सदस्यों के पद भी 'बिकने' लगे, इसलिए स्थानीय सरकारों में भी नागरिकों या जनता की कोई आवाज नहीं रह गई।

तहसीलों के स्तर पर म्यूनिसिपैलिटियों ने पिछले वर्षों में अन्धाधुन्ध चुंगी (कर) बढ़ाई, जिससे कस्बों में जनता की दैनिक जरूरतों की चीजों के दाम बेतहाशा बढ़ गए। बेईमान ठेकेदारों, क्षेत्रीय नेताओं, पैसे वालों और तथाकथित सार्वजनिक कार्यकर्ताओं के गिरोह सरकारी कामकाजी व्यवस्था के चारों ओर कुंडली मारकर बैठ गए और उन्होंने मिल-जुलकर सामुदायिक सम्पदा को खाना-उड़ाना शुरू किया। आज पूरे देश की 95 प्रतिशत म्यूनिसिपैलिटियाँ या तो धन-कोषों में खाली हैं या भयंकर आर्थिक संकट में फँसी हुई हैं।

प्रजातंत्र की सबसे निचली इकाई के अर्थतंत्र का यह हाल है और इस दृष्टि से पूरे देश की 'आर्थिक संस्कृति' का जायजा लेना कठिन नहीं रह जाता।

प्रजातंत्र में आर्थिक वितरण, उत्पादन, नियमन आदि के अपने संस्कार होते हैं—यानी देश एक आर्थिक संस्कृति की उद्‌भावना करता है। आजादी के बीस बरस बाद भी देश में इस आर्थिक संस्कृति का एक भी उद्‌भावना-चिह्न मौजूद नहीं है। यदि उसका कोई रूप है तो यही कि जिन वर्गों ने इस आर्थिक संस्कृति को दूषित कर अपने स्वार्थों की हित-साधना की है, वे ही सामाजिक रूप से भी शक्तिशाली हुए हैं। वे जनता का 'दिल, दिमाग और आवाज' बन गए हैं।

जितने बड़े पैमाने पर यह लूट आजादी के बाद हुई है, उतनी तो उन आक्रमणकारियों के जमाने में भी नहीं हुई थी, जिन्हें हमने इतिहास में टाँग रखा है।

यानी शक्ति, सम्पदा और प्रतिष्ठा—ये तीनों ही उन तीन वर्गों में वितरित हो गईं। पहला अंग्रेजीपरस्त नया सामन्त वर्ग, दूसरा उखड़े जमींदारों का नया बुर्जुवा वर्ग और तीसरा क्षेत्रीय नेताओं और छोटे व्यापारियों का वर्ग।

और देश दो तरह से सोचनेवालों में विभाजित हो गया—एक तो हैं वे जो समझते हैं कि यह प्रजातंत्र महज एक मजाक है और वे अन्धकार में घिर गए हैं; दूसरे हैं वे जो समझाते हैं कि नहीं, देश प्रगति के पथ पर है और चारों तरफ से रोशनी फूटने ही वाली है। बहुसंख्यक हैं वे जो अपने को इस महाभँवर में फँसा पा रहे हैं, और अल्पसंख्यक हैं वे जो अपने स्वार्थों के लिए किसी तरह की असन्तोष की स्थिति पैदा नहीं होने देना चाहते।

यह बड़ा भयानक दृश्य है...आपा-धापी, लूट-खसोट और विकराल अराजकता का दृश्य! इतिहास में पहली बार शायद इतना विकराल दृश्य उपस्थित हुआ हो।

और इस परिदृश्य तथा परिवेश से उपजी है आज की मानसिकता। 45 करोड़ की आबादी में 44 करोड़ अभिशप्त हैं और 1 करोड़ मदमस्त। इस दारुण विघटन की स्थिति में हमारी नई संस्कृति जन्म ले रही है।

जनमानस अवसन्न है। हर व्यक्ति भीतर-ही-भीतर गहन असन्तोप से क्षुब्ध है और अगर बहुत साफ शब्दों में कहना गुनाह न माना जाए तो वह अपने इस नए आजाद देश को घृणा करता है, जिसकी उम्र अभी कुल बीस साल है। भौगोलिक रूप से यदि यह देश इतना विशाल न होता तो अब तक यहाँ सशस्त्र क्रान्ति हो चुकी होती। क्रान्ति से ऐन पहले के फ्रांस में इससे ज्यादा बदतर स्थितियाँ नहीं थीं। और क्रान्ति सिर्फ इसलिए रुकी हुई है कि केन्द्र और क्षेत्रीय स्तर पर कोई ऐसा सशक्त विरोधी नेतृत्व नहीं है जो सिर्फ आवाज दे सके...क्योंकि वर्तमान शासन अब महज एक ताश का महल है—इसे बचाने के लिए वे संस्थाएँ भी तैयार नहीं होंगी, जिनके कन्धों पर उसने अपना सिंहासन टिका रखा है।

क्रान्तिकारी विचारों के अभाव ने भी पूरे देश को पस्त-हिम्मत कर रखा है। यह अभाव इसलिए भी है कि सन् '47 से ही बहुत बड़े पैमाने पर यह झूठ विज्ञापित किया गया कि क्रान्ति हमने कर ली है...आजादी और क्रान्ति कतई अलग दो स्थितियाँ हैं, जो एक-दूसरे की पूरक हैं। आधुनिक युग में जब से उपनिवेशवाद का विघटन शुरू हुआ है, आजादी के साथ क्रान्ति का जुड़ा होना पहले युगों की तरह आवश्यक नहीं रह गया है। पर हम उसी भ्रम में रह रहे हैं कि आजादी मिली है तो क्रान्ति भी हो ही चुकी है।

इस क्रान्ति को मौजूद शासन ने रोक रखा है जिसने समाजवाद जैसे शक्ति-सम्पन्न और आशावादी शब्द को भी निरर्थक कर दिया है। इस लम्बे समाज-

शास्त्रीय अध्ययन में जाने की जरूरत इसलिए भी थी कि आज की कहानी का अध्ययन सौन्दर्य-शास्त्रीय दृष्टि से उतना नहीं किया जा सकता, जितना समाज-शास्त्रीय दृष्टि से। इसीलिए यहाँ समाज के विभिन्न स्तरों पर घटित हो रहे प्रसंगों और उनके परिणामों पर ही ध्यान दिया गया है।

ऐसी स्थिति में गाँव-समाज का आदमी ज्यादा चौकन्ना हो गया है। जिनके पास धरती है, वे सम्पन्न हुए हैं, पर मजदूर अब और भी ज्यादा तकलीफ में हैं। ब्रिटिश शासनकाल की तरह ही, वहाँ की शासकीय मशीन के पुर्जे वही हैं। नए शासन ने जमींदार को हटाकर बी.डी.ओ. को वह जगह सौंप दी है, जो शासन कार्यक्रमों को ग्रामों तक पहुँचाने की बजाय अपनी सुख-सुविधा के लिए वहाँ जम गया है। ग्राम-सेवक बदमाश और पटवारी बेईमान है...ओवरसियर रिश्वत खानेवाले लोग हैं और न्याय-पंचायतों का पंच जातिवाद के कीड़े पैदा करनेवाली सड़ती हुई लाश है।

इस पूरे नागफाँस ने गाँवों की मानसिकता को बिलकुल बदल दिया है। गाँव का समाज इकाई में परिवर्तित होने की जगह बुरी तरह से विघटित हो गया है। वहाँ की जिन्दगी में बेईमानी, झूठ, अतिशय चतुराई और फरेब घुस गया है और पुराना गाँव खंडित होकर कई-कई टुकड़ों में बँटा हुआ है। क्षेत्रीय नेताओं से साँठ-गाँठ करके ग्राम-नेता मनमानी करता है और चुनावों के वक्त पूरा गाँव दुश्मनों के अखाड़े में बदल जाता है। चुनाव के समय गाँव का बालिग बिक्री के लिए तैयार होता है और अपनी बिक्री की कीमत वह पैसे में नहीं, अधिकारों के रूप में माँगता है...ग्राम-सम्पत्ति पर अधिक-से-अधिक अधिकार! वहाँ का सामुदायिक जीवन बिलकुल समाप्त हो चुका है—सांस्कृतिक मेले और त्योहार आर्थिक बाजारों और मुर्दा आयोजनों में बदल चुके हैं।

और सबसे ऊपर, ग्रामीण व्यक्ति बेहद सन्देहशील हो चुका है। किसी भी संस्था या व्यक्ति पर उसका विश्वास नहीं रह गया है। वहाँ भयंकर अविश्वास और सन्देह का वातावरण है।

कस्बे के स्तर पर क्षेत्रीय नेता सबसे ज्यादा क्रियाशील है। कस्बों का सबसे प्रतिष्ठित और शक्ति-सम्पन्न वर्ग वही है, जिसने व्यापारी वर्ग से साँठ-गाँठ कर रखी है और म्यूनिसिपैलिटियों पर कब्जा जमा रखा है। क्षेत्रीय नेताओं का यह वर्ग लुटेरों के रूप में देखा जाता है, जो अब निहायत बेशर्म हो गया है। शक्ति और प्रतिष्ठा प्राप्त कर यह वर्ग राजनीतिक गुंडों के रूप में स्थापित है, जिसके आतंक के नीचे जनता पिस रही है, क्योंकि इस वर्ग का सीधा सम्बन्ध पुलिस और शासन से है...क्षेत्रीय नेता किसी भी साधारण जन को कत्ल, डकैती, राहजनी जैसे मामलों में फँसवा सकता है—यानी कि वह किसी को भी अपमानित कर सकता है। कस्बे के आर्थिक स्रोतों

पर वह म्यूनिसिपैलिटी के जरिए हावी है और प्रत्यक्ष या अप्रत्यक्ष रूप से वही सारी अर्थव्यवस्था का नियमन करता है।

कस्बों या तहसीलों और जिलों के स्तर पर जो सोचने-समझनेवाला वर्ग माना जाता है यानी जो वहाँ का बौद्धिक वर्ग है, वह मुख्तारों, छोटे वकीलों और अध्यापकों का है। मुख्तार तो अब खत्म ही हो गए हैं, क्योंकि तहसीलों में मुकदमे अब बहुत कम पहुँचते हैं—गाँवों के मुकदमों का रास्ता दूसरा हो गया है। वकील वर्ग चूँकि थोड़ा सुविधाभोगी रहा है, अतः वह सुव्यवस्थित जिन्दगी जीने का आदी हो गया है। वह सार्वजनिक हित के कामों में दिलचस्पी नहीं लेता या क्षेत्रीय नेताओं के अत्याचारों के खिलाफ सर नहीं उठाता...जिलों-तहसीलों के स्तर पर यह वकील वर्ग आज सिर्फ व्यवस्थित जीवन की तलाश में निमग्न है...एक सर्वेक्षण के आधार पर जिला स्तर पर वकील और व्यापारी वर्ग ही थोड़ी स्थिरता महसूस करता है और उसमें सन्तानोत्पत्ति का रेट सबसे ज्यादा है। वकील विभिन्न राजनीतिक पार्टियों से जुड़े हुए हैं, इसलिए इनकी अपनी चिन्तन-प्रक्रिया समाप्त हो चुकी है। अध्यापक वर्ग गहन असन्तोष और असुरक्षा में जी रहा है और आर्थिक दबाव से पीड़ित है क्योंकि यह सब तरह के उत्पादन के स्रोतों से कटा हुआ है। जिला स्तर पर यही एकमात्र वर्ग है जो थोड़ा बौद्धिक है, पर पढ़ाई का कोई विशेष स्तर प्राप्त न कर पाने के कारण बहुत ज्यादा परम्परावादी और रूढ़िग्रस्त है। कस्बों और जिलों का व्यक्ति बेहद निराश और अन्धे भविष्य को लेकर जी रहा है। वह हताश है और अब उसे किसी पर ही नहीं, स्वयं अपने पर आस्था नहीं रह गई है।

प्रान्तीय और केन्द्रीय स्तर पर भयानक बदहवासी और अराजकता है। यहाँ का बौद्धिक वर्ग क्षुब्ध है...देश के किसी भी राष्ट्रीय कार्यक्रम के साथ उसकी मानसिक संगति नहीं है। तमाम विकास-योजनाओं और अन्य प्रोग्रामों में उसकी कोई सहमति नहीं है। विश्वविद्यालयों, कॉलेजों और संस्थाओं में रहकर या जीनेवाला बौद्धिक वर्ग खुली आँखों से प्रजातंत्र का यह नंगा नाच देख रहा है। राजनीतिक घोषणाओं का नतीजा उसके सामने है और हर जगह उसके चिन्तनशील मस्तिष्क पर चेयरमैन, सलाहकार, अनुदान बोर्ड का सभापति, सार्वजनिक कार्यक्रमों का संयोजक आदि के रूप में अधकचरा और असंस्कृत राजनीतिज्ञ जड़ दिया गया है। शिक्षा, संस्कृति, कला, साहित्य, नृत्य, नाट्य और बौद्धिक विचार-विमर्शों की सब संस्थाओं का विधानगत संयोजन राजनीतिक सत्ता के निर्देश पर ही आधारित है। राष्ट्रीय क्षितिज पर उठनेवाले सवालों को हल करने या उनमें सम्मिलित होने का कोई रास्ता उसके पास नहीं है, इसलिए वह वर्ग उन प्रश्नों और समस्याओं के प्रति भी उदासीन होकर मात्र तटस्थ दर्शक रह गया है। राष्ट्रीय जीवन की मूलधारा से उसका कोई जीवन्त सम्पर्क नहीं रह गया है और राजनीति से वह घृणा करने की हद तक पार कर चुका

है। चारों तरफ चाटुकारिता, भाई-भतीजावाद, रिश्वतखोरी, कालाबाजार, विसंगति और भीड़ है, जिसमें उसका अपना अस्तित्व नगण्य हो गया है और उसकी मुद्रा है कि 'कुछ भी करने से कुछ भी नहीं हो सकता।'

शक्तिशाली विरोधी पार्टियाँ अपने हिसाब चुका रही हैं और भयंकर विघटनवाद की शिकार हैं—किसी राजनीतिक पार्टी के पास कोई रचनात्मक काम नहीं है और न भविष्य का कोई नक्शा। जो राजनीतिक पार्टियाँ संगठित हैं, वे प्रतिक्रियावादी विचारों की पोषक हैं। प्रगतिशील पार्टियाँ बुरी तरह से विशृंखलित हैं। अपने अस्तित्व के लिए वे जनसामान्य की नहीं, सत्तारूढ़ दल की मुखापेक्षी हो गई हैं। विचार-स्वातंत्र्य के नाम पर जो अखबार या अन्य सार्वजनिक साधन हैं, वे ज्यादातर सत्तारूढ़ शासकीय दल की कृपा के मोहताज हैं। व्यापक रूप से सार्वजनिक क्षेत्र में कोई शक्ति उत्पन्न नहीं हुई है...प्रजातंत्र के बावजूद कोई जनतंत्रात्मक संस्था ऐसी नहीं है जो सही वक्त पर सही बात कह पाए। राष्ट्रीय संकट के समय सारा प्रेस सरकार के अधीन हो जाता है या उसे सरकारी स्रोतों पर ही निर्भर होना पड़ता है और तब केन्द्र में बैठा अंग्रेजीपरस्त सामन्त वर्ग देश का संचालन करता है।

अंग्रेजीपरस्त सामन्त वर्ग ने अपना एक अलग भारत बना रखा है, जिसकी अपनी गृह एवं विदेश नीतियाँ हैं। सच बात तो यह है कि भारत के अन्दर इस एक और भारत की उपस्थिति ने सर्वनाश के बीज बोए हैं और इस दूसरे भारत ने ही असली भारत को गुलाम बना रखा है। इसकी दुर्नीतियों से अपमान और नुकसान असली भारत को उठाना पड़ रहा है।

राष्ट्रीय और अन्तर्राष्ट्रीय स्तर पर इसीलिए असली भारत की आकांक्षाओं और स्वप्नों का कोई स्वरूप नहीं उभर सका है। वह दूसरा भारत ही आज क्रियाशील है। इसीलिए भारत की अपनी मौलिक प्रतिभा, आधारभूत वाणी, प्रामाणिक प्रेरणा और वास्तविक छवि अवसन्न और मूर्च्छित पड़ी है—क्योंकि उस दूसरे भारत ने अपने पोषण के लिए असली भारत की रक्त-नलिकाओं पर अपने लिए ट्यूब लगा रखे हैं, जिससे जीवनदायी रक्त चूसा जा रहा है।

इससे भी ज्यादा विषम स्थिति यह है कि असली भारत भी दो भागों में विभक्त है। एक भाग वह है जो सिर्फ सोच-विचार रहा है और दूसरा भाग वह है जो सिर्फ काम कर रहा है और इन दोनों भागों को जोड़नेवाला कोई सेतु नहीं है।

और ऊपर से है भीड़! आदमी और आदमी और आदमी के ऊपर आदमी! घरों के भीतर धँसे हुए घर! आदमी के भीतर घुसा हुआ दूसरा आदमी। सार्वजनिक सड़कों पर प्रक्षेपित मकानों के कोने और चबूतरे। बिजली के खम्भों के सहारे उगी हुई कोठरियाँ...बिजली के तारों और टेलीफोन वायरों पर उलझे हुए बारजे...फुटपाथों

पर कुत्तों के साथ सोनेवाले अभिशप्त जन! बाढ़ से भरी गन्दी बस्तियों के दलदलों में बच्चे जनती हुई माँएँ...गलियों के कोनों पर पड़े गन्दे खून से लथपथ मासिक धर्म के चिथड़े और हर गली, कोने, अँतरे, कमरे में प्रतिष्ठित पुरुष-लिंग!

हर सुबह शिकायतें लेकर उठनेवाला आदमी और हर शाम समझौता करके सोनेवाला वही आदमी!

अगर ईमानदारी और जिम्मेदारी से देखा जाए, तो क्या यही वह आदमी नहीं है जो मैं, आप और वह है? यानी असली भारत का आदमी जिसके चारों ओर अतिपरिचय भरा हुआ है, जो भीड़ में फँसा हुआ है, जो असंगतियों का शिकार है, जो अपने पूरे सही या गलत अस्तित्व के साथ फालतू हो गया है? क्योंकि उसके आस-पास की आधारभूत संस्थाएँ बेमानी हो गई हैं...परिवार टूट गया है, सुबह-शाम खुलनेवाला गली का पुस्तकालय पुरानी किताबों से भरा है, बाजारों में जेब कतरनेवाले दुकानदार और सौदागर हैं, पड़ोस में रहनेवाला रिश्वतखोर ओवरसियर है, गली के नुक्कड़ का दुकानदार कालाबाजारी है। अस्पताल का डॉक्टर घर पर बुलाकर ही सही इलाज करता है। परिचित गाँव में जन्मा थानेदार अब आपके ही शहर में शराब और जुओं के अड्डों से अपना पैसा वसूलने रोज शाम को जाता है। हर रोज म्यूनिसिपैलिटियों से तरह-तरह के टैक्सों के नोटिस आपके पास आ रहे हैं...लड़कों के स्कूलों में स्ट्राइक हो रहे हैं। पुलिस गोली चला रही है और विदेशी आक्रमण के वक्त आपके अपने बनाए पुल और सड़कें टूट गई हैं। बाँधों की विशाल दीवारें धसक गई हैं और आपका पुराना पड़ोसी वह ईमानदार खजांची कहीं दूसरे शहर में गबन के मामले में गिरफ्तार हुआ है। आपकी अपनी लड़की आत्महत्या की धमकियाँ दे रही है और बड़ा लड़का कुसंग में पड़कर जिन्दगी चौपट कर रहा है।

पड़ोसवाले कर्जा लेकर अपनी लड़की की शादी कर रहे हैं और चौथे घर में क्वारी लड़की का हमल गिराया जा रहा है। पीछेवाले मकान में चोर-बाजारी का सामान भरा हुआ है और दसवें घर में भागकर आई हुई लड़की टिकी हुई है।

यह अतिपरिचय इस हद तक विद्यमान है कि हम एक-दूसरे की सात पीढ़ियों को जानते हैं, किसके घर में क्या हो रहा है, इसका एहसास हमें है। नैतिक रूप से हम इतने भीरु हैं कि दूसरे के बारे में अधिक-से-अधिक जानकारी रखना या कच्चा चिट्ठा रखना हमारा चरित्र बन गया है, क्योंकि दूसरे का कच्चा चिट्ठा रखना ही हमें उससे बेहतर और नैतिक रूप से ज्यादा सही आदमी साबित करने का जरिया बन गया है। हम एक-दूसरे की जिन्दगी में इतना ज्यादा प्रत्यक्ष या अप्रत्यक्ष रूप से धँसे हुए हैं कि किसी की जिन्दगी नितान्त अपनी या वैयक्तिक नहीं रह गई है। हम दूसरे के बारे में वह सब भी 'जानते' होते हैं जो स्वयं दूसरा अपने बारे में नहीं जानता। हम अभिशप्त हैं अतिपरिचित होने के लिए। इसीलिए हमारे

देश की मानसिकता इस अपरिचय से ऊबी हुई है और इस अतिशय ऊब का परिणाम है—अपरिचय की ऐच्छिक मनोदशा। इसलिए हमारा अपरिचय इस अतिपरिचय की देन है—यह भारतीय अपरिचय की स्थिति अजनबीपन और निर्वासित व्यक्ति की मनोदशा का प्रतिफलन नहीं है।

पश्चिम का यह जो अजनबीपन कहीं-कहीं कुछेक तथाकथित कहानीकारों पर हावी हो गया है, वह एकदम पराया है, वह हमारी परिस्थितियों की उपज नहीं है। किताबी निष्कर्षों से जो जिन्दगी को देखते हैं, वे नकली और बनावटी बातें ही कर सकते हैं। पश्चिम के लिए अजनबीपन की स्थिति इसलिए सही है कि वहाँ के देशों ने दो-दो विश्वयुद्धों की भयंकर बरबादी देखी है। वहाँ हर घर में मृत्यु ने सम्बन्धों की श्रृंखला खंडित की है। भयानक नरसंहार के बाद जो बचे हैं, उनके बीच में से सहसा ही बहुत से लोग उठ गए हैं। वहाँ एक और दूसरे व्यक्ति के बीच पचास, दूसरे और तीसरे व्यक्ति के बीच सत्तर, तीसरे और चौथे व्यक्ति के बीच युद्ध में मरे चालीस आदमियों का शून्य है...और यह शून्य, जो वहाँ की युद्धोत्तर जिन्दगी का भयावह यथार्थ है, उस अजनबीपन को जन्म देता है, जिसकी बात वहाँ का लेखक करता है। जो कुछ उनके सन्दर्भ में सही है, वही हमारे सन्दर्भ में सही हो, यह आवश्यक नहीं है। क्या बात है कि अमरीका में बीट पीढ़ी जन्म लेती है और इंग्लैंड में क्रुद्ध युवकों की बात उठती है। अमरीका की बीट पीढ़ी अजनबीपन की नहीं, भौतिक सम्पन्नता के बीच निरर्थकता की अनुभूति से अभिशप्त है, इसीलिए उसका स्वर अस्वीकार का है, जबकि यूरोप का वास्तविक युद्ध-स्थल अजनबीपन से ग्रस्त है और अस्तित्व की सत्ता की घोषणा ही उसका स्वर है। क्यों अमरीका में अस्तित्ववादी दर्शन की गूँज नहीं है? और क्यों युद्ध से ध्वस्त मध्य यूरोप में वह अमरीकी अस्वीकार नहीं दिखाई पड़ता? क्यों सारी निरर्थकता और नियतिवाद के बाद भी सार्त्र के अस्तित्ववादी दर्शन का मूलभूत आधार अभिशप्त जीवन का पॉजिटिव स्वीकरण है? क्यों अस्तित्ववाद दर्शन नरक को भोगने और अपनी सलीब स्वयं ढोने की बात करता है? वह नरक से भागने और सलीबों को नकारने की बात नहीं कहता, क्योंकि वह उनकी सच्चाई नहीं है। उनकी सच्चाई यही है कि वे युद्ध-जनित विध्वंस का नरक भोगने और अपनी आत्मा तथा मूल्यों की लाशें ढोने के लिए नियतिबद्ध हैं और इस नरक में जी सकना ही उनके अस्तित्व की शर्त है, इसीलिए सारी निराशा, अजनबीपन, संत्रास, दुख और मृत्यु की अनिवार्य विवशताओं के बावजूद अस्तित्ववाद एक पॉजिटिव स्वीकृति के स्वर से अभिभूत है।

हमारे यहाँ मृत्यु या विध्वंस ने वह शून्य पैदा नहीं किया है। हमारे यहाँ अतिशय आवाजों के शोर का गूँजता हुआ शून्य है। यह शून्य उन तमाम बेपनाह चीखती आवाजों का है जो एक-दूसरी-तीसरी-चौथी-पाँचवीं-सौवीं को काटती

हुई अनन्त शोर को जन्म दे रही हैं—इस बेपनाह शोर को सिर्फ न सुनकर ही जिया जा सकता है। लगता यही है कि कुल पैंतालीस करोड़ लोग अपने दरवाजों पर खड़े हैं और चीख रहे हैं और अब सिर्फ उनके हिलते हुए होंठ और गले की फूली हुई नसें ही नजर आती हैं—उनका स्वर नहीं रह गया है। वे सिर्फ हिलते हुए ध्वनिहीन होंठ हैं और फूलती हुई नसों का तनाव है।

और अब तो प्रतीक्षा भी नहीं है। इस भयंकर राजनीतिक अराजकता और अव्यवस्था में सब आश्वासन झूठे पड़ गए हैं। गाँव, कस्बे, जिले, शहर और महानगर के स्तर पर जो कुछ दिखाई दे रहा है उसमें प्रतीक्षा भी समाप्त हो गई है, क्योंकि उस प्रतीक्षा को प्राप्ति में बदल देनेवाली कोई शक्ति या नियोजित कार्यक्रम की शृंखला सामने नहीं है। ऐसे में अतिपरिचय के अपरिचय, शोर के शून्य तथा नसों के तनाव को झेलने के अलावा और रास्ता क्या है? यह एक बुनियादी संकट-बिन्दु है, जिसे आज का व्यक्ति झेल रहा है और वह व्यक्ति ही कहानी में उभरकर आया है। रेणु की कहानी की फातिमा दी उसी शोर के शून्य में जी रही है। मोहन राकेश की 'मन्दी' कहानी का बुड्ढा अपनी स्थितियों को एक प्याली चाय की तलाश में झेल रहा है। देवेन गुप्त की 'अजनबी समय की गति' का रिटायर्ड आदमी पुराने अतिपरिचित के अपरिचित हो जाने के संत्रास को झेल रहा है। राजेन्द्र यादव की 'टूटना' में किशोर एक यांत्रिक सभ्यता के बीच पैदा हुए मूल्यों में अपने अस्तित्व को झेल रहा है। रघुवीर सहाय की 'प्रेमिका' में वह प्रेमी-क्लर्क अतिपरिचय के बीच उत्पन्न हो गए अपरिचय को रेखांकित कर रहा है। सम्बन्धों के धरातल पर यह शून्य और भी ज्यादा भयावह तथा ठोस रूप में उभरा है। उषा प्रियंवदा के 'पचपन खम्भे लाल दीवारें' में सारी ऊष्मता, लगाव और प्रेमजनित उत्साह के बावजूद एक महाशून्य व्याप्त है, जिसमें प्रेमिका-अध्यापिका के लिए जैसे सब-कुछ निरर्थक हो उठा है—इतना अधिक निरर्थक कि वह ठोस निवेदन को भी सार्थक नहीं मान पाती। निर्मल की कहानी 'लवर्ज' में तनिक-से पर गहन अतिपरिचय की अनुभूति एकाएक ही अपरिचय की उदासीन परिणति बन जाती है। इन सब कहानियों में मानवीय संकट आन्तरिक स्तरों में समाता हुआ अपरिचय किसी भी तरह की प्रतीक्षा की अनुपस्थिति में अनुभूति के धरातल पर अस्तित्व को झेलने की नियति और चारों ओर व्याप्त एक गूँजता हुआ शून्य है। यह शून्य अस्वीकार का नहीं, अपने सन्दर्भों के आईने में स्वयं को देख सकने की विषम स्वीकृति से भरा हुआ अर्थगर्भित शून्य है। इसकी शक्ति यही है कि लेखक ने इस शून्य की विषम स्वीकृति को मानवीय स्थिति की एक वास्तविक परिणति के रूप में अभिव्यक्त कर दिया है—किसी भी तरह का लेखकीय हस्तक्षेप इन उपरोक्त या अन्य कहानियों में अनुपस्थित है।

क्या शून्य की यह विषम स्वीकृति स्वयं हमारे उसी परिवेश की देन नहीं है,

जिसमें अब किसी का विश्वास नहीं रह गया है...जिसमें सब आश्वासन, सब घोषणाएँ झूठी साबित हो चुकी हैं ? सृजनात्मक साहित्य में युगीन मुद्राओं की छवि का आभास और मनोदशाओं का गहन आन्तरिक मूड इसी तरह उपस्थित होता है। अनुभूत यथार्थ की साहित्य में यही संयत शक्ल होती है। लेखक यथार्थ स्थितियों में खड़े मनुष्य को उसके आवेगों सहित सम्पुंजित करता है, उसके आवेगों को उन्हीं की गति और निरन्तरता में सधे हाथों से उठा लेता है और उस मनुष्य को उसके परिवेश के जीवित रेशों-सहित प्रस्तुत कर देता है। इसीलिए नई कहानी एक सच्ची सह-अनुभूति देती है और 'सम्पूर्ण उपस्थिति' बन जाती है।

पहले की कहानी मात्र लादे हुए सत्य को कहती है और हिन्दू संस्कार से ग्रस्त है। ऊपर से रोमान का खोल भी उस पर चढ़ा है। हिन्दू संस्कार कहने का अर्थ कोई कलंक लगाना नहीं है, बल्कि कहानी की सीमाओं की ओर इंगित करना-भर है, क्योंकि हिन्दूवाद अनजाने ही पुरानी पीढ़ी पर हावी रहा है और जिन्दगी के नतीजों को निकालने के बजाय हिन्दूवादी संस्कार ही नतीजों के कारण बनते रहे हैं। उदाहरणस्वरूप, जैनेन्द्र कुमार की बहुप्रशंसित कहानी 'एक गौ' ले लीजिए। हरियाने का हीरा सिंह बहुत परेशान है, उसका परिवार भूखा मरने की हालत में है पर वह अपने परिवार की भूख से ज्यादा दुखी गाय की भूख को देखकर है...उसी सुन्दरिया (गाय) को अब हीरा सिंह ठीक-ठीक खाना नहीं जुटा पाता था।...हीरा सिंह को अपनी गरीबी का उतना दुख नहीं था, जितना उस गाय के लिए। जब उसके भी खाने-पीने में तोड़ आने लगी तो हीरा सिंह के मन को बहुत बिथा हुई। क्या वह उसको बेच दे?

और जब सचमुच बेचने की बात आती है तो लेखक के माध्यम से हीरा सिंह सोचता है—लेकिन इन गरीबी के दिनों में गाय दिन-पर-दिन समस्या होती जाती थी। उसका रखना भारी पड़ रहा था। पर अपने तन को क्या काटा जाता है? काटते कितनी वेदना होती है। यही हीरा सिंह का हाल था। सुन्दरिया क्या केवल एक गौ थी? वह तो गौ माता थी, उसके परिवार का अंग थी।

और अन्त में जब हीरा सिंह खुद अपने परिवार की खस्ता हालत से घबराकर सौ मील दूर दिल्ली में एक सेठ के यहाँ नौकरी करने आता है तो उसी सेठ के हाथों गौ भी बेच देता है। गौ दूध तो देती है, पर हीरा सिंह के प्यार के अभाव में काफी दूध ऊपर चढ़ा जाती है। ऐसी स्थिति में गौ का एक संवाद देखिए। संवाद से पहले लेखक की यह पंक्ति भी देखिए—'कैसा आश्चर्य! देखता क्या है गौ मानववाणी में बोल रही है।' वह जो बोलती है, वह यों है (हीरा सिंह के यह कहने पर कि वह गौ का क्या है? तब वह गौ कहती है), 'सो क्या मेरे कहने की बात है? फिर शब्द मैं विशेष नहीं जानती। दुख है, वही मेरे पास है। उससे जो शब्द बन सकते

हैं, उन्हीं तक मेरी पहुँच है। आगे शब्दों में मेरी गति नहीं। जो भाव मन में है, उसके लिए संज्ञा मेरे जुटाए जुटती नहीं। पशु जो मैं हूँ। संज्ञा तुम्हारे समाज की स्वीकृति के लिए जरूरी होती होगी, लेकिन मैं तुम्हारे समाज की नहीं हूँ...आदि।

और अन्त में जब वह गौ का दुख नहीं देख पाता तो सेठ से रुपया लौटाने की बात कहकर वह गौ को वापस गाँव भेज देता है और वह रुपया चुकाने के लिए सेठ की नौकरी करता रहता है।...इस गौ-वाणी का बड़ा प्रताप हिन्दी-कहानी में रहा है और पुरानी कहानी का मनुष्य निहायत बेवकूफ की तरह लेखकीय दृष्टि के सतहीपन का शिकार बना हुआ गलत सीमान्तों पर हिन्दूवाद, नैतिकतावाद, भाग्यवाद, संशयवाद और दुखवाद की झूठी लड़ाइयाँ लड़ता रहा है। सही तो यह है कि पुरानी कहानी का मनुष्य अपनी आत्मा को भी नहीं पहचान पाया...यदि उसकी अपनी आत्मिक द्वन्द्वात्मकता की स्थिति ही वह होती, तो भी शायद कहानी बहुत पहले इस सतहीपन और व्यर्थता से निकल आई होती।

नई कहानी ने इस हिन्दूवाद को अस्वीकार कर गहन मानवीय कथ्यों को उठाया। अब उसमें गूँजते हुए शून्य की स्वीकृति, अतिपरिचय का अपरिचय और ऊब-भरी प्रतीक्षा के प्रति गहरी उदासीनता एक प्रौढ़ मूड है। और यह सब हिन्दू नियतिवाद, जैन संशयवाद और बौद्ध दुखवाद के बौद्धिक प्रतिपालन के रूप में नहीं है—इसका सम्बन्ध सीधे-सादे जीवन की विकट और विकराल परिस्थितियों से है। अपने पूरे परिवेश में खड़े मनुष्य की यह प्रामाणिक कहानी है। अब लेखक हिन्दू नहीं रह गया है—वह निर्भय और निर्द्वन्द्व भाव से मात्र मनुष्य के रूप में जो कुछ झेलता है, उसी को कहता है।

स्वातंत्र्योत्तर नई कहानी का एक आधारभूत प्रमाण यह है कि उसने अवचेतन में पड़े धर्ममूलक संस्कारों से उबरकर मनुष्य मात्र के सन्दर्भ और उसकी मानवीय भाषा में बात की। धर्ममूलक प्रवृत्तियों को छोड़कर एक बड़े प्रयास के रूप में इस पीढ़ी के कथाकारों ने मानव-मन के आन्तरिक सत्य को बाह्य परिस्थितियों के सन्दर्भ में प्रस्तुत किया। यदि इसे बहुत बड़ा कथन माना जाए और यह बात तकलीफ पैदा करे तो इसे ही छोटा किए देता हूँ—धर्ममूलक दृष्टि से ऊपर मनुष्यमूलक दृष्टि का संस्कार पुरानी कहानी में भी रहा है, पर नई कहानी में यह दृष्टि-दोष एकदम समाप्ति पर पहुँच चुका है। हिन्दू संस्कार और भारतीय संस्कार में पहले भीषण अन्तर्विरोध न भी रहा हो, पर आजादी के बाद से जो कुछेक मौलिक उद्भावनाएँ संविधान में हुई हैं और जिन्होंने नए जीवन-मूल्यों की आधारशिला रखी है, उनमें धर्मनिरपेक्षता भी एक बड़ा राष्ट्रीय मूल्य है और यह मूल्य भारतीयता का लक्षण बन चुका है। जहाँ-जहाँ हिन्दू संस्कार आज की धर्मनिरपेक्ष भारतीयता के आड़े आते हैं, वहीं वे प्रतिगामी बन जाते हैं। प्रेमचन्द की कहानियों के बाद यशपाल ने हिन्दी में और सआदत हसन मंटो ने उर्दू में अपने को इस दलदल से

ऊपर रखा है। यशपाल खंडन का अस्त्र अपनाकर इस हिन्दूवाद का विरोध करते रहे और मंटो इससे ऊपर उठकर ही हमेशा अपनी बात कहते रहे।

बहरहाल, नई कहानी किसी भी तरह की सम्प्रदायमूलक भ्रान्ति का शिकार नहीं है। धर्म-दर्शन का घटाटोप भी उसमें नहीं है, जो अन्ततः कहानी को हिन्दूवाद की तरफ घसीट ले जाता था। अब कोई झूठा धार्मिक भविष्यवाद कहानी के साथ नहीं जुड़ा हुआ है और न आदर्शवादी झटका-मरोड़, जो पहले की कहानी को 'आलोकित' कर जाता था। शायद अनजाने ही यह यात्रा रांगेय राघव की 'गदल' और विष्णु प्रभाकर की 'धरती अब भी घूम रही है' के साथ शुरू होती है। यह धारा भी जाकर 'कफन', 'रोज' और 'पराया सुख' जैसी कहानियों से जुड़ती है और इसके बाद नई कहानी में धर्ममूलक संस्कारों का पूर्ण लोप हो जाता है।

यह आयाम भी उन्हीं सामाजिव और युगीन परिस्थितियों की देन है, जिनमें रहकर भारतीय मनुष्य का मानस बन रहा था। साहित्यिक स्तर पर यशपाल ने इस दिशा में नई कहानी के इस प्रयाण के लिए पृष्ठभूमि तैयार की थी। उन्होंने अकेले ही कहानी में मनुष्य-सम्बन्धों का परिप्रेक्ष्य बदल दिया था। इस सारे उत्खनन की जितनी बड़ी भूमिका अकेले यशपाल ने निभाई है, वह इससे पहले भारतेन्दु ही निभा पाए थे। यशपाल की कहानियों ने ही वास्तविक रूप से नई कहानी की पीठिका तैयार की है, क्योंकि मानव-सम्बन्धों और मनुष्य की अपनी परिणति की कहानियाँ लिखी जाने से पहले, मनुष्य और उसके परिवेश के सम्बन्धों का विश्लेषण होना जरूरी था। समाजशास्त्रीय दृष्टि से यशपाल ने ही मनुष्य को दुबारा अन्वेषित किया था और धर्ममूलक, नैतिकतामूलक सम्बन्धों से एम्फेसिस हटाकर परिस्थितिमूलक, अर्थमूलक, परिवेशजन्य द्वन्द्वात्मक सम्बन्धों की दिशा स्पष्ट की थी। जैनेन्द्र और अज्ञेय की अधिकांश कहानियाँ सौन्दर्यमूलक और अमूर्त-सी मानववादी दृष्टि से ही मनुष्य का आकलन करती रहीं। उनका वह मानववाद परिवेश की सच्चाइयों से कटा हुआ और विशुद्ध आत्मिक किस्म का मानववाद था। आत्मा का यह मानववाद धुन्ध पैदा करता रहा, क्योंकि इसने इतिहास की संगति में मनुष्य को नहीं देखा—इसमें मनुष्य वैयक्तिकता के अहं में अपनी सच्चाइयों को भी देखने से इनकार करता रहा। पाप और पुण्य के बोध की जगह शब्द-भर बदले, अज्ञेय ने उसी पुण्य-बोध को 'नारी के समर्पण' में खोजा और जैनेन्द्र ने उसी पाप-बोध को 'नैतिक नतीजों' के रूप में पेश किया।

पर मनुष्य के बदले हुए संघर्ष की विश्लेषित स्थितियाँ यशपाल में ही स्पष्ट हुईं, जहाँ से मनुष्य स्वयं कथ्य का स्रोत बनने लगता है। (यद्यपि यह भी सही है कि यशपाल ने कहीं-कहीं राजनीतिक निष्कर्षों को भी आदमी पर थोपा है।) पर यह प्रक्रिया शुरू यशपाल से ही होती है, जहाँ से पाप-पुण्य की पुनीत परिभाषाओं से मनुष्य मुक्त हो जाता है, और देखता है कि दुनिया परम्परागत नैतिक-धार्मिक

मान्यताओं के सहारे नहीं, बल्कि अर्थ, गणित और विज्ञान के सहारे चल रही है। अब सुदर्शन की कहानी 'हार की जीत' की तरह बाबा भारती की हार उनकी जीत में बदलने का दृष्टिकोण नहीं रह जाती, बल्कि राकेश की 'क्लेम' कहानी की तरह अपने प्रकृत अधिकारों को प्राप्त करके ही सन्तोष प्राप्त करने की दृष्टि में परिवर्तित हो जाती है, या काशीनाथ सिंह की 'सुख' कहानी के तारबाबू की गहन एकान्त विवशता के स्वर में परिणत हो जाती है।

कहानियाँ बड़े आदमी की बड़ी (किन्तु आदर्शवादी और लगभग झूठी) कहानियों में नहीं बल्कि छोटे और सामान्य आदमी की सच्ची कहानियों में बदल जाती हैं। कहानी पढ़ने के बाद अब चमत्कृत होकर यह नहीं कहना पड़ता—काश, ऐसे और लोग होते! बल्कि अब कहानी सिर्फ यह अनुभूति देती है कि 'यह है!' उसने विशिष्ट का सामान्यीकरण कर लिया है।

जैनेन्द्र की सृजन-प्रक्रिया में नैतिक विशिष्टता और अज्ञेय में वैयक्तिक विशिष्टता के बावजूद कहीं-कहीं उसके सामान्यीकरण के अन्तर्द्वन्द्व का भी आभास मिलता है, जहाँ पात्र और स्थितियाँ स्वयं प्रमुख हो उठती हैं। पर वैयक्तिक अहं की क्रूरता के कारण पैदा हुए रेगिस्तान में उस अन्तर्द्वन्द्व के चिह्न मात्र नखलिस्तानों की तरह कहीं-कहीं पर बिखरे हुए हैं। उन्होंने कला-सत्य और काव्य-सत्य की ज्यादा परवाह की, परिस्थिति-जन्य सत्य की नहीं। इसीलिए जैनेन्द्र और अज्ञेय की कहानियाँ विशुद्ध कहानी की परिभाषा में ठीक-ठीक समा जाती हैं—नई कहानी परिभाषा का संकट पैदा करती है। परिभाषा का यह संकट उसके कला-रूप को लेकर उतना नहीं है, जितना कि उसके अन्वेषित सत्य को लेकर है, क्योंकि कहीं भी यह सुना जा सकता है कि कला के स्तर पर कहानी के अंग-उपांगों को छोड़ दिया गया, यह तो समझ में आता है, पर यह समझ में नहीं आता कि नई कहानी समवेत रूप से कहना क्या चाहती है?

समवेत स्वर में नई कहानी कुछ नहीं कहती...वह जिस अनुभव-खंड को उठाती है, वह अनुभव ही उसका कथ्य है...और जितनी कहानियाँ हैं, उतने ही कथ्य हैं—नई कहानी की यह विविधता ही उसकी शक्ति है। और समवेत स्वर का न होना ही यह साबित करता है कि नई कहानी कोई आन्दोलन नहीं है, वह मात्र एक प्रक्रिया है—लगातार अपरिभाषित रहकर निरन्तर नए होते जाने की प्रक्रिया। कोई भी कहानी उसका स्थापित प्रतिमान नहीं है।

नैतिक-धार्मिक मान्यताओं से हटकर अर्थ, गणित और विज्ञान के सहारे चलती दुनिया का परिदृश्य कहाँ से आया था? यह भी आजादी के बाद की स्थितियों ने ही हमें दिया था, जहाँ क्षेत्रीय नेताओं और व्यापारी वर्ग की ज्यादतियों ने आदमी और आदमी के सम्बन्धों को मात्र आर्थिक सूत्रों में बदल दिया था। भारतीय मनुष्य

मात्र राजनीतिमूलक आलोचकों की किताबें पढ़कर सचेत नहीं हुआ था—वह जिन्दगी को दोहरी-तिहरी-चौहरी प्रक्रिया के स्तरों पर पढ़ रहा था।

जिन वर्गों के प्रति जनमानस में आक्रोश था, उन्हें कुछ लेखकों ने गहरे व्यंग्य से पेश किया। उन तमाम स्वार्थी वर्गों के प्रति एक तीव्र घृणा और हिकारत का दृष्टिकोण पैदा हुआ। हरिशंकर परसाई ने अकेले ही नेता वर्ग के आडम्बर को अनावरित किया। केशवचन्द्र वर्मा ने संस्थाओं और व्यक्तियों की आन्तरिक विसंगति को पकड़ा। शरद जोशी ने आदमी में उपज रहे दूसरे आदमी या उसके दोहरे व्यक्तित्व को उधेड़कर रखा और श्रीलाल शुक्ल ने वर्तमान अफसरशाही को (जिसे हमने अंग्रेजीपरस्त सामन्तशाही कहा है) नश्तर लगाकर चीरा। जीजा-साली, सास-दामाद, पति-पत्नी के निहायत बेहूदे और भौंडे मजाक के दायरे से निकलकर हास्य-व्यंग्य की रचनाओं ने जनमानस की वाणी अख्तियार की।

जो कुछ आजादी के बाद देश में हुआ था, उसके लक्षणों का प्रतिपालन इस रूप में हुआ कि आदमी चारों तरफ मची हुई आपाधापी और लूट-खसोट देखकर अवसन्न रह गया। विश्वास के अभाव में उसने अपनी शक्ति का सहारा लिया, पर कार्य-क्षेत्र में पहुँचकर एक और ज्यादा बड़े तथा दुखदायी अनुभव से उसका साक्षात्कार हुआ। वह अनुभव था अवसंगति (मिसफिट होने) का। चूँकि पूरा देश लुट रहा है, इसलिए आज का मनुष्य सही जगह की तलाश में परेशान है। वह अपनी धुरी को नहीं खोज पा रहा है—ऐसी धुरी जो उसकी प्रतिभा, कार्य-कुशलता और सृजन-शक्ति को अंगीकार कर सके। आज का मनुष्य अभिशप्त इस दृष्टि से भी है कि वह भयानक अवसंगति का शिकार है। जरा नब्ज पर हाथ रख देखिए, कोई भी व्यक्ति अपने वर्तमान के कार्य से सन्तुष्ट नहीं है—हर व्यक्ति अपनी-अपनी जगह अपने को अवसंगत (मिसफिट) महसूस कर रहा है, क्योंकि भारतीय जन की वास्तविक शक्ति की ऊर्जा ही अभी पैदा नहीं होने पाई है। हर व्यक्ति एक कामचलाऊ पुर्जे की तरह इस्तेमाल में आ रहा है। या तो मशीन का सही पुर्जा नहीं है, या फिर वह पुर्जा सही मशीन में इस्तेमाल नहीं हो रहा है। अवसंगत होने की इस अनुभूति ने जीवन की विषमता को और भी गहरा बना दिया है। जो अफसर है वह भी अपने वातावरण और कार्य से सन्तुष्ट नहीं है, जो मजदूर है वह भी सन्तुष्ट नहीं है। वह कोई भी हो, कोई भी अपनी प्रतिभा के उपयोग से सन्तुष्ट नहीं है। यह वैक्यूम या शून्य उस सामाजिक-राजनीतिक वातावरण की ही देन है, जिसमें भारतीय जन घुट रहा है, क्योंकि उसकी सहमति राष्ट्रीय कार्यक्रमों के साथ नहीं है और यदि कुछ कार्यक्रमों के लिए उसकी सहमति है भी, तो उसे बहुत चतुराई से सम्मिलित होने से दूर रखा गया है। या वह इतना सन्देहशील हो उठा है कि उन वर्गों के साथ काम करते कतराता है। अवसंगति की इस अनुभूति ने जनमानस को

विकलांग कर दिया है और उसकी सारी शक्ति समय के साथ व्यर्थ नष्ट होती जा रही है। वह यदि काम करने का हकदार बनना चाहता है तो उस श्रम से उत्पादित सम्पदा का समभाव से वितरण भी चाहता है। यदि अब भी, आजादी के बीस बरसों के बाद, उसकी नियति यही है कि वह कुछ साधन-सम्पन्न वर्गों के लिए ही काम करे, तो वह उधर से उदासीन है।

जनशक्ति का इतना अपमान शायद ही किसी अन्य देश में हुआ हो। इस भयानक अपमान से आज का मनुष्य बहुत हकीर महसूस कर रहा है। इसीलिए उसमें असुरक्षा की भावना घर करती जा रही है, क्योंकि उसे यह विश्वास नहीं है कि उसे प्रतिभा और शक्ति का उपयोग करने का कभी मौका मिलेगा। जनतंत्र में अवसर की यह कमी ठीक वैसी ही है जैसे कि आदमी को साँस लेने की सुविधा न हो। इस घुटन और वैक्यूम में एक पीढ़ी जी रही है, दूसरी पीढ़ी बड़ी हो रही है और तीसरी जन्म ले रही है।

अवसंगति ने हमारे समय के आदमी का मूड ही बिगाड़ दिया है। यह अवसंगति सिर्फ अवसरों की अनुपलब्धि की ही नहीं है—इसमें वे रूढ़ियाँ भी घुसी हुई हैं जिनके बीच आज का आदमी संगति नहीं बैठा पा रहा है। कितना कुछ हमारे भीतर अवसंगत हो चुका है...विचारों के रूप में कितना कुछ हमारे आस-पास और भीतर भर गया है, पर वे सब लाशें अभी भी हमारे घरों में पड़ी हुई हैं। आजादी के बाद जो नए क्षेत्र खुले थे, उनमें जन को घुसने का मौका नहीं मिला, और जो क्षेत्र भीतर रुँध गए थे, उनमें से निकालने की कोशिश नहीं हुई। यानी बाहर और भीतर, ऊपर और नीचे, वह चारों तरफ से अवसंगतियों से घिरा हुआ है। यह अन्तर्विरोध और बाह्यावरोध उसे जड़ बना रहा है। न वह अपनी सामाजिक संस्थाओं के साथ चूलें बैठा पा रहा है, न नए कार्यक्रमों के प्रति उसका लगाव है। सारी पुरातन संस्थाएँ अपने पुनर्निर्माण की प्रतीक्षा में हैं...और यह पुनर्निर्माण तभी होता है जब आदमी के पास भविष्य का कोई बिन्दु होता है...नहीं तो वह गुजर कर सकने की अपनी आदत का गुलाम बना रहता है। जिसे कहीं जाना ही नहीं है, वह यात्रा की तैयारी क्यों करेगा? आजाद भारत में उस यात्रा की तैयारी ही नहीं है...अगर कुछ यात्राएँ हुईं भी तो गाड़ियों में वे चढ़ गए, जो आजादी के बाद शक्तिशाली और प्रतिष्ठित हुए थे। बाकी सब लोग प्लेटफॉर्मों पर प्रतीक्षा में ही बैठे रह गए और अब तो गाड़ी की प्रतीक्षा भी नहीं रह गई है।

यह प्रतीक्षा का न होना दो तरह से आदमी को तोड़ता है—एक तो वह सताया हुआ महसूस करता है और दूसरे सम्बन्धों की व्यर्थता का एहसास उसे होता है। सम्बन्धों की इस व्यर्थता का अनुभव जहाँ हमारी परिस्थितियों से उद्‌भूत है वहाँ वह बहुत प्रामाणिक है तथा हमें एक ऐसी बेहूदी स्थिति में डाल देता है कि व्यक्ति को अपना अस्तित्व ही अर्थहीन दिखाई देने लगता है। अवसंगति और इस व्यर्थता ने

चारों तरफ छाई अराजकता और जनतंत्र से पैदा हुई भीड़ (क्योंकि जनतंत्र इस भीड़ को अभी मानव-शक्ति के स्रोत में नहीं बदल पाया है) ने आदमी को एक फालतू हाड़-मांस की वस्तु में बदल दिया है। आदमी जिस बेइज्जती को सहकर भारतीय जनतंत्र में रह रहा है, उसमें वह कभी अपने को इनसान समझ पाएगा, इसमें बहुत शक है। कहीं किसी के प्रति कोई इनसानी आदर नहीं दिखाई देता। कहीं भी मनुष्य के प्रति सम्मान का भाव नहीं है। यहाँ हर आदमी दूसरे के लिए एक बेकार और बेहूदा आदमी है। हमारी भीड़ ने (क्योंकि भीड़ अभी इनसानों के समूह में बदल नहीं पाई है और न उसका हर व्यक्ति अपने लिए प्रतिष्ठा अर्जित कर पाया है) ही हमें फालतूपन के एहसास से भर दिया है। देश के विराट् कैनवस पर आज बहुत कम या अँगुलियों पर गिने जा सकने लायक व्यक्ति होंगे, जो अपने व्यक्तित्व और अस्तित्व की सार्थकता अनुभव कर रहे हों। नहीं तो चारों तरफ आदमी अपने को समाज और राष्ट्र के सन्दर्भ में फालतू महसूस कर रहा है। अवसंगति और किसी भी काम में शामिल न हो सकने की स्थिति ने यहाँ के आदमी को 'सरप्लस' बना दिया है। यह अपने को कहीं भी जुड़ा हुआ नहीं पाता। वह सिर्फ एक तमाशायी-भर रह गया है—तमाशे में वह खुद शामिल नहीं है। वह उसका कर्ता नहीं है। सारा निर्माण, सारा विकास-कार्य, सारा सामाजिक पुनर्निर्माण आदमी के भीतर से नहीं, मजदूरों, क्लर्कों, बाबुओं और नौकरों के माध्यम से हो रहा है। देश में देश का आदमी ही इस नियति का शिकार है—जो वह करता है, उसके बदले में श्रम या प्रतिभा से बहुत कम उसे मुआवजा, तनख्वाह या वेतन मिलता है—वह उसका 'हिस्सा' नहीं है। समाजवाद में भी यदि आदमी को नौकर ही रहना है, तो इस समाजवाद और अंग्रेजी राज्य की शासन-नीति में कौन-सा अन्तर आया है?

कहने का मतलब यह है कि वर्तमान व्यक्ति अपने को कहीं भी हिस्सेदार नहीं पाता—न आर्थिक दुनिया में, न वैचारिक दुनिया में और न सामाजिक दुनिया में। जो कुछ इन बीस बरसों में हुआ है, उसने आदमी को इस फालतूपन की नियति से आबद्ध किया है—वह किसी भी स्तर पर हिस्सेदार नहीं बन सका है। यह एक दोहरी प्रक्रिया है—जब कोई व्यक्ति स्वयं किसी कार्य का कर्ता बन पाता है तो उसे शेष सब फालतू लगने लगते हैं, और जब वह स्वयं कार्य से सम्बन्धित नहीं होता तो खुद को फालतू महसूस करता है। इस मनोदशा ने ही हमें व्यर्थता के बोध से भर दिया है। हमारा अकेलापन इस फालतू होने की मन:स्थिति की देन है, क्योंकि हमें केन्द्रीय जीवन के प्रवाह से काटकर अलग रखा गया है। देश क्या करता है, इसके हम तटस्थ दर्शक मात्र हैं, हिस्सेदार नहीं, क्योंकि 'जनता के निर्णय' के नाम पर देश के निर्णय कुछ स्वार्थी वर्गों के निर्णय मात्र हैं। जहाँ हम दूसरों के निर्णयों को अपना कहकर जीने के लिए अभिशप्त हैं, वहाँ मानवीय संकट का सबसे विकराल क्षण मौजूद हैं और इस क्षण की प्रतीति आज के बौद्धिक को है।

देश का अधिकांश बौद्धिक वर्ग दूसरों के निर्णयों को अपना कहने के लिए बाध्य है और कहीं-कहीं तो स्थिति इससे भी भयंकर है, जहाँ स्वयं हमारा वह स्वार्थी वर्ग (जिसके निर्णयों को हमें अपना कहना पड़ता है) खुद अपने फैसले भी नहीं ले पाता—उसे विदेशी फैसलों को अपना निर्णय कहना पड़ता है। तब यहाँ का व्यक्ति अपने को और भी ज्यादा फालतू और छोटा महसूस करता है।

इसके अलावा एक और स्तर है—इतने बड़े और पुरातन देश की विराट् मानसिक, बौद्धिक और आध्यात्मिक परम्परा में से इतना ज्यादा अंश फालतू होकर हमारे गाँवों, शहरों और दिमागों में ठुँसा हुआ है कि वह 'नए' को स्थान ही नहीं देता। धर्माचरण, नैतिक मूल्य, भाग्यवाद, कर्मकांड, जातिबोध, सम्प्रदायवाद, सामाजिक क्रियाकलापों में प्रदर्शनवाद आदि तमाम ऐसे बिन्दु हैं जहाँ तमाम फालतू स्थितियाँ आदमी की जिन्दगी में जुड़ी हैं, तमाम फालतू विचार दिमागों में पड़े सड़ रहे हैं पर हम उन्हें निकालकर फेंक नहीं पा रहे हैं।

यह तभी हो पाता जब देश में क्रान्ति होती। मैंने पहले भी कहा है कि देश को यह झूठी सूचना दी गई थी कि उसने सन् '47 में क्रान्ति कर ली है। सन् '47 में देश सिर्फ मुक्त हुआ था। 15 अगस्त को सिर्फ सत्ता का हस्तान्तरण हुआ था। उपनिवेशवाद के विघटन के शुरू होने से दुनिया में एक नई तरह की आजादी शुरू हुई है—आजादी का स्वरूप कतई बदल गया है...वह क्रान्ति की वाहक ही हो, यह आवश्यक नहीं। पहले क्रान्ति के साथ आजादी जुड़ी रहती थी या आजादी के साथ क्रान्ति जुड़ी रहती थी। अब यह प्रक्रिया नहीं रह गई है। उपनिवेशवाद के खंडित होने से आजादी मात्र सत्ता का हस्तांतरण-भर रह गई है—उसमें क्रान्ति के तत्त्व और विचारधाराएँ सन्निहित नहीं हैं। अब सिर्फ आजादी मिलने से ही क्रान्ति का होना अवश्यम्भावी नहीं रह गया है।

क्रान्ति के इस अभाव में हम वह सब नहीं फेंक पाए जो व्यर्थ और फालतू हो गया था। और विडम्बना यह कि सहभागी, सम्मिलित और हिस्सेदार न बन पाने के कारण जन खुद फालतू होता गया।

अवसंगति और इस फालतू होते जाने का बोध नई कहानी में बराबर मिलता है। इसके बहुत से आयाम हैं और उन आयामों में इस फालतूपन या अवसंगति का बोध लिये हुए तमाम पात्र आज की कहानी में मौजूद हैं। वह चाहे रेणु की 'तीसरी क़सम' का हीरामन हो, राकेश की 'आखिरी सामान' की पत्नी, 'सुहागिनें' की प्रिंसिपल, 'मन्दी' का बुड्ढा हो, राजेन्द्र यादव की 'बिरादरी बाहर' का पिता या सामाजिक संस्थाओं की व्यर्थता में घुटते हुए पात्र हों, या रेणु की ही फातिमा दी हों, भीष्म साहनी की 'चीफ की दावत' की माँ हो, उषा प्रियंवदा की 'जिन्दगी और गुलाब के फूल' का भाई हो, रामकुमार की 'सेलर' का मास्टर हो, भारती की

'साबित्तरी नम्बर दो' की साबित्तरी हो, ज्ञानरंजन की 'पिता' के' पिता हों, दूधनाथ की 'रक्तपात' की माँ हो या अन्य तमाम कहानीकारों के अधिकांश पात्र हों।

लेकिन गलती तब होती है जब इन पात्रों या स्थितियों की इति कहानी के साथ समझ ली जाती है। अब कहानी वहाँ से दिमागों में फिर शुरू होती है, जहाँ वह छोड़ दी जाती है...वह एक गहरा एहसास देकर स्वयं लुप्त हो जाती है। यह गहरा एहसास ही जीवन की सबसे बड़ी स्वीकृति है। अस्वीकृति की भंगिमा में खड़ी कहानी तमाम प्रश्नचिह्नों को जन्म देती है और वे प्रश्नचिह्न ही खोए हुए भविष्य की ओर जानेवाले रास्ते के प्रयाण-बिन्दु हैं। किस बिन्दु से अगली यात्रा शुरू होगी, इसका निर्णय कहानीकार नहीं करता, वह उस निर्णय को दूसरों के लिए छोड़ देता है ताकि वे उस निर्णय के स्वयं कर्ता हों।

अन्त में यह कहना शायद अत्युक्ति नहीं होगी कि दो भागों में बँटे जनसमुदाय—एक वे जो सोच रहे हैं, और दूसरे वे जो सिर्फ काम कर रहे हैं—के बीच सम्बन्ध-सेतु बनाने का काम बहुत अंशों तक आज की कहानी ने ही किया है।

कथा-समीक्षा : भ्रान्तियाँ, भटकाव और नई शुरुआत

डॉ. धीरेन्द्र वर्मा ने काफी पहले एक जगह बहुत चिन्ताग्रस्त शब्दों में लिखा था—"हिन्दी का आधुनिक साहित्य-शास्त्र अथवा समालोचना-शास्त्र-सम्बन्धी साहित्य अंग्रेजी के चार-छह चुने हुए ग्रन्थों का सार है; न इस विषय के संस्कृत अथवा रीतिकालीन साहित्य से ही इसका सम्बन्ध है और न वास्तविक हिन्दी ललित-साहित्य से ही।"

और इसमें दो मत नहीं है कि हिन्दी के पास अपना साहित्य-शास्त्र नहीं है, क्योंकि साहित्य-शास्त्र की परम्परा रीतिकाल तक आकर भटक जाती है और आज भी वहीं अवरुद्ध है—'कविप्रिया' और 'काव्य-निर्णय' ग्रन्थ ही अन्तिम हैं। आचार्य केशवदास और भिखारीदास के बाद हमारी अपनी मौलिक साहित्य-शास्त्रीय उद्भावनाएँ समाप्त हो जाती हैं और हम पश्चिमी साहित्य-शास्त्र से जुड़ जाते हैं। डॉ. धीरेन्द्र वर्मा के ही शब्दों में, "...दोनों श्रेणियों (संस्कृत और अंग्रेजी साहित्य-शास्त्र) के ग्रन्थों को हम हिन्दी का अपना साहित्य-शास्त्र अथवा आलोचना-शास्त्र नहीं मान सकते। इसका निर्माण अभी होना है।...इसका निर्माण हिन्दी साहित्य के आधार पर होना चाहिए। उदाहरण के लिए, सूरदास अथवा तुलसीदास आदि के ग्रन्थों में प्रयुक्त समस्त अलंकारों के वास्तविक संकलन तथा विश्लेषण के आधार पर हिन्दी अलंकार-शास्त्र की नींव डाली जा सकती है। इस सम्बन्ध में यह याद रखना होगा कि 'सूरसागर' अथवा 'मानस' के अलंकारों को संस्कृत अथवा रीतिकालीन अलंकार-सम्बन्धी ग्रन्थों में पाई जानेवाली परिभाषाओं की कसौटी पर न कसा जाए, बल्कि उन्हें मौलिक प्रयोग मानकर उनका वैज्ञानिक विश्लेषण किया जाए। ...हिन्दी के आधुनिक साहित्य का भी इसी प्रकार विश्लेषण करने की आवश्यकता होगी। प्रसाद के नाटकों के शास्त्रीय विश्लेषण के आधार पर ही हिन्दी के अपने नाट्य-शास्त्र की नींव पड़ सकेगी और इसी नींव पर इस भवन का निर्माण करना होगा। प्रेमचन्द की कहानियों का शास्त्रीय अध्ययन हमें अपनी कहानी-कला के सिद्धान्तों की मौलिक सामग्री दे सकेगा। थोड़ी देर के लिए संस्कृत तथा अंग्रेजी साहित्य-शास्त्र के सिद्धान्तों को भुलाकर हमें यह कार्य करना होगा।"

हिन्दी कथा-समीक्षा में जो आधारभूत भूल हुई वह यह कि 'अपना साहित्य-शास्त्र' गढ़ने के स्थान पर आलोचक 'आन्दोलन-प्रवर्तक' बनने की जल्दबाजी के शिकार हुए। कृतित्व की अपनी प्रकृति और सम्भावनाओं या उसमें अन्तर्ग्रन्थित मूल्यों के प्रति उनकी अपेक्षित दृष्टि नहीं थी, बल्कि वे केवल 'सूत्रपात' करने की राजनीतिक अधीरता से ग्रस्त थे। इसीलिए हिन्दी कथा-समीक्षा सही बिन्दु से शुरू होकर भी सचमुच शुरू नहीं हो पाई। कुछ अंशों में हुई भी तो बाद में दिशा-भ्रष्ट हो गई। हुआ यह कि आलोचक ने सर्जनात्मक साहित्य की अपनी प्रवहमयता को नहीं पहचाना और न उससे निष्कर्ष निकाले, बल्कि राजनीतिक नेताओं की तरह वह हिन्दी कथा-साहित्य की विपुल धारा को देखकर भगीरथ बनने का स्वप्न देखने लगा। भगीरथ तो वह नहीं बन पाया, पर राजनीतिक नेता के रूप में उसने बगैर यह सोचे हुए कि इस धारा की दिशा क्या है और इसकी अपनी प्रकृति क्या है, आलोचक ने इस विपुल धारा पर अपने यश के लिए जगह-जगह बाँध बाँधना और नाले-नालियाँ काटनी शुरू कीं, बगैर उस धारा का वैज्ञानिक अध्ययन किए हुए। इसीलिए बहुत जगहों में वे बाँध चटककर टूट गए, बहुत से इलाके बाढ़-पीड़ित हुए और बहुत से नाले-नालियाँ सूख गए और बहुत-सी जगहों पर अब भी सड़ता हुआ रुद्ध पानी बदबू दे रहा है।

हिन्दी-कहानी के क्षेत्र में जो दलबन्दी और पक्षधरता दिखाई देती है, वह इसी गलत विश्लेषण का परिणाम है, जिसका अभिप्राय कहानी और सद्य: उभरे कहानीकारों को भोगना पड़ रहा है।

यह सही है कि कलाकृति को कई कोणों से देखा जा सकता है—मनोविश्लेषणवादी समीक्षक के लिए अन्तर्मन की गुह्य प्रक्रियाओं का कार्य-व्यापार महत्त्वपूर्ण हो सकता है, साहित्य-शास्त्रीय पद्धति को माननेवाले समीक्षक के लिए कलागत मूल्यों की अभिव्यक्ति ही प्रमुख हो सकती है। समाज-शास्त्रीय पद्धति को अंगीकार करनेवाले के लिए साहित्य-प्रेरणा और कलागत-मूल्यों का महत्त्व गौण हो सकता है, क्योंकि वह समकालीन परिवेश में ही कृति का मूल्यांकन करेगा, पर कथा-समीक्षा जब इतनी इकहरी होकर सामने आती है तो 'कहानी' मर जाती है, केवल उसकी समीक्षा रह जाती है। हिन्दी-कथा के आलोचकों को इसकी परवाह भी नहीं थी, वे सिर्फ 'हिन्दी कथा-समीक्षा की पद्धति' निकालने में व्यस्त थे। कहानी की विपुल धारा उनके लिए निमित्त-मात्र थी। यही वह बिन्दु है जहाँ अन्तर्विरोध पैदा होता है, क्योंकि आलोचक कहानी के अध्ययन-विश्लेषण में उतने सच्चे नहीं थे, जितने कि आन्दोलन-निर्माण में, क्योंकि 'हिन्दी कथा समीक्षा की पद्धति' की खोज उनका एक मुखौटा था, जिसके नीचे का सही चेहरा नेतृत्व का आकांक्षी था। इस आकांक्षा ने ही कथा-समीक्षा की पद्धति की खोज को भ्रष्ट किया और आलोचक ने घोषणा की कि सत्य सिर्फ गाँवों में बसता है। जब इस दृष्टि-

दोष को रचनाकारों ने पहचाना और जीवन-सत्य की अविच्छिन्नता की बात की तो आलोचक ने एक और घोषणा की, अब सत्य विदेशों में बसता है। यथार्थ को खंडित करके देखनेवाले ऐसे आलोचकों ने बराबर इसीलिए फतवे दिए और उनके हर लेख के साथ दो महीने पहले का यथार्थ मरता गया और हर नए लेख के साथ नया यथार्थ जन्म लेने लगा। यह भी चलता तो गनीमत थी, पर वे आलोचक अन्त में भाव-सत्य की खोज में चले गए और अन्तर्विरोधी घोषणाएँ करने लगे। विपुल प्रवाह को जीवन की समग्रता में न देख पाने के कारण या अलग-अलग धाराओं का विश्लेषण करके उसकी संगति मुख्य धारा से न बैठा पाने के कारण कथा-समीक्षा में अराजकता पैदा हुई और वह सर्जनात्मक साहित्य के मूल स्रोत से अपने को नहीं जोड़ पाई। स्वातंत्र्योत्तर कहानी की विविधता ही उसकी सबसे बड़ी शक्ति रही है, पर कोई भी आलोचक उस विविधता को सन्तुलित रूप में नहीं पहचान पाया, इसीलिए सारे विश्लेषण एकांगी और असन्तुलित हो गए। कथा-समीक्षा का यह दुर्भाग्य ही था कि हर समीक्षा-लेख में रचनाकारों के नामों के दल बनाए गए और सारे वातावरण को दूषित किया गया, किसी एक रचनाकार की कहानी को हथियार बनाकर अन्य कहानियों को हेय या झूठा साबित किया गया।

इस सबका नतीजा यह निकला कि जिस विश्लेषणात्मक पद्धति की आवश्यकता थी, वह निर्मित नहीं हो पाई, उसकी जगह आलोचक के अपने व्यक्तिगत राग-द्वेष ने समीक्षा को आतंक जमाने का साधन बना लिया। समीक्षा भर्ती-दफ्तर बन गई और नेतृत्वमूलक अभियानों का आन्दोलन-मंच। और इस मंच से 'एक और शुरुआत' की घोषणा भी फिर उसी तरह की दलबन्दी का क्रम शुरू कर रही है, जिसका नुकसान नई कहानी ने उठाया है। व्यक्तिगत राग-द्वेष से ग्रसित कथनी को समीक्षा का नाम देना कितना खतरनाक साबित हुआ है, यह अब छिपा नहीं है।

और इस तरह नेतृत्व-प्रार्थियों ने ही कथा-समीक्षा की विश्लेषणात्मक पद्धति को गलत दिशाओं में मोड़ दिया था।

इसी का यह नतीजा है कि अब नए 'आलोचक अपने को आलोचक' कहलाने से भी घृणा करते हैं और इस तरह आग्रहमूलक वैयक्तिक द्वेष से दंशित समीक्षा को अस्वीकार करते हैं। अभी हाल में ही अजमेर में हुई 'वैचारिकी' की प्रत्यालोचन-गोष्ठी में आलोचकों के मध्य यह तथ्य उभरकर सामने आया था कि अब नया आलोचक 'आस्वाद के धरातल' की बात करता है (प्रो. धनंजय वर्मा के शब्दों में) और कहानी के अनुभव में से गुजरकर उसकी जीवन-संगति को खोजता है। आज जबकि कहानी स्वयं एक 'विशिष्ट इकाई' है या एक 'सम्पूर्ण उपस्थिति' बन गई है, तो उसे एक अनुभव के रूप में ही ग्रहण किया जा सकता है। चूँकि आज का लेखक प्रामाणिक अनुभव की बात करता है, इसलिए उसकी प्रामाणिकता का विश्लेषण ही किया जा सकता है। और इस प्रामाणिकता की बात के सन्दर्भों की

खोज ही आज के समीक्षक का सहयोगी प्रयास हो सकता है, जिसमें रचनाकार उसका अन्तरंग सहयोगी बन सकता है।

चूँकि नई कहानी ने परिभाषा का संकट पैदा किया है, इसलिए यह जरूरी नहीं होना चाहिए कि उसे परिभाषित कर ही दिया जाए और आलोचना की सार्थकता सिद्ध कर दी जाए। परिभाषा का यह मोह नई आलोचना को छोड़ना पड़ेगा और अब उसे सिद्धान्तों की रचना करने की जगह आस्वाद का नया धरातल ही स्थापित करना होगा। यहीं पर आलोचना भी एक रचनात्मक रूप में बदल जाती है और यह माँग करती है कि लेखक की तरह ही आलोचक भी परिवेश के यथार्थ को झेले, क्योंकि अनुभव की प्रामाणिकता का विश्लेषण परिभाषाओं और सिद्धान्तों के साँचे से नहीं होगा—उसका विश्लेषण अनुभव के धरातल पर ही हो सकता है। क्योंकि नई कहानी निरन्तर नए होते रहने की प्रवहमान प्रक्रिया है, अत: आलोचना को भी लेखकों और उनके नामों से हटाकर कहानी की अनवरत धारा पर ही केन्द्रित करना होगा। जहाँ यह धारा विच्छिन्न होगी, वहाँ वह नया नाम अख्तियार करेगी और तब आलोचना की यही सार्थकता होगी कि वह उस नए दृष्टि-बिन्दु को रेखांकित करे और नई यात्रा की सहयोगी बने।

मगर ऐसा हो नहीं पाता, क्योंकि आलोचना अब एक राजनीतिक अस्त्र के रूप में भी इस्तेमाल होती है और चूँकि राजनीति के पास अपनी 'विचारधारा' होती है, अत: वह अन्य विचारों का तिरस्कार कर केवल लेखकों के नामों का ही सहयोग चाहती रहती है। यह भयंकर स्थिति है। राजनीतिमूलक आलोचकों को 'विचार' की जरूरत नहीं होती, उन्हें सिर्फ अपने विचारों के समर्थकों की ही आवश्यकता होती है—ऐसी हालत में लेखक के अपने अनुभव की प्रामाणिकता का कोई मूल्य उन आलोचकों के लिए नहीं रह जाता, केवल मतवाद को प्रामाणिक (यथासम्भव) तरीके से पेश कर देनेवाले लेखक ही उनके महान लेखक बन जाते हैं।

यहीं पर उन लेखकों के लिए संकट उत्पन्न होता है, जो विचारधारा-विशेष को अपनी आस्था का अंग मानते हैं, पर लेखक के रूप में अनुभव की प्रामाणिकता को ही तरजीह देते हैं। क्योंकि राजनीतिमूलक समीक्षा लेखक का प्रामाणिक अनुभव नहीं चाहती, वह अपने मतवाद को यथासम्भव प्रामाणिक आवरण पहनाने की माँग करती है।

दृष्टि का यह वैभिन्य नई कहानी की रचनाशील पीढ़ी के लिए एक चुनौती बना हुआ था। अब यह एकदम स्पष्ट हो चुका है कि जिन रचनाधर्मी लेखकों ने अनुभव की प्रामाणिकता को ही अपना धर्म माना, वे उस आग्रही राजनीतिमूलक समीक्षा की परिधि में नहीं बँध सके।

ऐसे कथाकारों के लिए इतिहास की कार्य-कारण परम्परा में जन्म लेता हुआ और अपने सही संघर्षों को पहचाननेवाला मनुष्य ही केन्द्र-बिन्दु है—क्षुद्र स्वार्थों

से प्रेरित क्षण-क्षण पैतरे बदलनेवाला राजनीतिक मतवाद नहीं। मुश्किल यह है कि राजनीति की शक्ति ही यह है कि वह एक खोज को बार-बार दोहराए और जीवन्त साहित्य की शर्त ही यही है कि वह हर बार नए की खोज करे, अत: यह राजनीति और साहित्य की तात्कालिक अन्विति शायद कभी उपलब्ध नहीं होगी। आज की राजनीति आर्थिक सम्बन्धों और शक्तियों को ही निर्णायक मानती है, पर साहित्य के लिए सांस्कृतिक सम्बन्ध और शक्तियाँ ही ज्यादा सही और सच्ची निर्णायक होती हैं। लेखक के लिए राजनीतिक दर्शन भी सांस्कृतिक शक्तियों का मात्र एक अंग है, इसीलिए लेखक इतिहास-सम्मत सांस्कृतिक परम्परा में से शक्ति ग्रहण करता है और नए सांस्कृतिक मूल्यों को वाणी देता है या पुराने मूल्यों के विघटन की प्रामाणिक सूचना का वाहक होता है—वह बाजार भाव (तात्कालिक राजनीतिक पैतरेबाजी) का अंग नहीं होता। आलोचना के इस 'बाजार-भाव' के पैमाने से नई कहानी को नापा भी नहीं जा सकता। इसीलिए आलोचक के अपने बाट और पैमाने व्यर्थ हो गए और कथा-समीक्षक संन्यास लेकर अपनी पुरानी उजड़ी कुटिया पर 'कहानी पर फिलहाल इत्यलम्' की तख्ती लटकाकर किसी और 'देश' की तरफ रोजगार की तलाश में प्रस्थान कर गए।

नई कहानी शुरू से ही प्रगतिचेता लेखकों और प्रगतिशील मूल्यों की संश्लिष्ट इकाई—मनुष्य—की वाणी रही है। प्रगति या प्रगतिशीलता की पूरी धारणा ही मनुष्य के सन्दर्भ में है, वह पार्टी या नारों से चालित नहीं है। मनुष्य का सत्य किसी भी दल या पार्टी से नियमित नहीं है—मनुष्य मात्र एक आर्थिक इकाई नहीं है, वह संश्लिष्ट सांस्कृतिक इकाई है और उसका द्वन्द्व स्वयं अपने भीतर से जन्म लेता है, राजनीतिक सिद्धान्तों के आरोपण से नहीं। यही वह संश्लिष्ट सांस्कृतिक इकाई (मनुष्य) है जो नई कहानी का केन्द्रीय कथ्य है, जो अपने द्वन्द्व को स्वयं झेलता हुआ टूट-टूटकर बन रहा है या बन-बनकर टूट रहा है—द्वन्द्व का यह नैरन्तर्य सभी आयामों में प्रतिफलित हुआ है। चाहे वे स्त्री-पुरुष के सम्बन्ध हों, या स्त्री-पुरुष के संस्थागत सम्बन्धों की व्यर्थता-सार्थकता हो, परिवार का विघटन हो या नई पारिवारिक इकाई का गठन हो, आर्थिक सम्बन्धों का सिलसिला हो या धार्मिक नागफाँस की व्यर्थता हो—कहने का मतलब यह है कि नई कहानी मनुष्य को उसके परिवेश में अन्वेषित करती है और मानव-नियति और उसके संकट के द्वन्द्व की अभिव्यक्ति है।

कथा-समीक्षा इस पक्ष को नहीं समझ पाई और जहाँ-जहाँ उसने संकट के इस बोध को रेखांकित भी किया तो बहुत सतही स्तर पर, या गलत कथा-पात्रों के उद्धरण देकर। निर्मल वर्मा की कहानी 'लन्दन की एक रात' को यदि रेखांकित भी किया गया तो निहायत सतही स्तर पर, जहाँ केवल (राजनीतिक) पक्षधरता के

कोण को ही सराहा गया, उस कहानी में निहित मानवीय संकट और उसकी परिणति का विश्लेषण नहीं किया गया जो कि कहानी का मूल कथ्य है, और राजनीति की एकांगी दृष्टि से भी ज्यादा गहरी अन्तर्दृष्टि से सम्पन्न है। सतहों से बातों को ले उड़ना या सरहदों पर लड़ाई लड़ना एक बात है और केन्द्रीय संघर्ष में शामिल होना कतई दूसरी बात है।

समस्त नए इतिहास के सन्दर्भ में यह अनिवार्य हो गया है कि आलोचना भी उस केन्द्रीय संघर्ष में शामिल हो, वह पताका पकड़नेवाले चोबदारों से अपने को अलग करे, जो संघर्षरत मनुष्य की अप्रामाणिक सूचनाएँ दे-देकर उड़ती धूल को विजय-चिह्न घोषित कर रही है। अपने से और अपनी दुनिया में लड़ता हुआ मनुष्य जीवन और मृत्यु के दुर्धर्ष समर में घिरा हुआ है और वह यह भी जानता है कि यह लड़ाई उसे ही लड़नी है।

कथा-समीक्षक ने इस केन्द्रीय संघर्ष की ओर देखा ही नहीं, वह निहायत सतही स्तर पर गाँव, कस्बा और शहर की लड़ाई, आंचलिकता और संगीतात्मकता, सूक्ष्मता और असूक्ष्मता, वातावरण और अलंकरण, चमत्कार और विकार, गल्प और स्वल्प, पाठक और पाठ, प्रक्रिया और प्रतिक्रिया, भावुकता और रोमांटिकता आदि समस्याओं में ही उलझा रहा, क्योंकि यहाँ उसे फतवे देने की सुविधा थी।

कहानी की आलोचना में इन फतवों ने कितना अहित किया है, यह अब छिपा नहीं है, क्योंकि समस्त रचनाधर्मी कथाकारों की कृतियों में उस केन्द्रीय संघर्ष को रेखांकित करके एक व्यापक दृष्टि-परिधि स्वीकार नहीं की गई, बल्कि उसे 'वाद' के अन्तर्गत कैद करके व्यक्ति-लेखकों को स्वीकारा या नकारा गया। एक ही लेखक की नई और पुरानी दृष्टि को विश्लेषित नहीं किया गया, बल्कि नए और पुराने के फतवे देकर लेखकों को शिविरों में बाँट लिया गया। इससे यह भ्रम भी फैला कि जो कहानीकार नई कहानी लिख रहा है, वह पुरानी कहानी लिखता ही नहीं, या जो पुरानी कहानी लिखता है, वह नई लिख ही नहीं सकता। बहुत अंशों में यह बात सही भी हो, पर इसे नियम के रूप में स्वीकार करना रचना-स्रोतों को सुखा भी सकता है, क्योंकि पुराने के नाम पर सब अस्वीकृत नहीं किया जा सकता, और न नए के नाम पर सब स्वीकृति प्राप्त कर सकता है। इस नए और पुराने में से दृष्टि-भेद के आधार पर ही निर्णय किया जा सकता है। यह निर्णय कठिन भी नहीं है। यदि यह निर्णय-बुद्धि आलोचना नहीं उपजाती तो परम्परा के सार्थक दाय से वंचित होना पड़ेगा।

नई कहानी की आलोचना ने यह गलती भी की थी कि परम्परा के जीवन्त तत्त्वों से रिश्ता कायम नहीं किया था, जिसकी क्षति रचनाकारों को उठानी पड़ी और तब कुछ रचनाकारों ने ही परम्परा के संगत तत्त्वों को स्वीकारा था। परम्परा में बहुत

ज्यादा ऐसा भी है (लेखक के स्तर पर) जो अपने समय की सीमा को लाँघकर हम तक नहीं पहुँचता, उसमें बहुत–सा ऐसा भी है जो काल की छाप लिये हुए भी, समय की सीमा को पार कर हम तक पहुँचा है और पहुँचता रहेगा। इसे रेखांकित करने का कार्य आलोचना को करना चाहिए था, पर वह यह भी नहीं कर सकी।

बहरहाल, अब यह स्पष्ट हो गया है कि कथा–समीक्षा में राजनीतिमूलक एकांगी मतवाद और फतवे नहीं चलेंगे। अगर आलोचना को अपना दायित्व वहन करना है तो वह 'सरहदों की लड़ाई' नहीं लड़ेगी, बल्कि केन्द्रीय संघर्ष की अनिवार्य स्थिति को पहचानेगी, आलोचना नए साहित्य के अनुभव में से गुजरकर आस्वाद का नया धरातल स्थापित करेगी, वह सैद्धान्तिक समीक्षा–पद्धति लेकर नहीं चल पाएगी।

और इस सबसे ज्यादा महत्त्वपूर्ण होगा कि आलोचना विधागत परिभाषीकरण की अपनी नितान्त पुरानी परिपाटी का त्याग करे और चाहे तो ज्यादा–से–ज्यादा, सुविधा के लिए धारणाओं की स्थापना कर ले, ताकि पूरे कथा–प्रवाह को किसी आधार पर परखा जा सके। ये धारणाएँ भी स्वयं कहानी में से ही खोजी जाएँ ताकि कथा–सृष्टि खंडित न होने पाए—वह लेखक व्यक्तियों की उपलब्धियों में न बँट जाए, बल्कि समग्रता में उसका आकलन हो सके। संक्षेप में यदि कहा जाए तो यही कि अब समीक्षा भी 'इनवॉल्व्ड' प्रक्रिया ही हो और समीक्षक भी सन्तुलित और दृष्टि–सम्पन्न एक व्यक्ति–संस्था के रूप में सामने हो, वह द्वेष और साहित्येतर मन्तव्यों का गुलाम व्यक्ति न हो। क्योंकि कोई भी कहानी (कहानी यदि वह है तो) लेखक की जीवन–दृष्टि, परिवेश में से उद्भूत उसके प्रामाणिक अनुभव का अविभाज्य अंग है, इसीलिए वह कहानी एक सम्पूर्ण उपस्थिति या संश्लिष्ट सांस्कृतिक इकाई है। और इस इकाई या उपस्थिति को तभी विश्लेषित किया जा सकता है जब आलोचक भी उसी सचाई का अनुभवकर्ता हो, जिसके दबाव में कहानी रूप ग्रहण करती है।

कथ्य के आधारभूत अनुभव के क्षण से सम्बद्ध होकर, उसके परिवेश और जीवन–यथार्थ तथा उसकी ऐतिहासिक और मूल्यगत पीठिका तथा केन्द्रीय संघर्ष की भूमिका को दृष्टि–परिधि में समेटकर ही समीक्षा का कोई पैमाना कहानी के साथ न्याय कर सकता है। आस्वाद के नए धरातल की बात तभी सार्थक हो सकती है और शायद तब आलोचक भी आलोचक शब्द से परहेज नहीं करेगा, जिसके प्रति वह स्वयं घृणा से भर उठा है।

और तब आलोचना की शायद एक और शुरुआत हो...!

प्रामाणिकता, भविष्य, परम्परा : कुछ नोट्स

'अनुभव की प्रामाणिकता' को लेकर भी बार-बार भ्रम की स्थिति पैदा होती है और यह शंका भी व्यक्त की जाती है कि इससे अनुभव-क्षेत्र के सीमित हो जाने का खतरा है। चूँकि बात समकालीन कथाकारों के सन्दर्भ में कही जाती है, इसलिए आसानी से यह भी कह दिया जाता है कि आज के लेखक का अनुभव उतना बड़ा नहीं है, जितना कि पुराने लेखक का था, या उतनी बड़ी कोई प्रतिभा आज सामने नहीं है। नए लेखक पर दम्भी होने का आरोप भी है। पर नया लेखक इस शंका या आरोप को शालीनता से सुन लेता है, क्योंकि उसे कहीं और ज्यादा दम्भी न मान लिया जाए। लेकिन वास्तविकता यह है कि कहानी के क्षेत्र में जितने समर्थ लेखक आज विद्यमान हैं, उतने कभी नहीं थे और अनुभवों की कमी या विरलता की बात भी गलत है।

हिन्दी-कहानी की वर्तमान विविधता भी इसका सबल प्रमाण है। सब लेखकों के अपने अनुभव-क्षेत्र हैं और उन्हीं की प्रामाणिक अभिव्यक्ति उन लेखकों ने की है। 'अनुभव की प्रामाणिकता' को भी बहुत-कुछ गलत अर्थों में समझा गया है। उसमें व्यक्ति लेखक का अपना अनुभव तो सम्मिलित है ही, पर यह अनुभव औरों का भी है, हमारे समय के अनुभव की प्रामाणिकता से ही इसका तात्पर्य है, जिसका कि लेखक स्वयं एक अंग है। चूँकि नया लेखक अपने को साधारण नागरिक मानकर चलता है, वह द्रष्टा, स्रष्टा, भविष्यवक्ता, निर्णायक आदि के आरोपित व्यक्तित्व को स्वीकार नहीं करता, इसलिए वह अपनी सत्ता को अपने समय और उसके अनुभव से विलग नहीं करता। वह अपनी वैयक्तिक वास्तविकता और अपने एकांगी सत्य का वाहक नहीं है। जब नया कहानीकार वैयक्तिकता का विरोध करता है तो इसी आधार पर कि व्यक्ति की संगति अपने समय की वास्तविकता से नहीं रह जाती। वह समय और परिवेश से निरपेक्ष होकर अपनी अलग सत्ता कायम करता है पर नया लेखक समय, उसकी स्थितियों, वास्तविकताओं और पूरे परिवेश से कभी भी निरपेक्ष नहीं है। उसका व्यक्ति भी इन सबकी सापेक्षता में ही रह रहा है और वह सापेक्ष दृष्टि से ही सब कुछ देखता और अनुभव करता है। इसलिए अनुभव की प्रामाणिकता कोई निरपेक्ष स्थिति नहीं है, वह समय-सापेक्ष

अनुभव की सच्चाई है। इसीलिए यह प्रामाणिकता केवल व्यक्ति लेखक की नितान्त वैयक्तिक और असम्पृक्त स्थिति नहीं है, बल्कि यह सम्पृक्त अनुभव की स्थिति है। इसीलिए यह मात्र लेखक का अपना अनुभव नहीं है, बल्कि वह अनुभव है, जिसे वह अपने परिवेश में जीता है और अपनी अनुभूति का अंग बन जाने पर ही सम्प्रेषित करता है।

प्रामाणिकता का सन्दर्भ ही यह सिद्ध करता है कि अब लेखक आरोपण को स्वीकार नहीं करता। आरोपित तथ्यों, मतवादों, कल्पनात्मक उड़ानों, अपरिचित कथा-खंडों के विषय में लेखन और दूसरे की कही बात को कहानी बना देना वह स्वीकार नहीं करता। वह यथार्थ के प्रति प्रतिश्रुत है, इसलिए वह उसी को अपना कथ्य बनाएगा। भाषा, शिल्प, शैली आदि के स्तर पर भी यह प्रामाणिकता वाली बात ही उसकी कला की रक्षा करती है। वह अब पत्र, संस्मरण, डायरी, यात्रा आदि शैली में कहानी नहीं लिखता, या अपने मन्तव्यों को कहानी के यथार्थ में हस्तक्षेप नहीं करने देता और न अपनी सीखी हुई भाषा का इस्तेमाल ही करता है। अब हर चीज कथ्य के बिन्दु से निश्चित होती है—कथ्य ही भाषा, शिल्प, शैली का निर्णायक है और लेखक कथ्य की प्रामाणिकता का रक्षक।

इसीलिए मनुष्य अब संश्लिष्ट सांस्कृतिक इकाई के रूप में है, जो अपने बीते हुए, वर्तमान और अगले क्षण से जुड़ा हुआ है। घनीभूत क्षण कभी-कभी इतना मर्यादित होता है कि उसमें पिछले और अगले क्षण की गूँज नहीं सुनाई देती, पर यदि ध्यान से देखा जाए तो घनीभूत क्षण में साँस लेती कहानियाँ भी बहुत सूक्ष्म रेशों और तन्तुओं के साथ भूत और भविष्यत् से जुड़ी होती हैं।

भविष्यत् का अब कोई स्वप्न कहानियों में जरूरी नहीं है, क्योंकि प्रामाणिकता की माँग इस स्वप्न को रूपाकार नहीं लेने देती और यह अच्छा ही है कि आज की कहानी किसी झूठ को जन्म नहीं दे रही है—ऐसा झूठ जो कल उजागर हो जाए। राजनीतिक स्तर पर जितने झूठ उजागर हुए हैं, उनके सन्दर्भ में मनुष्य अब और कोई झूठ बर्दाश्त कर सकने की मानसिक स्थिति में नहीं है—और लेखक भी चूँकि आज का ही मनुष्य है, अत: वह अपनी इस सीमा को स्वीकार करता है—असमर्थता के कारण नहीं, बल्कि यथार्थ के प्रति प्रतिबद्ध होने के कारण। यही सच्चा वैज्ञानिक दृष्टिकोण भी है।

आज विश्व की सभी समृद्ध भाषाओं की यह स्थिति है। चूँकि सभी साहित्यिक विधाओं ने भविष्यत् की वह पुरानी रोमानी कल्पना छोड़ दी है, अत: वहाँ 'भविष्यत् साहित्य' की अपनी एक अलग कोटि है। कल्पनाशील लेखक, कलाकार अलग से भविष्य का स्वरूप निर्धारण कर रहे हैं और उसमें मनुष्य की सम्भावित स्थिति की भविष्यवाणियाँ भी कर रहे हैं। वह रोमानी साहित्य वहाँ बहुत लोकप्रिय भी है क्योंकि कहानी, उपन्यास, नाटक और यहाँ तक कि कविता में भी अब झूठे

आश्वासन या गलत और कल्पनाप्रसूत असम्भव धारणाएँ नहीं हैं।

'भविष्यत् साहित्य' के लिए अपने समय की प्रामाणिकता को ही आधार बनाया जा सकता है, उसकी बात करते हुए विचारक पॉल वेलरी कहते हैं— "...हमारी चेतना का वर्तमान संकट यह है कि उन्मूलित और यायावर मानव आज प्रश्नचिह्न बनकर स्थायी और परम्पराबद्ध मानव के सम्मुख खड़ा है। हम आज एक प्राचीन परम्परागत व्यवस्था और अपनी धुरी से विचलित हो जानेवाली विकासमान सत्ता के बीच तुमुल संघर्ष देख रहे हैं। एक ओर ये खानाबदोश लोग सीमाओं को लाँघते हुए, चहारदीवारियों को तोड़ते हुए भटक रहे हैं, दूसरी ओर बार-बार दुर्गों के परकोटों की मरम्मत कराई जा रही है, शहरपनाह की दीवारें और ऊँची कराई जा रही हैं, राष्ट्रीय सीमाओं पर कँटीले तारों का बाड़ा और घना किया जा रहा है।...मैंने अक्सर यह कहा है कि हम भविष्य के फाटकों में प्रवेश तो कर रहे हैं, लेकिन उलटे पैरों चलकर। भविष्य की ओर हमारी पीठ ही है।"

'अनुभव की प्रामाणिकता' की बात करनेवाले लेखक के सामने भी ठीक यही स्थिति है। उपरोक्त स्थिति भी हमारे समय का एक बड़ा संकट है और ऐसे संकट में लेखक के लिए कठिन हो गया है कि वह 'अनागत को अतीत की शब्दावली' में बाँध पाए। कहीं-कहीं तो घटनाएँ इस तीव्रता और वेग से घटित होती हैं और उनका घटित होना कुछ इतना असम्बद्ध और कार्य-कारणरहित होता है कि घटित की पृष्ठभूमि में आगत की व्याख्या करना मुमकिन नहीं होता।

मानसिक दिवास्वप्नों में डूब जाने की जगह क्या यह ज्यादा सही और उपयुक्त नहीं है कि मनुष्य अपने आज की भयावहता, त्रास और संघर्ष को झेले? आज की मानसिकता का सम्पूर्ण निर्माण हो ताकि कल की नींव उन्हीं वास्तविकताओं के अनुभव पर रखी जाए? जो कुछ असहनीय है, उसे आज उद्घोषित कर दिया जाए ताकि कल उन असहनीय तत्त्वों को जगह न मिलने पाए?

हमारा युग अच्छे और बुरे, गलत और सही के समन्वय का नहीं है—हम ऐसे युग से गुजर रहे हैं जहाँ स्थिति सघर्ष की है और यह ध्रुवीकरण बहुत अंशों में हो चुका है। मनुष्य की नियति के लिए राजनीतिक व्यवस्थाओं में से सही और गलत का चुनाव हो चुका है। आर्थिक व्यवस्था में सही और गलत स्रोतों को पहचाना जा चुका है। आध्यात्मिक आचरण के सही और गलत मूल्य अलग किए जा चुके हैं। आज का मनुष्य सही और गलत को पहचानता है, पर उसका अभिशाप यह है कि वह सही और गलत की स्थितियों को पूरी तरह बदल सकने में समर्थ नहीं हो पा रहा है। वह अपने लिए चुनाव कर सकने की स्थिति में भी नहीं है। वह न अपना भविष्य चुन सकता है और न वर्तमान। कितनी विडम्बनापूर्ण है यह स्थिति कि सही और गलत को जानते हुए भी आज का मनुष्य सही को चुन सकने के लिए स्वाधीन नहीं है, क्योंकि यह समय तुमुल संघर्ष का है और परम्परागत गलत व्यवस्थाएँ या

मान्यताएँ "अपने दुर्गों के परकोटों की मरम्मत करा रही हैं तथा शहरपनाह की दीवारें और ऊँची कराई जा रही हैं।"

सदियों का यह संघर्ष आज के लेखक को इस स्थिति में लाकर खड़ा कर देता है कि वह स्वयं इस संघर्ष का भोक्ता बने या उसका भविष्यवक्ता। वर्तमान लेखक ने भोक्ता बनना स्वीकार किया है, वह इस संघर्ष का दर्शक नहीं है, इसलिए सरहदों पर खड़े होकर इस संघर्ष को वह भविष्यत् के शब्दों में अभिव्यक्त नहीं करता। वह इसे इसी के शब्दों में अभिव्यक्त करता है। इसीलिए प्रामाणिकता उसकी शक्ति है और वास्तविकता को झेल सकने का मूलमंत्र।

एक और विचारक के शब्दों में—"(भारतीय सन्दर्भ में विशेषत:) युग-परिस्थितियों पर दृष्टिपात करने से पहली बात यह समझ में आती है कि सम्भवत: अभी भी नए युग का पूर्ण पदार्पण नहीं हुआ है, किन्तु मानवता के इतिहास का एक नया युग हमारे द्वार खटखटा रहा है। यह काल प्रतीक्षा और तैयारियों का है—संक्रान्ति-काल है। हर जगह, हर दिशा में लोग कुछ-न-कुछ नया खोजने की चिन्ता में हैं। पिछले ढाँचे, पिछले आदर्श, पिछली शक्तियाँ आज सन्तोष नहीं दे पातीं। आविष्कार और अन्वेषण की प्यास, भाषा, छन्द, रूप-विधान की अन्तर्निहित अनजानी शक्तियों को खोज निकालने की कामना आज सभी में जाग उठी है, क्योंकि एक अपेक्षाकृत अधिक सूक्ष्म और अधिक विराट् जीवन-चेतना जन्म ले रही है, अभी बहुत-सी ऐसी गूढ़ और अर्थमयी बातें कही जानी शेष हैं, जो अभी तक नहीं कही गईं और...उस भविष्यत् वस्तु-तत्त्व के लिए उपयुक्त वाणी खोजनी है।"

उपयुक्त वाणी की यह खोज आखिर सम्भव कहाँ से होगी? यह कल्पना-प्रसूत वायवी स्थितियों से नहीं, बल्कि प्रामाणिक अनुभव से ही सही रूप में प्राप्त हो सकती है। प्रतीक्षा गतिशीलता का लक्षण है, एक बहुत बड़े अभाव के बीच। जहाँ प्रतीक्षा भी नहीं है, वे स्थितियाँ और भी दारुण हैं। पर उनके होने से भी कौन इनकार कर सकता है? यथार्थ स्थितियों के बीच घिरे हुए मनुष्य के लिए अब बहुत-सी बातों की प्रतीक्षा भी नहीं रह गई है। प्रतीक्षा की यह अनुपस्थिति भी बहुत-सी कहानियों में है, पर उनमें अपनी वास्तविकता का साक्षात्कार करने का साहस जरूर विद्यमान है। यह सही है कि प्रतीक्षा की अनुपस्थिति की यह मुद्रा 'डिप्रेशन' पैदा करती हो, पर अपने समय की सच्चाइयों के अन्वेषण में यदि यह तत्त्व सामने आता है तो हमसे भी कहानी कतरा नहीं सकती। इसे हम मात्र एक बीत जानेवाले 'फेज' के रूप में ले सकते हैं। यहीं पर यह कह देना भी आवश्यक हो जाता है कि नई कहानी का यह मूल स्वर नहीं है, एक अवान्तर प्रसंग है, पर जिसकी सम्पूर्ण अवहेलना नहीं की जा सकती। इस विष को अस्वीकृत नहीं किया जा सकता, क्योंकि यह विष सदियों की व्यवस्था और परम्परावाद ने हमें दिया है,

जिसमें मनुष्य के अधिकांश स्वप्न खंडित हो चुके हैं।

नई कहानी में भविष्यत् का न होना या बहुत सूक्ष्म रूप में होना एक अनिवार्य स्थिति है—जहाँ-जहाँ आगत के सूत्रों की सम्भावित सच्चाई स्पष्ट हो सकी है, वहाँ-वहाँ उसके संकेत भी हैं। अगर ऐसे संकेतों को देखना हो तो अमरकान्त की कहानियाँ ही पर्याप्त हैं।

और नई कहानी की आधारभूमि की यह विशेषता भी है कि समग्र सच्चाई को इस पीढ़ी का पूरा कृतित्व ध्वनित करता है। प्रामाणिकता की बात किसी एक लेखक की अपनी बात नहीं है, पूरी नई कहानी की अपनी वाणी है।

सदियों से कहानी के साथ जो 'झूठे होने' का अभिशाप या गुण जुड़ा हुआ था, उसे 'सच्ची होने' के अभिशाप या गुण में बदल सकना तभी सम्भव हो पाया, जब अनुभव की सच्चाई की बात उठाई गई। कहानी का 'झूठा होना' नए लेखक के लिए अभिशाप था (पुरानों के लिए वह गुण रहा होगा) और अब 'सच्चा होना' नयों के लिए एक गुण है (पुरानों के लिए अभिशाप हो गया होगा)।

कहानी को झूठ की नियति से निकालकर सच्चाई के व्यक्तित्व में परिवर्तित कर सकने की कोशिश ही इस बात का सबूत है कि अब लेखक अप्रामाणिक अनुभव को तरजीह नहीं देगा। यथार्थ के रू-ब-रू खड़ी होनेवाली कहानी की आधार-भूमि ही प्रामाणिकता है। लेखकीय हस्तक्षेप से मुक्ति भी कहानी को तभी मिल सकती थी, जबकि प्रामाणिकता की शर्त को अनिवार्य माना जाता।

यह अनिवार्यता ही आज के लेखक को परम्परा से सम्बद्ध और असम्बद्ध होने की दृष्टि भी देती है। सच बात तो यह है कि परम्परा से विद्रोह ही नई कहानी का स्वर है, पर इस विद्रोह में ही परम्परा के गत्यात्मक अंशों को स्वीकारा भी गया है। लेकिन ये अंश इतने क्षीण हैं कि उन्हें पुख्ता सेतुओं के रूप में नहीं देखा जा सकता। परम्परा के पुनर्मूल्यांकन के बीच जहाँ-जहाँ नई कहानी को यह आवश्यकता महसूस हुई है कि वह परम्परा को रेखांकित करे, वहीं-वहीं उसने सेतुओं का निर्माण किया है। यदि साहित्य के इतिहास की परम्परा में देखा जाए तो नई कहानी के ठीक पीछे जो तात्कालिक परम्परा (स्वतंत्रता से पूर्व की) थी, उससे उसने सम्पूर्ण विद्रोह किया है, यानी जैनेन्द्र और अज्ञेय की कहानी-परम्परा से। वैचारिक स्तर पर भी जहाँ-जहाँ प्रेमचन्द में भाग्यवाद का स्वर है या आदर्शोन्मुख यथार्थवाद की मुद्रा है, उससे भी नई कहानी ने सुविचारित प्रयाण किया है और वह प्रयाण भी विद्रोह ही है। पर प्रेमचन्द में जो कुछ जीवन्त था, जो समय की सीमा पार कर हमारे समय तक आ रहा है (और शायद बेहद लम्बी अवधि तक पहुँचता रहेगा), उसे पुनर्मूल्यांकन के आधार पर ही स्वीकारा गया है। प्रेमचन्द का मानवतावाद भी अमूर्त नहीं है (जैसा कि जैनेन्द्र और अज्ञेय का है), इसीलिए उसके कई पक्षों के प्रति

आज भी सहमति है। यशपाल की दृष्टि के अधिकांश के प्रति नहीं, पर उनकी कहानी के 'साहित्यिक स्वरूप' के प्रति निश्चित विद्रोह है।

इसीलिए हिन्दू भाग्यवाद, जैन संशयवाद और बौद्ध दुखवाद की वैचारिक परम्परा नई कहानी की परम्परा नहीं है। वह यथार्थ की अपनी परम्परा है, जिसे अपनी नई कहानी ने अपने समय और परिवेश में अन्वेषित किया है, जिसके कुछ समर्थ उदाहरण (या शुभारम्भ) हमें प्रेमचन्द की कहानियों में विशेष रूप से मिलते हैं।

आधुनिकता और प्रामाणिकता के सन्दर्भ में नई कहानी

आधुनिकता को धारणाओं या लक्षणों के रूप में ही समझा जा सकता है, क्योंकि यह एक गत्यात्मक प्रक्रिया है, मूल्य नहीं, जिसे स्थिर कर लिया गया हो।

आज आधुनिकता को केवल एक देश-विशेष की भौगोलिक परिसीमाओं में भी नहीं बाँधा जा सकता, क्योंकि अन्तर्राष्ट्रीय स्थितियों ने किसी भी देश को अकेला नहीं रहने दिया है। इसलिए जब हम आधुनिकता की बात करते हैं तो एक तरह से दोहरी स्थिति से गुजरने के लिए मजबूर हैं; एक स्थिति स्वयं हमारे देश-समाज की है और दूसरी स्थिति विश्व-समाज की है। इस सम्बन्ध को दृष्टि में रखे बिना आधुनिकता की धारणाओं को स्पष्ट कर सकना सम्भव हो ही नहीं सकता।

इसी के साथ एक प्रश्न और उठता है—आधुनिक की अवधि क्या है? या उसका प्रसार किस काल-खंड से कहाँ तक है? विश्व के स्तर पर पश्चिम या इंग्लैंड के पुनर्जागरण (रिनेसाँ) तक आधुनिक युग की सीमा है, जिसमें फ्रांस की क्रान्ति से एक मोड़ आता है और रूसी क्रान्ति से दूसरा मोड़ आता है, जिन्होंने मिलकर हमारे आधुनिक विचारों के इतिहास को जन्म दिया है।

राष्ट्रीय स्तर पर सामाजिक पुनर्जागरण की शुरुआत हम राजा राममोहन राय और राजनीतिक पुनर्जागरण की शुरुआत महात्मा गांधी से मान सकते हैं—या ज्यादा-से-ज्यादा बालगंगाधर तिलक से। आर्थिक और औद्योगिक पुनर्जागरण का कोई उन्मेष हमारे यहाँ नहीं है, यदि है भी तो कुछ पारिवारिक इकाइयों ने इस उन्मेष का श्रीगणेश जरूर किया, पर उसकी कोई परम्परा भारत में नहीं बन पाई। साहित्य में हम भारतेन्दु से आधुनिक युग की शुरुआत मान लेते हैं, जो कि साहित्यिक विधाओं के जन्म और भाषागत संक्रमण का काल है और वैचारिक रूप से नई चिन्तनधारा का सूत्रपात भी कुछ-कुछ वहाँ से होता है।

यह सब भी तीन काल-खंडों पर निरन्तर घटित होता है—युग, वर्तमान और समकालीन या तात्कालिक काल-खंडों पर। यानी जब हम आधुनिकता की बात करते हैं तो सहज ही वह इन तीनों से सम्बद्ध होती है। यानी जो हमारे युग में हो रहा है, जो वर्तमान समय में हो रहा है और जो तत्काल घटित हो रहा है। आधुनिकता के लक्षणों या धारणाओं को व्यक्त कर सकने के लिए तब ऐसे शब्दों की जरूरत

पड़ती है, जो तीनों कालावधियों के लिए अर्थपूर्ण हों। लेकिन यह एक बेहद उलझी हुई स्थिति है और कोई भी शब्द शायद इतना खरा और अर्थगर्भित न हो जो इस विस्तृति को नाप सके। अतः बेहतर यही है कि हम 'विचारों के इतिहास' के सहारे ही चलें, ताकि राष्ट्रीय और अन्तर्राष्ट्रीय अन्तर्विरोध पैदा न होने पाए, नहीं तो फिर वही सवाल उठने लगेगा कि क्या पश्चिम का बोध ही आधुनिक है और क्या हमारी भारतीय विचारधारा में आधुनिक कुछ भी नहीं है ? वास्तविकता यह है कि भारतीयता और अन्तर्राष्ट्रीयता में आध्यात्मिक स्तर पर (कृपया इसे धार्मिक के पर्याय रूप में न लें) अन्तर्विरोध ज्यादा नहीं है और वे एक-दूसरे की पूरक हैं, पर एक तात्त्विक अन्तर है और वह यह कि सभ्यता के विकासक्रम में अविकसित, विकासशील और विकसित—इन तीन मंजिलों पर समस्त देश हैं। और तीनों मंजिलों वाले ये देश एक ही समय में साथ-साथ उपस्थित हैं। चूँकि यह भेद है, अतः बोध का भेद भी है। पर बोध के भेद के लिए यह जरूरी नहीं है कि विकासशील देश का बोध मध्यस्थिति में ही हो और अविकसित का बोध बिलकुल पिछड़ा हुआ ही हो।

आज विश्व में चाहे जितना भी व्यवस्थापकीय तथा आर्थिक भेद हो, पर विचारों के स्तर पर यह भेद नहीं रह पाया है। अविकसित और विकासशील देशों में विचार भी सार्वजनीन सम्पदा हो पाए हैं और जनता विचारों की मंजिलों से भी गुजर रही है—पर जैसे आर्थिक और भौतिक सुविधाएँ बहुत से देशों के लिए अनुपलब्ध हैं, उस तरह विचार अनुपलब्ध नहीं हैं।

चूँकि आधुनिकता भी इतिहास-चेतना ही है, अतः वह पुरातन और भविष्यत् से भी जुड़ी हुई है। यह इतिहास-चेतना ही परिवर्तन की एक अनिवार्य स्वीकृति है। इसीलिए जब हम आधुनिकता की बात करते हैं तो अनिवार्य रूप से परिवर्तित या परिवर्तनशील तत्त्वों को रेखांकित करते हैं, जहाँ से हम एक युग-विशेष से अलग होते हैं।

मध्ययुग से अलग करनेवाले लक्षणों के आधार पर ही बीसवीं सदी के साहित्यिक उन्मेष को 'आधुनिक' की संज्ञा दी गई थी और आज तो यह आधुनिक युग भी इतिहास-क्रम में आधुनिक नहीं रह गया है, क्योंकि सन् '47 तक आते-आते साहित्यिक उन्मेष का वह काल भी सन्दर्भ से दूर जा पड़ा है। क्योंकि स्वातंत्र्योत्तर साहित्य की वाणी ही बदल गई है, अतः उसे नए नाम की भी जरूरत पड़ी और उसने आधुनिक कहे जानेवाले उन उन्मेष से अपने को अलग पाया, इसलिए 'नया' शब्द प्रचलित हुआ, जो कि आधुनिक के सन्दर्भ में अत्याधुनिक की ध्वनि देता है। पर अत्याधुनिक में परम्परा के अधिकांश के होने का आभास भी था, अतः इस शब्द को छोड़कर 'नया' शब्द ही अपनाया गया, क्योंकि उसमें दृष्टि-भेद का स्वर भी था।

स्वातंत्र्योत्तर नवलेखन में संशोधन कम, परित्याग और पुनर्मूल्यांकन ही ज्यादा था, इसलिए जरूरी हुआ कि इस परित्याग को ध्यान में रखते हुए नाम की खोज की

जाए। पुनर्मूल्यांकन के आधार पर भी जो कुछ संग्रहणीय था, वह इस नए की दृष्टि में बहुत क्षीण और विरल था। परिवर्तन और उससे उद्‌भूत बोध की गति इतनी तीव्र और संक्रामक थी कि यह सारा परिवर्तन परम्परा का पुनर्मूल्यांकन के आधार पर किया हुआ विकास नहीं लगता, बल्कि सर्वथा नई उद्‌भावना ही ज्यादा लगती है।

इस दृष्टि से यदि हम देखें तो हिन्दी-साहित्य के आधुनिक युग (भारतेन्दु के समय से शुरू होनेवाले) के बोध से हम आज का आधुनिक बोध पृथक् पाते हैं। सुधारवाद, पुनरुत्थानवाद, सांस्कृतिक संघटनवाद, शुद्धिवाद, सौन्दर्यवाद और पवित्रतावाद के उस आधुनिक युग से आज के नए साहित्य की कोई संगति नहीं बैठती।

इसलिए स्वातंत्र्योत्तर आधुनिक दृष्टिकोण को 'नए' के सन्दर्भ में ही देखा जा सकता है, यदि हम शब्द-परम्परा के मोह में पड़ेंगे तो निश्चय ही एक अमूर्त-सी व्याख्या को जन्म देंगे, जो समन्वय करती-करती अर्थहीन और धारहीन हो जाएगी। सुविधा के लिए भी और सही नतीजों तक पहुँच सकने के लिए भी यह जरूरी है कि हम आधुनिकता के लक्षणों को स्वातंत्र्योत्तर नए साहित्य के सन्दर्भ में खोजें और साथ ही उसकी पूरी परिव्याप्ति को ध्यान में रखें, ताकि धारणाएँ गलत रूप अख्तियार न करने पाएँ।

आधुनिक के साथ पहला और अनिवार्य रूप से जुड़ा हुआ शब्द है—विज्ञान।

'विज्ञान' शब्द से हमारा बहुत काम नहीं चल पाता। विज्ञान ने हमें तथ्य दिए हैं पर वे तथ्य व्यावहारिक जीवन में जब फलीभूत होते हैं, तो उनका रूप भौतिक हो जाता है। यानी विज्ञान ने हमारे बौद्धिक और आध्यात्मिक सीमान्तों को तो विस्तृत किया है, पर व्यावहारिक स्तर पर उसका जो रूप हमें प्रभावित और पुनर्निर्मित करता है, वह टेक्नोलॉजी का है। विज्ञान ने हमें नियम दिए हैं, पर उन्हीं नियमों की सार्थकता को जीवन में उतार देने का काम मशीन ने किया है। और इस मशीन के अस्तित्व के कुछ अपने नियम भी हैं, जो उसके जन्म के बाद पैदा होते हैं, जिनका अध्ययन (मनुष्य और उसके समाज के सन्दर्भ में) समाजशास्त्र कर रहा है और मशीन के उत्पादन तथा उसके अस्तित्व में आने से पैदा हुई स्थितियों का निगमन और दिशा-निर्देश का काम व्यवस्थापकीय स्तर पर राजनीतिशास्त्र कर रहा है। हमारे यहाँ ये तीनों शक्तियाँ अभी प्रारम्भिक रूप में हैं—यानी हम अभी पूर्ण औद्योगिक राष्ट्र की स्थिति में नहीं, पूर्व-औद्योगिक राष्ट्र की स्थिति में हैं और इसी के साथ हमारी अपनी सभ्यता और संस्कृति की विपुल धारा टकरा रही है। यह इसलिए कि वर्तमान विज्ञान, टेक्नोलॉजी, समाजशास्त्र और राजनीतिशास्त्र को हमने उत्पन्न नहीं किया है—जो हमने उत्पन्न किया है, उसका संशोधन यदि हो भी रहा है तो बहुत कम अंशों में, उसके पुनर्मूल्यांकन की प्रक्रिया चल रही है और परित्याग

हो रहा है। विकासशील देश होने के नाते हम मध्य-स्थिति में हैं और यदि सही बात कहने की इजाजत दी जाए तो हमारा स्वतंत्रता-पूर्व का बोध वास्तविक आधुनिक बोध नहीं है, उसकी प्रतीति-भर है। इसके मूलभूत कारण इस समय की स्थितियों में मौजूद हैं और इसके लिए वह युग दोषी भी नहीं है। परतंत्रता में जो पीठिका तैयार हो पाई, वह भी बड़ी उपलब्धि है।

पर आज सहसा हम देखते हैं कि जो कुछ हमारे पास पुराना है—चाहे वह भौतिक साधनों के रूप में हो या आध्यात्मिक-धार्मिक विरासत के रूप में—हमारी जिन्दगी के साथ चल नहीं पा रहा है, चाहे किसी भी क्षेत्र में दृष्टि डालिए। शिक्षा के क्षेत्र में गुरुकुल या गुरु-शिष्य परम्परा अब मृत हो चुकी है। हमारे रहने के आवास अब बदली स्थितियों में अपना रूप बदलने के लिए बाध्य हैं। अब उन पुराने मकानों या हवेलियों या पर्णकुटियों में हम रह नहीं पा रहे हैं। 'जंगल जाना' भी नहीं हो पा रहा है, यदि है भी तो हम खुद उसे घृणा से देखते हैं। हमारी नगर-रचना अब व्यर्थ सिद्ध हो चुकी है। पुरानी दिल्ली का दृष्टान्त सामने है (और यही संकट सब नगरों के लिए उपस्थित होगा)। समाज-व्यवस्था परिवर्तन माँग रही है और काफी अंशों में परिवर्तित हो भी गई है। उत्पादन-व्यवस्था की आधारभूत शिलाएँ रखी जा रही हैं। उठने-बैठने के तौर-तरीके बदल रहे हैं। सम्बन्धों का नया सन्तुलन खोजा जा रहा है। अध्यात्म हमें कुछ दे नहीं पा रहा है। धर्म और उसकी धारणाएँ हमें कहीं नहीं पहुँचा रही हैं। कहने का मतलब यह कि जो कुछ हमारे पास था, उसमें से अधिकांश की हमारे आज के जीवन से संगति नहीं बैठ रही है। वह अव्यावहारिक हो गया है।

यहाँ यह दलील हमेशा दी जाती है कि भारतीय गाँवों में ऐसी स्थिति नहीं है, और वहीं अधिकांश भारत रहता है...यह सही है पर, फिर भी इस वस्तुस्थिति से इनकार नहीं किया जा सकता (यशपाल जी के शब्दों में) कि "भारत में ही सभ्यता, संस्कृति और शक्ति के केन्द्र गाँव नहीं, नगर ही रहे हैं। नगर सभ्यता ही हमारे समाज की सभ्यता रही है जिसमें ग्रामीण अंचल भी शामिल रहे हैं। गाँवों ने कभी भी भारतीय सभ्यता पर आधिपत्य नहीं रखा है।" भारतीय सभ्यता का ज्ञात इतिहास नागर सभ्यता का इतिहास है। इस दृष्टि से यदि देखें तो जो कुछ नगरों में होता दिखाई दे रहा है, वही कल की भूमिका है—कम-से-कम तब तक, जब तक कि भारत में कृषक-क्रान्ति नहीं हो जाती। लेकिन हमारा कृषक समाज बहुत धैर्यवान और भाग्यवादी है, इसलिए वह शायद ऐसा कदम फिलहाल नहीं उठा पाएगा।

तो वह वर्ग, जो शहरों में रह रहा है, हमारी आज की नब्ज है और वह जिस तरह के अन्तर्विरोध में फँसा हुआ है, वही उसकी संक्रान्ति है। जब पुरातन हमें व्यावहारिक दिशा-ज्ञान नहीं देता या उसकी संगति वर्तमान से नहीं बैठ पाती, तभी संक्रान्ति पैदा होती है। डॉ. रमेश कुन्तल मेघ के शब्दों में, "इसका मतलब यह हुआ

कि स्वयं मनुष्य के आभ्यन्तर में और उसके वातावरण में जो पुराने आदर्श और पुराने प्रारूप (मॉडल्स) थे, वे अब लागू नहीं हो पा रहे हैं। आधुनिक मनुष्य तो मानवता की विशाल बौद्धिक परम्परा से कट-सा गया है। संक्रान्ति का मतलब यही है। आदर्शों और प्रारूपों के धूमिल हो जाने की वजह से इतिहास के प्रति हमारी अन्तर्दृष्टि और बहिर्दृष्टि मुँद गई है। मानवीय इतिहास का हमारा संदर्शन (विजन) लापता हो गया है जो हमें व्यापक अनन्त, मानवता, संसार और प्रकृति से सम्बद्ध करता (रहा) है। हमारी संक्रान्ति को पुराने आदर्श और प्रारूप सुलझा नहीं पा रहे हैं। उनकी उपयोगिता और प्रामाणिकता के आगे प्रश्नचिह्न लग गए हैं।''

यानी दृश्य और अदृश्य जगत् के प्रति हमारी मूलभूत धारणाओं में कहीं जबर्दस्त परिवर्तन हुआ है, जिसके कारण पुरानी जीवन-व्यवस्था के निष्कर्ष हमारे नहीं बन पा रहे हैं। पुरातन दृष्टि ईश-केन्द्रित रही है, पर मशीन के आगमन और विज्ञान की प्रगति ने हमें तर्कसम्मत सत्य को मानने के लिए बाध्य कर दिया है—यानी हम वास्तविकता या उससे आगे बढ़कर तर्कसम्मत वास्तविकता को स्वीकार करने की ओर बढ़े हैं। ईश-केन्द्रित संस्कृति से हम मानव-केन्द्रित संस्कृति और धारणाओं की ओर बढ़े हैं।

इस संक्रमण के साथ ही शब्द अपने पुराने सन्दर्भों से दूर जा पड़े और उनका नया संस्कार हुआ। यह नया संस्कार सिर्फ कहने से नहीं हो जाता। यह काम साहित्य ही करता है और समस्त आधुनिक संसार के साहित्य ने अपने शब्दों को नए सन्दर्भों में नई अर्थ-गरिमा दी। यह नया अर्थ निश्चय ही लोक-मानस के नए उद्वेलनों से मिला।

लोक-मानस के इन नए उद्वेलनों की खोज ही नवलेखन की खोज की दिशा है। और यह खोज तब तक सही नहीं हो सकती, जब तक कि मनुष्य के प्रामाणिक सन्दर्भों में ही उसे अन्वेषित न किया जाए। डॉ. कुन्तल मेघ के ही शब्दों में, ''प्रामाणिकता—जो हमारे विचारों और इतिहास के संदर्शन को केवल हवाई महल ही न रहने दे, बल्कि हमारी परीक्षा की घड़ियों में उन्हें सार्थक सिद्ध करे, हमारे लिए उपयोगी भी हो और हमारी सम्भावनाओं को सक्रिय रूप में विकसित कर सके।''

तो जिसे हम आधुनिकता कहते हैं वह आज के सन्दर्भ में 'संकट-बोध' ही है, यानी पुरानी जीवन-प्रणाली और व्यावहारिक दृष्टि तथा नई जीवन-प्रणाली और नई जीवन-दृष्टि ने हमारे सामने चुनाव की समस्या या संकट खड़ा कर दिया है। और इस संकट-बोध को झेल सकने का एकमात्र माध्यम प्रामाणिकता ही है—यानी इतिहास और वर्तमान में से प्रामाणिक की खोज, जिससे हमें आधारभूमि प्राप्त हो सकती है—आज की और कल की भी।

हमारा विकासशील देश जिन भँवरजालों में फँसा है, उनमें से उसे अधिकांश देशीय को अस्वीकारना है और अधिकांश अन्तर्राष्ट्रीय को स्वीकारना है। स्थिति

यह है कि राजनीतिक स्तर पर एक ओर विकसित पूँजीवाद का पतनोन्मुख व्यक्तिवाद है और दूसरी ओर मार्क्सवादी समाजवाद है। पूँजीवाद ने जो व्यक्तिवाद हमें दिया है, उसमें से इस बात की चेतना ही लुप्त हो गई है कि व्यक्ति कोई सार्थक इकाई है...कि वह अपने अस्तित्व को स्वीकार करते हुए इतिहास और संस्कृति की उत्पादक इकाई है। इस बोध का लोप होते ही मनुष्य अपने को नितान्त अकेला, संत्रस्त और भयग्रस्त पाता है। वह मात्र अपनी अस्तित्व-रक्षा के लिए सन्नद्ध हो जाता है—जब मनुष्य इस मुद्रा में दिखाई पड़ता है तो ज्यादा वास्तविक होने का भ्रम पैदा करता है, जबकि सचमुच वह वास्तविकता से बहुत दूर और अपने प्रामाणिक सन्दर्भों से एकदम विलग होता है, क्योंकि तब वह इतिहास-बोध से सम्पृक्त नहीं होता—व्यक्ति की निजी धारणाओं का शिकार होता है।

आधुनिकता या संकट-बोध को इतिहास के द्वन्द्वात्मक परिप्रेक्ष्य में ही हल किया जा सकता है, क्योंकि यह संकट, जिसे आज का मानव भोगने के लिए अभिशप्त है, इतिहास की उन शक्तियों ने ही पैदा किया है, जो अपने समय में सही रही होंगी, पर जो हमारे समय तक आते-आते अपनी व्यावहारिकता या संगति खो चुकी हैं। इस संकट की बात बार-बार की जाती है, इसे धारणाओं के रूप में समझने के लिए जरूरी है कि जो आधुनिक नहीं रह गया है, उसे समझ लिया जाए।

जीवन-व्यवस्था में पिता और पुत्र, पति और पत्नी, सम्बन्धी और नातेदार अब अपनी पुरानी मान्यताओं के सहारे नहीं चल पा रहे हैं। पुत्र अब परलोक के लिए नहीं, इहलोक के लिए जरूरी हो गया है, क्योंकि वृद्धावस्था की कोई सुरक्षा आज के वृद्ध के पास नहीं है। वह अपमानजनक स्थितियों में भी किसी पर निर्भर रहने के लिए विवश है—इससे सम्बन्धों में अनवरत तनाव और जीवन की व्यर्थता का बोध ही आज की पुरानी पीढ़ी का बोध है। पुत्र के लिए पुरानी आचरण-संहिता बेमानी हो चुकी है। वह कुछ संवेदना और कुछ दया से भरकर ही परिवार के वृद्ध को स्वीकार करता है।

पति और पत्नी के सम्बन्धों में आमूल परिवर्तन हुआ है। नारी अब कानूनी तरीके से भी ज्यादा (पहले) सुरक्षित है और आर्थिक रूप से भी स्वतंत्र सत्ता प्राप्त करती जा रही है। इन दोनों कारणों ने पति-पत्नी सम्बन्धों को बहुत ज्यादा बदला है जिससे विवाह की परम्परागत संस्था के सामने प्रश्नचिह्न खड़ा हो गया है। आज हर जगह विवाह की यह संस्था परिस्थितिजन्य सन्तुलन माँग रही है। पुरुष अधिक स्वतंत्र सेक्स जीवन की माँग कर रहा है और स्त्री विवाह-संस्था के पक्ष में होते हुए भी उसे अपनी स्वतंत्र मान्यताओं के अनुकूल चलाना चाहती है। वह पुरुष को छूट देने के पक्ष में नहीं है। लेकिन इसके बावजूद जन्म-जन्मान्तर के सम्बन्धों की कोई कल्पना अब उसके मानस में भी नहीं रह गई है। स्त्री ने अपना व्यक्तित्व प्राप्त किया है और वह इसी जीवन-अवधि में सम्मानजनक शर्तों पर रहना चाहती है।

इन आवश्यकताओं ने विवाह की संस्था के पुनर्मूल्यांकन का प्रश्न पैदा कर दिया है, क्योंकि नारी के परिपूर्ण व्यक्ति को पुरुष अभी मन से स्वीकार नहीं कर पा रहा है। यानी वह अपनी सुविधा, संग और तृप्ति के लिए अब पत्नी नहीं, एक सहयोगिनी चाहता है, जिसके साथ जीवन का क्षण-क्षण बिताने की मजबूरी न हो। इसका अर्थ यह नहीं कि वह कई-कई स्त्रियों को सहयोगिनी के रूप में चाहता है, बल्कि यह है कि पुरुष 'एक औसत कामचलाऊ घर' चाहता है जो सामाजिक रूप से स्थायी भी हो, पर परम्परागत बोझ से मुक्त हो। पति-पत्नी सम्बन्धों की पवित्रता का स्वयं पुरुष हामी है, पर वह केवल नारी से ही इसकी माँग करता है, अपनी ओर से कोई आश्वासन नहीं देना चाहता। पुरुष की इन सब मन:स्थितियों ने 'पत्नी' नामक धारणा को खंडित कर दिया है और उनके सम्बन्धों में कहीं शून्य व्याप्त हो गया है। चौबीस घंटे निर्भर रहनेवाली स्त्री के प्रति पति के दृष्टिकोण में एक हिकारत है और उसे अब मात्र बोझ की तरह ढोता है—घर-गृहस्थी में लिप्त मनुष्य की तरह नहीं। इस स्थिति ने पति और पत्नी की इकाई को दो अर्द्ध-इकाइयों में बदल दिया है और अब ये अर्द्ध-इकाइयाँ अपने परिवेश से जीवन के संगत मूल्यों और पद्धतियों को चुनकर (साथ-साथ रहते हुए) स्वतंत्र और परिपूर्ण इकाई बन सकने की दिशा में अग्रसर हैं।

धार्मिक व्यवस्था के बारे में विश्वास से कहा जा सकता है कि वह मर गई है। इसके अवशेष अभी मौजूद हैं, पर वे भी मरणासन्न हैं। धर्मप्राण भारत अब सच्चाई नहीं है—एक तथ्य मात्र है और वह तथ्य भी इसलिए कि हमारे यहाँ सामुदायिक जीवन के लिए और कोई मंच नहीं था। धर्म का मंच ही सामुदायिक सम्मिलन का मंच रहा है। यह बहुतों से जुड़े होने का विश्वास भी देता रहा है। परलोक-कल्पना अब मृत है। पुनर्जन्म केवल एक विलक्षण अनुभूति-भर रह गई है, आस्था नहीं। ईश्वर की मृत्यु-शय्या को घेरकर पूरा भारत खड़ा है। पश्चिम में वह मर गया है, पर उसे अभी बहुत-सी मृत्युएँ मरनी हैं और हर देश में वह अपनी मौत मरता जाएगा।

धर्म अब गति देनेवाली शक्ति नहीं रह गया है। इसलिए एक अजीब तरह की निधर्मता पैदा हुई है। जीवन-पद्धति के मूल्यों को तय करने का काम भी धर्म अब नहीं करता और न हमारे जमाने के सवालों के जवाब देता है।

वर्ण-व्यवस्था अब समाज की नियामक नहीं है। न वह मनुष्य को कर्मरत करती है। उसके उत्तरदायित्वों और अधिकारों का बोध भी नहीं देती। समाज के सन्तुलन को भी प्रभावित नहीं करती। जाति-प्रथा एक अभिशाप की तरह उग्र और प्रचंड रूप में हमारे सामने है, पर यह भी आधुनिकता के विपरीत है, यद्यपि हमारे समय की वास्तविकता भी है। जातिवाद का स्थान सिर्फ स्वार्थ-प्रेरित राजनीति में है, अन्य क्षेत्रों में वह निर्णायक नहीं है और न सामाजिक विभाजन की रेखा।

आध्यात्मिक जीवन-व्यवस्था में उपस्थित जीवन और मृत्यु का प्रश्न अब दर्शन का विषय नहीं रह गया है—यानी उसकी दार्शनिक व्याख्याएँ मूल्यहीन और अव्यावहारिक हो गई हैं। आत्मा और चेतना के प्रश्नों का सन्दर्भ बदल गया है। वे अब ईश-केन्द्रित नहीं, मानव-केन्द्रित हो गए हैं। जीवन और मृत्यु की शक्तियाँ बदल गई हैं—अब मनुष्य प्राकृतिक मृत्यु के प्रति उतना चिन्तित नहीं है जितना कि अप्राकृतिक मृत्यु के प्रति। वह इस अप्राकृतिक मृत्यु के कार्य-कारणों की दुश्चिन्ताओं में ज्यादा निमग्न है।

इस अप्राकृतिक मृत्यु-भय ने मनुष्य को सामूहिकता की चेतना दी है और अब आत्मा की शुद्धता से वह स्वर्ग-प्राप्ति की कल्पना में निमग्न नहीं है, बल्कि शान्ति की रक्षा में जीवन-प्राप्ति की यथार्थता में आबद्ध है।

और इस संक्रान्ति या संकट-बोध के सीमान्त पर खड़ा मनुष्य चिन्ताग्रस्त है। पश्चिम का मनुष्य अपने अस्तित्व के शाश्वत संकट से ग्रस्त है...जीवन का भार उसके लिए नियति की एक मजबूरी है, क्योंकि पश्चिम का मनुष्य दो महायुद्धों के बाद अपना सारा जीवन खंडित पाता है। राज्य ध्वस्त हो गए, परिवार उजड़ गए, समाज विश्रृंखलित हो गया। इतिहास ने अप्रत्याशित नतीजों तक पहुँचाया। विचार और दर्शन अव्यावहारिक सिद्ध हो गए...और इस विकराल ध्वंस में वहाँ का आदमी सम्पर्क-सूत्रों से हीन हो गया है—वह भौतिक शक्तियों का नियमन नहीं कर पाया, इसलिए वह अब और भी ज्यादा असुरक्षित महसूस करता है। सम्पर्क-सूत्रों के अभाव में व्यक्ति अपने ही अस्तित्व की चिन्ता और उसकी असुरक्षा से भयग्रस्त हो उठा। यह उन देशों के मनुष्य की आधुनिक मुद्रा है जो पूर्णत: विकसित थे और जिनके पास भौतिक शक्तियों से पैदा हो रहे नए सम्बन्धों का पुनर्मानवीयकरण करने का वक्त नहीं था, या दृष्टि नहीं थी।

पर भारतीय मनुष्य या विकासशील देशों के मनुष्य की ठीक यही आधुनिक मुद्रा नहीं है। दो महायुद्धों ने मानव-इतिहास का पूर्णत: नवीनीकरण किया है और आज का भारत नवीनीकृत इतिहास से लाभ उठा सकने की स्थिति में है।

दोनों ही महायुद्ध साम्राज्यवादी-उपनिवेशवादी शक्तियों के आपसी युद्ध थे। ये दो जीवन-व्यवस्थाओं या विचार-पद्धतियों के युद्ध नहीं थे—बावजूद इसके कि इन्हें डेमोक्रेसी और फासिज्म का युद्ध कहा जाए। जनवादी सोवियत संघ के युद्ध में शामिल हो जाने से युद्ध के स्वरूप के बारे में फासिज्म-विरोधी एक कोण और उभर आता है पर मूल रूप से इन युद्धों की शुरुआत साम्राज्यवादी शक्तियों के अपने स्वार्थों की टकराहट से ही होती है और इनका अन्त फासिज्म-विरोधी रूप अख्तियार कर लेता है।

कहने का मतलब यह है कि ये महायुद्ध विकासशील और विकसित देशों के

युद्ध नहीं, विकसित देशों के आपसी युद्ध थे, जिनमें सब देशों को अपनी आहुति का अंश भी देना पड़ा। इस हालत में भारत या अन्य विकासशील देश उसी मन:स्थिति के अंग नहीं हैं, जिस मन:स्थिति में आज के युद्ध-ध्वस्त देश हैं।

हमारे देश की चिन्ता चुनने की प्रक्रिया की चिन्ता है। वहाँ की चिन्ता चुनाव न कर सकने की नियति की चिन्ता है। यहाँ का व्यक्ति पूरक तत्त्वों की तलाश करके अस्तित्व की संरचना में संलग्न होने की कोशिश में है, वहाँ का व्यक्ति अपने खंडित अस्तित्व की सुरक्षा-असुरक्षा के प्रति चिन्तातुर है। वहाँ का व्यक्ति परम्पराओं के बोझ से ग्रस्त नहीं, बल्कि स्वनिर्मित परम्पराओं की मृत्यु से सम्पर्क-शून्य हो गया है, यहाँ का व्यक्ति परम्पराओं के बोझ से टूटता हुआ सम्पर्कों की अति से क्षुब्ध है।

इन्हीं मन:स्थितियों के कारण पश्चिम का अस्तित्ववादी प्रतिबद्धता की बात करता है और विकासशील देशों का नया साहित्य भी प्रतिबद्धता की बात करता है, ताकि वैयक्तिक वास्तविकता और परिवेश के नए यथार्थ का क्षय न होने पाए।

इस भेद के बावजूद यह भी सत्य है कि यह पश्चिम की मुद्रा का एक पहलू है—यह सम्पूर्ण सत्य नहीं है। स्वयं पश्चिम में ही ऐसी समाज-व्यवस्थाएँ मौजूद हैं जिनके लिए यह चिन्ताग्रस्त, भयग्रस्त, संत्रस्त और अजनबी मनुष्य ही अजनबी है।

साथ ही, जनवादी देशों में मनुष्य का नवीनीकरण हुआ है। टेक्नोलॉजी ने वहाँ मनुष्य की शक्ति को भी प्रस्फुटित किया, क्योंकि उत्पादित सम्पदा पर मजदूरों का हक हुआ। मार्क्सवाद ने मनुष्य की खोज उसकी समग्रता में की और मार्क्सवाद के दिए हुए नियम आज की जीवन-पद्धति में लागू भी होते हैं। कठिनाई सिर्फ यह है कि मार्क्सवाद को लागू करने के जो तरीके आज चीन अपना रहा है, वे सुसंस्कृत मनुष्य के गले नहीं उतरते और एक तरह का आतंक जन्म लेता है, जिसको भारत के साथ-साथ अन्य देश भी महसूस कर रहे हैं।

जब भारत स्वतंत्र हुआ तो उसने भी 'विचारों के इतिहास में' जो कुछ आधुनिक था, उसे ही अपना आधारभूत स्वर घोषित किया। स्वतंत्रता, समानता, प्रजातंत्र, समाजवाद, राष्ट्रीयता, अन्तर्राष्ट्रीयता, शान्ति, धर्मनिरपेक्षता और तटस्थता को ही उसने अंगीकार किया।

देश में पंचायत व्यवस्था का संशोधन किया गया और धर्मवाद का परित्याग करते ही एक नई जीवन-व्यवस्था की नींव पड़ी। सबको समान अवसर और व्यक्ति-स्वातंत्र्य देकर मानव-केन्द्रित दृष्टि को रेखांकित किया गया। पौराणिक, मध्यकालीन, सामन्तकालीन और जमींदारी-युगीन संस्कारों से युक्त दृष्टि को समाजवादी व्यवस्था का रूप दिया गया।

और उसी के साथ औद्योगिकीकरण शुरू हुआ, जिसने बहुत हद तक सामाजिक सम्बन्धों को अव्यवस्थित कर दिया। जातिमूलक आबादी औद्योगिक संस्थानों में पहुँचते ही अपने जाति-संस्कारों से विलग होकर मनुष्यों के वर्ग में बदलने लगी। विश्व-स्तर पर यह बिरादरी भी आज एक से मानसिक उद्वेलनों से गुजर रही है, जिसने आधुनिकता की अपनी परम्परा भी कायम की है।

देश में 'विचारों के जिस इतिहास' को स्वीकारा गया है, वह आधुनिक तो है ही, साथ ही वह हमें विश्वपरक भी बनाता है। इस विश्वपरकता से भारतीयता का कभी भी विरोध नहीं रहा। विरोध की स्थितियाँ पैदा होती हैं घरेलू मोर्चे पर—जहाँ स्त्री-पुरुष की अर्द्ध-इकाइयों के परिपूर्ण इकाइयों में सन्तरित होने के रास्ते में हमारे संस्कार आड़े आते हैं, जहाँ रहन-सहन बदलने के रास्ते में हमारी गरीबी और बड़ी इजारेदारियाँ अड़ंगा बनी हुई हैं। औद्योगिकीकरण की गति तीव्र न होने के कारण जहाँ धर्मवाद के अवशेष अब भी शक्तिशाली बने हुए हैं, जहाँ ईश्वर की मृत्यु-शय्या के पास अब भी करोड़ों की भीड़ जमा है, जहाँ गोरक्षा के नाम पर अब भी दृष्टिविहीन आन्दोलन होते हैं, जहाँ प्रजातंत्र के नाम पर अब भी साम्प्रदायिक पार्टियाँ क्रियाशील हैं। सामुदायिक जीवन के लिए कोई मंच न होने के कारण जहाँ अब भी (धर्मनिरपेक्ष राज्य में) सड़कों पर रात-भर हिन्दू कीर्तन करते हैं और मुसलमान पटाखे छोड़ते और ताशे बजाते हैं। केन्द्रीय मंत्री और प्रधानमंत्री साम्प्रदायिक उत्सवों में शामिल होते हैं या विभिन्न धर्मपीठों में जाकर आशीर्वाद ग्रहण करते हैं और उसे राष्ट्रीय स्तर पर प्रचारित किया जाता है। जहाँ अब भी हिन्दू और मुस्लिम विद्यापीठ विद्यमान हैं। जहाँ भाषाएँ अब भी जातिवाद की वाहक बनी हुई हैं और उसी दृष्टि से भाषागत झगड़ों को जातिवादी स्तर पर सुलझाया जाता है।

बहरहाल, इन सब चीजों के होते हुए भी आधुनिक दृष्टि एक बड़े वर्ग में समा चुकी है। अन्तर्राष्ट्रीय स्तर पर उसकी धारणाएँ हैं—स्वतंत्रता की कामना, प्रजातंत्रवाद, तटस्थता, शान्तिपरकता, समाजवाद और सहिष्णुता, राष्ट्रीय स्तर पर जातिहीन मनुष्य-केन्द्रित दृष्टि, धर्मनिरपेक्षता, समाजवादी व्यवस्था में समानता और समान अवसर की अनिवार्यता, स्त्री-पुरुष सम्बन्धों का नया सन्तुलन, इकाई के रूप में उभरती स्त्री की स्वीकृति, परिवार का विघटन, नई पीढ़ी की केन्द्रीय व्यक्ति के रूप में स्थापना, धर्मवादी संस्थाओं का परित्याग, चरित-नायकों की अनुपस्थिति, साधारण जन की स्वीकृति, निर्णय की स्वतंत्रता, धर्म-आचरण की जगह व्यक्तिमूलक नैतिकता का उदय, एक-दूसरे के जीवन में हस्तक्षेप की अनुपस्थिति, तर्कसम्मत निष्कर्षों की स्वीकृति, पुरातन का संशोधन, पुनर्मूल्यांकन और साहसपूर्ण परित्याग, अप्राकृतिक मृत्यु के प्रति प्रतिवाद, वर्तमान की स्वीकृति और अपनी नवनिर्मित सामाजिक-राजनीतिक संस्थाओं के प्रति 'कन्सर्न', अपने समय की कटु वास्तविकता को स्वीकार करने का साहस, किसी भी तरह के अन्धानुकरण के प्रति विराग, सम्मिलित

शक्ति में विश्वास और राष्ट्रीय तथा अन्तर्राष्ट्रीय परिवर्तनों के प्रति सतत जागरूकता, एक सांस्कृतिक इकाई के रूप में मनुष्य की प्रतिष्ठा।

इन तमाम धारणाओं और लक्षणों में से बहुत से तो हमें कार्यरत दिखाई पड़ते हैं और बहुत-से केवल शब्द-भर लग सकते हैं। परन्तु आज भारत की मानसिक दुनिया विशेषत: इन्हीं धारणाओं के उद्वेलनों का प्रतिफलन है। यदि विश्व-स्तर पर देखा जाए तो भारत बहुत जागरूक और जीवन्त देश है।

यहाँ के मनुष्य की जो मानसिक उपज है, वह उन्नत देशों के आधुनिक चिन्तन से कहीं हेय नहीं है, पर जैसे गरीब की उदारता उदारता नहीं लगती, वैसे ही आज विश्व-समाज में, इन धारणाओं को रखते हुए भी, इस देश की सम्मानजनक स्थिति नहीं है।

भारतीय मनुष्य की मानसिक उपज अपने में व्यर्थ पड़ी हुई है, क्योंकि देश में जिस तेजी से परिवर्तन और विकास की उम्मीद की जा रही थी, वह नहीं हुआ, भौतिक सम्पदा ने वैचारिक सम्पदा की पूर्ति नहीं की। यदि भौतिक सम्पदा के उत्पादन की क्रिया पूरी गति से शुरू हो गई होती तो यह वैचारिक सम्पदा भी व्यावहारिक बन गई होती। अब यह हमारे पास केवल निर्जीव सिद्धान्तों, धारणाओं और निष्कर्ष के रूप में अवरुद्ध पड़ी है। राष्ट्रीय सम्पत्ति और विकास की हलचल से पैदा हुए अनिवार्य परिवर्तन ही इन धारणाओं को जीवन की अनिवार्य आवश्यकताओं में बदल सकते थे।

हमारे यहाँ आजादी के बाद शुरू होनेवाली क्रान्ति को छुटभइए क्षेत्रीय नेता-वर्ग और केन्द्र में स्थापित अंग्रेजीपरस्त नौकरशाही ने रोक रखा है। इस स्वार्थी वर्ग ने प्रजातंत्र के नाम पर सारे राष्ट्रीय निर्णयों को कुंठित कर दिया है। आजादी के बाद जो कुछ भौतिक सम्पन्नता आई है, उसे भी इन दो वर्गों ने अपने तक महदूद कर रखा है। आजादी के कुछ दिनों बाद राष्ट्रीय पैमाने पर जो लूट-खसोट और बँटवारा हुआ है, उसमें साधारण जन का कोई हिस्सा नहीं था, बल्कि साधारण जन की आन्तरिक शक्ति और रक्त की ऊर्जा को इस्तेमाल में ही नहीं लाया गया है। उनकी शक्ति का प्रस्फुटन ही नहीं हुआ है जो कि देश को भौतिक सम्पन्नता से भर देती। एक बहुत बड़ा वर्ग बेरोजगारी और साधनों के अभाव में अपंग पड़ा हुआ है, आर्थिक स्रोतों के बिना सूख रहा है। सभी राज्यों में काम चाहने और करनेवालों की करोड़ों की लिस्ट है, पर उन्हें उत्पादक इकाइयों में बदलने का कोई कार्यक्रम किसी सरकार के पास नहीं है। करघे हैं तो सूत नहीं है, खाद है तो बीज नहीं है। बीज है तो सिंचाई के साधन नहीं हैं। मशीन है तो कच्चा माल नहीं है। कच्चा माल है तो ईंधन नहीं है। तकनीशियन हैं तो उद्योग नहीं है। उद्योग हैं तो तकनीशियन नहीं हैं। इंजन है तो डिब्बे नहीं हैं। डिब्बे हैं तो रेलवे लाइनें मजबूत नहीं हैं। अणुशक्ति है तो उसके उपयोग का कार्यक्रम नहीं है। मतलब यह है कि जिस आर्थिक क्रान्ति की पूरी सम्भावना थी, वह नहीं हुई।

और इस बोध ने हमें प्रतीक्षा की स्थिति में फँसा दिया है—एक ऐसी प्रतीक्षा, जिसका कोई अन्त नजर नहीं आता। इस बोध ने ही हमें असमंजस और निराशा दी है। एक अजीब तरह की उदासीनता से पूरे मानस को भर दिया है। अन्तर्राष्ट्रीय स्तर पर हम बौने हो गए हैं और देशीय स्तर पर खोखले—जहाँ हमारे पास केवल शब्द और आश्वासन हैं, विदेशी सहायता और अपनी निरर्थकता है।

ऐसे समय में जो लक्षण उभर रहे हैं, वे सहज़ ही अनुमानित किए जा सकते हैं। आज मनुष्य अपने पर से विश्वास खोया हुआ लगता है। वह एक ओर पुरातन के परित्याग में व्यस्त है, पर दूसरी ओर नूतन की कोई तात्कालिक साकार कल्पना उसके पास नहीं है। वह हर चीज और स्थिति के प्रति संशय से भरा हुआ है और शब्दों पर अब उसकी आस्था नहीं रह गई है। विदेशी प्रभाव के अन्तर्गत वह देश के निर्णय की स्वाधीनता को भी संकटग्रस्त देख रहा है, अत: वर्तमान राजनीतिक नीतियों के प्रति भी उसकी आस्था नहीं रह गई है। वह अपने भविष्य या प्रारब्ध का निर्माता होने के विश्वास से कटता जा रहा है। सही नेतृत्व के अभाव में वह अपने श्रम का उपयोग न कर पाने से क्षुब्ध है। आर्थिक क्रान्ति के अभाव में पनपती क्षुद्र व्यावसायिकता से वह बुरी तरह ग्रस्त है।

आधुनिक धारणाओं के होते हुए भी, आधुनिक औसत विवेकशील भारतीय की मन:स्थिति के यही लक्षण हैं। लेकिन यह कहना गलत है कि औसत विवेकशील भारतीय इन लक्षणों का शिकार हो गया है—ये मात्र लक्षण हैं जो रोग की सूचना दे रहे हैं, पर अब भी आधुनिक औसत विवेकशील भारतीय उन्हीं धारणाओं से परिचालित है जो राष्ट्रीय और अन्तर्राष्ट्रीय स्तर पर विश्व-बोध के समकक्ष है। उसके लक्षण अभी बद्धमूल होकर चरित्र में नहीं बदले हैं। इसलिए आधुनिक भारतीय चरित्र चिन्ताग्रस्त होते हुए भी आवेश और उदासीनता की द्वन्द्वात्मक स्थिति में है। प्रतीक्षा की उदासीनता में अकुलाहट के लक्षण अभी शेष हैं, क्योंकि वह विश्व की वैचारिक प्रगतिशील शक्तियों से निरपेक्ष नहीं है।

ऐसे समय और ऐसी मन:स्थिति में नई कहानी ने मनुष्य की मानसिक उपज का प्रतिनिधित्व किया। नई कहानी के सामने अपने कथ्य का चुनाव ही प्रमुख था। जिस समय नई कहानी का उदय हुआ उस समय कथा-साहित्य जिन व्यक्तित्वों से प्रतिष्ठित था, वे व्यक्तित्व 'अपने में' जीने के हामी थे। वे परिवेश से निरपेक्ष, अपनी व्यक्तिगत कुंठाओं और अहं के दर्प से भरे, वैयक्तिक आवश्यकताओं और सुविधाओं की दृष्टि से ही 'कथ्य' का चुनाव कर रहे थे। व्यक्ति की नितान्त व्यक्तिगत सीमा ही कथा-साहित्य की भी सीमा बन गई थी, उसमें भी प्रामाणिकता का भ्रम था और आज भी यह कहा जाता है कि युद्ध-पूर्व के इस व्यक्तिवादी साहित्य में अपनी प्रामाणिकता है। स्त्री-पुरुष के वैयक्तिक सम्बन्धों की पूर्ण प्रामाणिकता है।

जब नई कहानी में प्रामाणिकता की बात उठाई जाती है तो उस व्यक्तिमूलक कथा-साहित्य की प्रामाणिकता को एक समानान्तर 'नएपन' के रूप में पेश किया जाता है। यह कितना भ्रामक है, इसकी ओर सहसा दृष्टि नहीं जाती, क्योंकि व्यक्ति के वास्तव और अथेंटिसिटी (प्रामाणिकता) की प्रतीति वहाँ भी है। जो कुछ कहा गया है (वह चाहे व्यक्ति के ही सन्दर्भ में क्यों न हो) वह प्रामाणिक लगता है और है भी। पर नई कहानी में प्रामाणिकता मात्र अथेंटिसिटी नहीं है, वह 'वैलिडिटी' (validity) भी है। अर्थात् नई कहानी की प्रामाणिकता मात्र वास्तविकता या यथार्थ की सही-सही अभिव्यक्ति ही नहीं, यथार्थ का सत्यपरक चुनाव भी है। कथ्य में यथार्थ का इसी सत्यपरक चुनाव का दृष्टिकोण निहित है। प्रत्येक 'यथार्थ' कहानी का कथ्य बन सकने का हकदार नहीं है। जो 'वैलिड' है, वही कहानी का कथ्य बन पाया है। 'वैलिड' का यह चुनाव ही कहानी की (या अनुभव की) प्रामाणिकता है। यह यथार्थ अभिव्यक्ति का पर्याय नहीं है, या तर्कसम्मत परिणतियों का यथातथ्य और मात्र अनुभूतिमूलक सम्प्रेषण भी नहीं है। कहानी के कथ्य के चुनाव की यह दृष्टि ही नई और पुरानी कहानी का मौलिक भेद है। 'वैलिड' (परिवेश और समय-संगत) कथ्य को उसकी अविच्छिन्न इतिहास-धारा में से चुनकर अनुभव की सच्चाई के दाह-सहित अभिव्यक्ति देना ही नई कहानी की प्रामाणिकता है।

नई कहानी में अनुभव का यह दाह कहीं व्यंग्य के रूप में है, कहीं गहरी उदासीनता या विक्षोभ के रूप में, कहीं गहन यथार्थवादी अभिव्यक्ति के रूप में, कहीं लोककथा की सहजता के रूप में और कहीं जटिल तकनीकी प्रयोग के रूप में, कहीं सपाट कथन के रूप में और कही संश्लिष्ट मिथिक (mythic) भूमिका के रूप में।

जहाँ इसे व्यंग्य के रूप में देखना है वहाँ अमरकान्त, हरिशंकर परसाई, शरद जोशी, कृष्णबलदेव वैद और मनोहरश्याम जोशी की कहानियों में यह मौजूद है। गहरी उदासीनता का कोण रामकुमार, निर्मल वर्मा और कृष्णा सोबती में उपस्थित है। गहन यथार्थवादी अभिव्यक्ति के लिए मोहन राकेश, मन्नू भंडारी और धर्मवीर भारती की कहानियाँ हैं। लोककथा की सहजता के लिए फणीश्वरनाथ रेणु, शिवप्रसाद सिंह, केशवप्रसाद मिश्र और मार्कंडेय की रचनाएँ हैं। जटिल तकनीकी प्रयोग के लिए राजेन्द्र यादव, रमेश बक्षी और वैद की कहानियाँ हैं। सपाट कथन में भीष्म साहनी, अमरकान्त, शानी की कृतियाँ हैं। विक्षोभ के दाह का संस्कार लगभग सभी में है—चाहे वे मोहन राकेश की कहानियाँ हों या शेखर जोशी की, उषा प्रियंवदा की हों या मन्नू भंडारी की, राजेन्द्र यादव की हों या अमरकान्त की। संश्लिष्ट मिथिक की भूमिका में रेणु, राकेश, राजेन्द्र यादव, शिवप्रसाद सिंह और बहुत ही आभिजात्य स्वर में निर्मल वर्मा की कहानियाँ भी हैं। दूधनाथ सिंह की कहानियाँ गहन यथार्थवादी दाह से सम्पृक्त हैं। गंगाप्रसाद विमल, विजयमोहन सिंह,

काशीनाथ सिंह और अवधनारायण सिंह की कहानियों में जीवन की संश्लिष्टता का दंश मौजूद है। ज्ञानरंजन में वही स्थिति सहजता में परिणति प्राप्त करती है।

जब नया कहानीकार परिवेश और समय में संगत कथ्य को चुनता है (यानी वैलिड का चुनाव करता है) तो उसकी दृष्टि उन्हीं तत्त्वों की ओर होती है जो भविष्यत् इतिहास के लिए आज के चरण होंगे। भविष्यत् का (निष्कर्ष या आदर्श रूप में) आरोपण नई कहानी नहीं करती, वह अपने कथ्य के चुनाव के कोण से ही भविष्यत् से सम्बद्ध है। इसलिए जो कहानी में 'सन्देश' चाहते हैं, उन्हें निराशा ही होगी। नई कहानी सन्देश नहीं, अनुभव देती है—वह अनुभव जो आनेवाले कल के सन्दर्भ में (बहुत हद तक) आज की दृष्टि से संगत होगा। व्यावहारिक अनुभव के रूप में नई कहानी पाठक को सही मनुष्य से परिचित कराने का एक माध्यम है। वह मनुष्य चरितनायक नहीं बल्कि एकदम साधारण जन है।

यहीं पर नई कहानी मानव-केन्द्रित है और प्रतिबद्ध भी—यानी वह 'हमें वैयक्तिक और सामाजिक मूल्यों के प्रति काल अक्ष में आस्थावान' बनाती है, क्योंकि उसका औसत-पात्र जीवन की केन्द्रीय स्थितियों से जुड़ा हुआ पात्र है, जिसकी अपनी जड़ें हैं। यह प्रतिबद्धता किसी राजनीतिक मतवाद से प्रेरित नहीं बल्कि उसी केन्द्रीय मनुष्य से प्रेरित है। जितना राजनीतिक यह केन्द्रीय मनुष्य है, उतनी ही राजनीतिक कहानी भी हो सकती है—उसके आगे राजनीतिमूलक नतीजे निकालना, लाल परचम फहराना, आर्योदय का स्वप्न देखना आदि कहानी को प्रगतिवादी (प्रगतिशील नहीं) या हिन्दूवादी या गांधीवादी बनाता है। उससे नई कहानी का कोई लेना-देना नहीं है। नई कहानी के कथ्य की यह सतही परिव्याप्ति नहीं है।

नई कहानी में आधुनिकता का समावेश नहीं है—वह स्वयं आधुनिकता से जन्मी है। यह पुरानी कहानी का संशोधित रूप नहीं, पुरानी कहानी की विरल नई उद्भावनाओं की शृंखला में एक विपुल कृतित्व की धारा का उन्मेष और प्रयाण है।

इस कहानी की पूरी विचारधारा ही मनुष्य-केन्द्रित है और इसमें आया मनुष्य केवल मनुष्य है—वह धर्म के वर्गों में बँटा हुआ आदमी नहीं है। यह आदमी धर्म-निरपेक्ष, केवल मनुष्य-धर्मी है। घोर धार्मिक संस्थानों में रहता हुआ वह व्यक्ति ही इस कहानी ने सम्प्रेषित किया है जो रूढ़ सीमाओं से उठ गया है। धार्मिकतावाद के विरुद्ध तो इस कहानी में प्रखर स्वर मुखरित है—किसी भी तरह के धर्मान्धतावाद या भाग्यवाद या ईश्वरवाद की सहमति इस पूरी धारा में नहीं है। जहाँ-जहाँ धर्म-बद्ध धारणाएँ थीं भी, वहाँ उनके खंडन और अस्वीकार की भंगिमा ही मिलती है। सही अर्थों में 'सेक्युलर' साहित्य का संस्कार इस धारा में मौजूद है। कहानीकार भी इन क्षुद्र सीमाओं से अलग है और इस कहानी का पात्र भी। किसी भी तरह के धर्मवादी अनुभव से दूर केवल मानुषिक प्रवृत्तियों (या अमानुषिक भी) का आस्वाद ही इस कृतित्व में है।

स्त्री-पुरुष सम्बन्धों को लेकर जितना कुछ इस दौर में लिखा गया, उतना शायद कभी भी नहीं लिखा गया हो। स्त्री-पुरुष के सर्वांगीण सम्बन्धों को इस कहानी ने केन्द्र बनाया और बदलते सम्बन्धों की पीठिका में उनका चित्रण किया। परिपूर्णता की ओर अग्रसर स्त्री की इकाई की भूमिका भी नई कहानी में मौजूद है। सेक्स-सम्बन्धों का पाप-बोध या 'गिल्ट' भी अब नहीं रह गया है। नारी और पुरुष के सम्बन्ध अब विलक्षण न रहकर बहुत सहज और वास्तविकता के धरातल पर आ गए हैं। अब नारी अपने में परिपूर्ण है—वह न सती है, न वेश्या—वह केवल नारी है।

चरितनायकों की अनुपस्थिति के कारण नई कहानी शुरू-शुरू में सूनी-सूनी लग रही थी और इस अन्तर को बहुत जल्दी पहचान भी गया था। चरित्रवादी कहानियों का लोप इस दौर की विशेषता है, जहाँ न सुपरमैन है, न देवत्व से भरा हुआ विशिष्ट व्यक्ति। नई कहानी में मात्र-सामान्य मनुष्य ही अवतरित हुआ है, अपनी सारी खामियों, कमियों और अच्छाइयों के सन्दर्भ में। चरितनायक की अनुपस्थिति से कहानी के लिए जो खतरा पैदा हुआ था, वह व्यर्थ सिद्ध हुआ। विशिष्ट चरित्रों का न होना ही यह सिद्ध करता है कि नई कहानी का केन्द्रीय व्यक्ति जन-सामान्य ही है। नई कहानी का व्यक्ति 'व्यक्तित्व-सम्पन्न' है, व्यक्तिवादी या व्यक्तित्वहीन नहीं। यानी न वह अपने अहंकार को ढोनेवाला व्यक्तिवादी है और न दूसरे के विचारों को ढोनेवाला व्यक्तित्वहीन।

और इस जन-सामान्य को हीन या हेय भी नहीं माना गया। वह केन्द्रीय व्यक्ति स्वयं अपनी सत्ता-सहित आता है—वह लेखक के विचारों का वाहक नहीं है। वह अपने मानस और बुद्धि का स्वयं प्रतिनिधि है। वह आरोपित निष्कर्षों या निर्णयों को ढोनेवाला व्यक्ति नहीं, बल्कि कहानी में अपने विचारों और धारणाओं का वाहक है। उसी के माध्यम से यथार्थ की खोज सम्पन्न होती है—लेखक द्वारा खोजे हुए यथार्थ का वह प्रवक्ता नहीं है, बल्कि लेखक उसके यथार्थ का तटस्थ प्रवक्ता है।

नई कहानी के तमाम पात्र सामाजिक आचरण-संहिता के नमूने नहीं, अपने में से उद्भूत नैतिक-अनैतिक की धारणा से चालित व्यक्ति हैं। यानी वे ज्यादा सही और सच्चे व्यक्ति हैं, वे स्वयं अपने नियामक हैं। व्यक्तिमूलक नैतिकता और समाज द्वारा आरोपित दिखावटी नैतिकता का अन्तर्संघर्ष इस काल की कहानियों में बराबर नजर आता है। व्यक्ति चूँकि स्वयं सामान्य है और वह जीवन की केन्द्रीय स्थितियों से जुड़ा हुआ है, अतः वह व्यक्तिवादी नैतिकता का शिकार नहीं है, पर वह आरोपित नैतिकता का विरोधी है। इस सन्दर्भ में भी वह असामाजिक नहीं है, क्योंकि उसकी नैतिक धारणाएँ नई नैतिकता का बीज-बिन्दु हैं—बदले हुए सम्बन्धों के परिप्रेक्ष्य में जो नैतिक धारणाएँ नया संस्कार चाहती हैं, वह उन्हीं का वाहक है। इस प्रक्रिया में नैतिक व्यवस्था चरमराती नजर आती है और लगता है कि इस मनुष्य

ने सभी स्थापित मूल्यों को तहस-नहस कर डाला है। इस मनुष्य ने समस्त नैतिक मान्यताओं को अपने सामने खंडित और व्यर्थ होते हुए देखा है, अत: वह सहज अस्वीकार की मुद्रा में है, वह एक नई नैतिकता के लिए छटपटा रहा है जो उसे व्यावहारिक सम्बन्धों में समुचित सन्तुलन दे सके। यह मनुष्य न स्वयं किसी की दुनिया में हस्तक्षेप करता है और न हस्तक्षेप को बर्दाश्त करता है। इस संश्लिष्ट जीवन में हस्तक्षेप बहुत तरह के हैं, कुछ ऐसे भी हैं, जिनसे वह बच नहीं सकता। ऐसे हस्तक्षेपों के प्रति वह विक्षुब्ध है।

यह मनुष्य काफी सतर्क भी है। अणु और हाइड्रोजन बमों तथा अन्य साधनों द्वारा या व्यवस्था द्वारा पैदा की गई अप्राकृतिक मृत्यु का प्रतिरोध भी इस आदमी में है। यह व्यक्ति शान्ति का पक्षधर और युद्ध का विरोधी है, क्योंकि वह स्वयं सैकड़ों तरह के युद्धों में घिरा हुआ है। यह मनुष्य अपनी सामाजिक और राजनीतिक संस्थाओं के प्रति जागरूक और सचेत है, क्योंकि वह जानता है कि जो जीवन वह चुनना चाहता है उसमें ये संस्थाएँ ही सहायक या विरोधी हैं। प्रजातंत्र को वह किसी भी कीमत पर कायम रखना चाहता है। विश्व की शक्तियों के प्रति उसका दृष्टिकोण बहुत स्पष्ट है—वह साम्राज्यवाद-विरोधी है और स्वतंत्रता का समर्थक है।

कहानी में ये सारे कोण और आकांक्षाएँ जगह-जगह बिखरी हुई हैं। पूरी नई कहानी का अध्ययन यह सहज ही स्पष्ट कर सकता है कि उसमें खड़ा व्यक्तित्व-सम्पन्न मनुष्य अपने विविध रूपों में इन धारणाओं वाला मनुष्य ही है। हाँ, यदि इस रूप में प्रश्न रखा जाए कि हिन्दी नई कहानी में साम्राज्यवाद-विरोधी रचना बताइए या उस पात्र का नाम लीजिए जो साम्राज्यवाद का विरोध करते हुए शहीद होनेवाला हो, तो यही कहना पड़ेगा कि इस तरह के सपाट सवाल साहित्य से नहीं पूछे जा सकते। पूरे नए कथा-साहित्य में ये सारे स्वर अनुगुंजित हैं और इन्हीं स्वरों के साथ है इस आपद्ग्रस्त मनुष्य की अपनी पूरी दुनिया। नई कहानी समस्याओं के समाधान की कहानी नहीं है—वह एक व्यापक जागरूकता की कहानी है, जिसमें हमारे समय का यथार्थ ध्वनित है। यह यथार्थ यदि भोंडा, खुरदरा और असुन्दर भी है, तो है। उसे बिना लाग-लपेट के उठाया गया है। मनुष्य को उसके परिवेश में अन्वेषित करने का अर्थ ही यही है कि वह अपनी सारी कुरूपता और पूरी सुन्दरता के साथ मौजूद है। उसमें कुंठाओं की अभिव्यक्ति भी है, वर्जनाओं और विघटित मूल्यों की भी। अच्छे और बुरे मनुष्य का कोई आरोपित विभाजन नहीं है—परिस्थितिजन्य कारणों में साँस लेता और उन्हें अपने अनुरूप ढालता या उनके अनुरूप ढलता हुआ व्यक्ति ही आज का सच्चा व्यक्ति है। जहाँ परिस्थितियों ने उसे तोड़ दिया है, वहाँ कहानी तटस्थ विक्षोभ से भरी हुई है। हर वास्तविक नई कहानी में अनुभव का यह दाह मौजूद है।

और इन्हीं के साथ जुड़ी हैं आज की दारुण परिस्थितियाँ—जहाँ व्यक्ति असमंजस

में घिरा हुआ है। स्वतंत्रता के बाद की निराशामूलक स्थितियों ने ही व्यक्ति को वे लक्षण भी दिए हैं, जो उसकी मुद्रा में अभिव्यक्त हो रहे हैं। व्यापक गरीबी और बेरोजगारी, कमरतोड़ मूल्यवृद्धि, अवमूल्यन से उत्पन्न निराशाजनक भविष्य, झूठे वादे, गलत बयान, जातिवाद के आधार पर चुने जाते जनता के प्रतिनिधि, उन प्रतिनिधियों का निहायत स्वार्थी व्यवहार, चारों ओर अनियोजित पड़ी शक्ति, बढ़ती हुई भीड़ और उस भीड़ में खोई हुई दिशाएँ...।

जब वह धारणाओं वाला मनुष्य आजादी के कुछ दिनों बाद हर चीज को निरर्थक और खोखला पाता है तो सहसा बौखला उठता है। चीनी आक्रमण के समय समाजद्रोही तत्त्वों पर निर्भर रहने का नतीजा देखता है...इस हार से वह तिलमिला उठता है और सहसा यह भी पाता है कि अपने ही प्रजातंत्र में वह सम्मिलित नहीं है। इजारेदारों और सुविधाभोगी वर्गों ने उसके देश के भीतर ही एक और निजी देश कायम कर रखा है तो वह हताश भी होता है। हर बार उसे बताया गया है कि अगले पाँच वर्षों में उसका भाग्य उदय होगा, पर बार-बार झूठे निकलते आश्वासनों से अब वह ऊब चुका है। यह ऊब आज की कहानी के व्यक्ति की एक खास मुद्रा है और इस ऊब में वह निष्क्रिय दिखाई पड़ता है। तब लगता है कि वह विश्वास खो रहा है, जीवन की नई परिस्थितियों में उसने पुरातन का अस्वीकार शुरू कर दिया था, क्योंकि वह बोझ उससे उठ नहीं रहा है...और उसकी धारणाओं को रूपाकार प्राप्त करने के लिए भौतिक साधन उपलब्ध नहीं हो रहे हैं, अतः वह नूतन की कल्पना कर सकने में भी समर्थ नहीं हो रहा है।

लाजिमी तौर पर वह भीतर-ही-भीतर सन्देह से भर उठा है। स्वाभाविकतया वह अपनी स्वाधीनता के सम्बन्ध में पूरी तरह से निश्चिन्त नहीं हो पा रहा है।

आजादी के तुरन्त बाद जो धारणाएँ उस व्यक्ति ने सँजो ली थीं, वे सगुण साकार नहीं हो पा रही हैं और ऐसी हालत में वह व्यक्ति अपने को गहरे शून्य में पाता है, इसीलिए अब वह बहुत-कुछ उदासीन भी लगता है। लेकिन इस गहन उदासीनता और चिन्ताग्रस्तता में भी औसत विवेकशील भारतीय अभी जिजीविषा से सम्पन्न है।

वह जिजीविषा कहानी के उन अधिकांश पात्रों में मौजूद है जो केन्द्रीय जीवन से जुड़े हुए हैं और अपने सीमित साधनों में अपनी असीम शक्ति को सहेज बैठे हैं। शायद इस प्रतीक्षा में कि वे भी अपनी संस्कृति और अपने इतिहास के निर्माण में शामिल हो पाएँगे। कहीं-कहीं यह प्रतीक्षा मृत नजर आती है—वह यथार्थ की अतिरंजना है, जो तटस्थता के अभाव में पैदा होती है।

नई कहानी का व्यक्ति (या मनुष्य) इन सब विविध अनुभवों के सन्दर्भ में ज्यादा प्रौढ़ और संयत है, ज्यादा सही और सच्चा औसत आदमी है।

यह आदमी कभी-कभी निष्क्रिय इसलिए लगता है कि वह खुद उद्घोषणाओं

में विश्वास नहीं करता और न नया कहानीकार अद्‌भुत निष्कर्ष निकालनेवाला रचयिता है। वह सामान्य को सामान्यत: ही प्रस्तुत कर रहा है...वह सामान्य दिखाई देनेवाली घोर संश्लिष्टता में से चमत्कार नहीं, यथार्थ की खोज कर रहा है। इसीलिए इस दौर की कहानियाँ विलक्षण या विशिष्ट व्यक्तित्वों, अनसुनी उत्तेजनात्मक घटनाओं या अनुभवशून्य क्षणों की कहानियाँ नहीं हैं। ये आधुनिक संकट-बोध के उद्वेलनों में जी रहे आज के केन्द्रीय व्यक्तियों की सह-अनुभूति की कृतियाँ हैं।

इस संकट-बोध को झेलनेवाला मध्यवर्ग ही है, जिसकी प्रामाणिक मुद्राएँ कहानी की आधारभूमि हैं। यह मध्यवर्ग उस मृत्यु का साक्षी नहीं है, जिसकी बात एक फैशन के रूप में कुछ लोग उठा रहे हैं। मृत्यु-बोध और अजनबीपन हमारी जड़ों की उपज नहीं हैं। अकेलापन धीरे-धीरे समा रहा है, पर वह अतिपरिचय से उद्‌भूत अपरिचय की भावना और टूटते सम्बन्धों में समाए शून्य का प्रतिफलन है।

भारतीय व्यक्ति चिन्ताग्रस्त है, विक्षुब्धता और उदासीनता के द्वन्द्व से ग्रस्त है, प्रतीक्षा से ऊबा हुआ है। अवसंगति (मिसफिट होने) का शिकार है। भीड़ में फालतू है (क्योंकि यह अपनी रचना में सम्मिलित नहीं है), भयावह स्थितियों का साक्षात्कर्ता है। अप्राकृतिक मृत्यु के प्रति सचेत है। इस व्यक्ति की चेतना में यह भी व्याप्त है कि यह संकट का क्षण केवल उसके लिए नहीं, उस जैसे करोड़ों का संकट-क्षण है, इसलिए इस आपाद्‌काल में भी वह निस्संग नहीं है और इन समस्त उद्वेलनों-सहित वह नूतन के स्वीकार और पुरातन के अस्वीकार की मुद्रा में माथे पर प्रश्नचिह्न अंकित किए, कुछ-कुछ अनाश्वस्त और कुछ आश्वस्त-सा खड़ा है। और उसका स्वर है—'अब और नहीं...नाउ नो मोर!' उस सबको बर्दाश्त नहीं करेगा जो असंगत और व्यर्थ है!

आधुनिक धारणाओं का स्वर यही है और आजादी के बीस बरसों में पैदा हुई परिस्थितियों के औसत लक्षण भी यही हैं। आजादी के बाद सम्पन्न न हो सकनेवाली सामाजिक-आर्थिक क्रान्ति ने जो व्यवधान पैदा किया है, वह उन धारणाओं की मृत्यु का कारण बन सकती है और तब ये लक्षण शायद और भी ज्यादा घनीभूत होकर धारणाओं में बदल जाएँ। यह भी एक नूतन संक्रान्ति है कि धारणाएँ विकास की गतिहीनता के कारण पूरी तरह लागू नहीं हो पा रही हैं। यदि यह निकट भविष्य में न हो पाया तो सर्वस्तरीय क्रान्ति के अलावा शायद कोई रास्ता न रह जाए। तब फिर मनुष्य बदलेगा और उसकी कहानी भी, जिसके प्रामाणिक तत्त्वों की खोज फिर कहानीकार ही करेगा, क्योंकि वह निरन्तर नए होते रहने की प्रक्रिया का जीवित अंग है।

यथार्थ, अस्तित्व, तटस्थता, मृत्यु-बोध और क्षमता-बोध

कहानी में समय-संगत यथार्थ की ही महत्ता है। इधर 'यथार्थ को खोजने' की बात भी उठाई गई है। स्व. डॉ. देवीशंकर अवस्थी ने सबसे पहले इस कोण से कहानी में यथार्थ की स्थिति को स्पष्ट करने की कोशिश की थी। यानी कहानी में यथार्थ के प्रति लेखक के दृष्टिकोण और उसकी महत्ता के सन्दर्भ में उन्होंने उस सूक्ष्म परिवर्तन को रेखांकित किया था, जो पुरानी कहानी से अधुनातन कहानी में पर्यवसित हुआ है। बहुत से लोग डॉ. अवस्थी के इस सूक्ष्म परिवर्तन को रेखांकित करनेवाले कथन को नहीं समझ पाए। वे आज भी दलील देते हैं कि ''यथार्थ वर्तमान होता है, लेखक के चारों ओर होता है, लेखक के रक्त में होता है, लेखक स्वयं उसे जीता और झेलता है।'' इस धारणा को लेकर चलनेवाले लेखक सिर्फ सतह पर चकराते रह जाते हैं। अगर यथार्थ की यही स्थिति होती तो बड़ा अच्छा होता और जिन्दगी की सारी उलझनें, वैचारिक गुत्थियाँ और परेशानियाँ हल हो जातीं। फिर तो लेखकीय दायित्व का प्रश्न ही नहीं रह जाता। फिर जो कुछ, जो कोई भी कहता—यथार्थ ही होता। हजारों पृष्ठों में जो असाहित्यिक लेखन हो रहा है और उपजीवी लेखक द्वारा कहा जा रहा है, वह सब हमारे समय का यथार्थ ही होता और शाश्वत साहित्य की कोटि में पहुँच जाता। दकियानूसी संस्कारों और रूढ़ परम्पराओं में पला और साँस लेता लेखक-व्यक्ति जो कुछ बोलता, वह यथार्थ ही होता। तथ्य और यथार्थ में स्तर-भेद ही नहीं, गुणात्मक भेद भी हैं। जो कुछ तथ्य है, वह सब यथार्थ ही है, यह भयंकर भ्रम है। आकस्मिकता से पैदा हुआ तथ्य एक वास्तविकता हो सकती है, पर यथार्थ नहीं। यथार्थ इतिहासजन्य परिस्थितियों की देन है, उसमें आकस्मिकता या घटनात्मकता का आंशिक योगदान हो सकता है (कभी-कभी), पर वह अनिवार्य रूप से अप्रत्याशित की देन नहीं है। परिस्थितियों के द्वन्द्व से जो सच्चाई पैदा होती है, वही यथार्थ है, जिसकी कार्य-कारण परम्परा होती है और जिसे इतिहास की पीठिका में विश्लेषित किया जा सकता है। आकस्मिक रूप से तथ्य उभरते हैं, यथार्थ नहीं। यथार्थ द्वन्द्व की लम्बी परम्परा की देन होता है और उसे तमाम आवरणों के नीचे से खोजना ही होता है। जो कुछ वर्तमान है, वह यथार्थ ही हो—ऐसा नहीं कहा जा सकता। बिना कार्य-कारण-क्रम का विश्लेषण किए यथार्थ की

सही प्रतीति या पहचान सम्भव नहीं है। पूर्वापर इतिहास-सम्बन्धों को समझे बिना जो 'मानसिक तनाव', बाह्य घटना, घनीभूत क्षण और सतही रूप से उदित होनेवाले तथ्य को ही यथार्थ समझ बैठे हैं, वे वैसी ही 'यथार्थपरक' रचनाएँ भी लिख रहे हैं जो मात्र क्षणजीवी हैं और स्वयं अनुभूत नहीं हैं।

यथार्थ की इतिहासमूलक पीठिका को जो विश्लेषित नहीं कर पाते, उनके लिए यातना, संत्रास, घुटन, अनास्था, मृत्यु-भय और पराजय ही आज के यथार्थ का बोध देनेवाले शब्द हैं। शब्द-मोह ने बहुतों को यथार्थ से विमुख किया है। और ये शब्द आज की साहित्यिक-बौद्धिक शब्दावली के मुख्य शब्द बन गए हैं। इन शब्दों के सही सन्दर्भ समझे बिना धड़ल्ले से इनका प्रयोग हो रहा है और तमाम व्यावसायिक पत्रिकाओं का पेट भरनेवाली कहानियाँ इन शब्दों के सहारे ही अपनी तथाकथित आधुनिकता का परिचय दे रही हैं। बहुत से व्यवसायी लेखक इन शब्दों के सहारे ही जीविकोपार्जन कर रहे हैं।

दूसरी ओर, ऐसे लेखक भी हैं जो भारतीयता के अतिरंजित गौरव और अतीत की साहित्यिक धारणाओं में ही जी रहे हैं। वे आज भी जय-पराजय, पाप-पुण्य, अच्छा-बुरा, काला-सफेद आदि इकहरी मान्यताओं से ही चिपके हुए हैं। सही तो यह है कि जय-पराजय जैसे मन्तव्य अब बेकार हो गए हैं। ये इकहरे और अयथार्थ सपाट मन्तव्य ही हमारे पुराने कहानीकारों को सतत खोज से विमुख करते आए हैं। मनुष्य इस तरह की एकांगी धारणाओं और मन्तव्यों से कितना आगे निकलकर जिन्दगी को झेलने और अपने अस्तित्व की समस्याओं में संलग्न है, यह उन्हें पता ही नहीं। आज का मनुष्य आसन्न संकट और अपनी संश्लिष्ट परिस्थितियों की ओर अभिमुख है। उसके अस्तित्व के लिए केवल अणुयुद्ध और मौत का ही खतरा नहीं है—यह मौत तो बड़ी बेकार और क्रूरता से भरी अर्द्ध-प्राकृतिक या अप्राकृतिक मौत है। इससे भी बड़ी और दारुण मौत एक और है—वह है आदमी के अपने विचारों, जीवन-स्रोतों, स्वाधीनता, निर्णय-शक्ति और जीवन-तन्तुओं की मौत। भयावहता तो इसी मौत की है। संत्रास और यातना भी इसी मौत के कारण है। पाप और पुण्य, सुख और दुख, अच्छा और बुरा तो पौराणिक-धार्मिक मान्यताएँ हैं। जय और पराजय की मान्यता भी उन्हीं मान्यताओं का बाद का परिष्कृत सामन्ती रूप है, जो अन्ततः उन्हीं परिणामों पर पहुँचाती है जहाँ धर्मवादी नैतिकता पहुँचाती है। हाँ, जय-पराजय में थोड़ी-सी राजनीतिमूलक भावना भी समा गई है—यानी साहित्य को राजनीतिकमूलक भविष्यवाद से जोड़कर हम जय-पराजय की बात करने लगते हैं। राजनीति की महत्ता से इनकार नहीं किया जा सकता और न उससे निरपेक्ष रहने की आवश्यकता है, पर राजनीतिक मन्तव्यों में नित नए होते रहने की सामर्थ्य नहीं होती। उन मन्तव्यों की सार्थकता और शक्ति ही यही है कि उन्हें बार-बार दोहराया जाए। साहित्य अनवरत नवीन की खोज में संलग्न रहता है, उसके जीवित रहने की

यह अनिवार्य शर्त है, अत: राजनीतिमूलक मन्तव्यों और साहित्य की इच्छाओं की तात्कालिक एकरूपता शायद असम्भव ही बनी रहेगी। राजनीति-प्रेरित लेखन को पत्रिकारिता का दर्जा हासिल हो गया है। आज की जिम्मेदार पत्रकारिता ने बहुत हद तक इस संकट से साहित्य की रक्षा की है। मन्तव्य-प्रेरित प्रवृत्तिमूलक लेखन का सबसे गम्भीर खतरा कहानी के सामने ही उपस्थित रहता है। इस खतरे से पत्रकारिता ने उसे उबार लिया है। जय-पराजय का सन्दर्भ अब पत्रकारिता का है। सृजनात्मक साहित्य के सन्दर्भ में वह बात बेकार हो चुकी है। आज अगर बात की जा सकती है तो अस्तित्व के संकट और मानवीय जिजीविषा की।

पर अधुनातन लेखन में इस जिजीविषा का कोई संकेत नहीं है। अस्तित्व के संकट की बात जरूर उठती है, पर वह भी एक फैशन या आधुनिक पोज के रूप में।

बेहतर हो कि 'अस्तित्व के संकट' की बात पहले समझ ली जाए, क्योंकि यह आज के यथार्थ का मूल प्रश्न भी है। अस्तित्ववादी दर्शन में व्यक्ति स्वयं अपने अस्तित्व का कारण नहीं है। यानी वह अपने अस्तित्व को स्वयं उत्पन्न नहीं करता, पर उत्पन्न हो जाने पर वह अपने अस्तित्व का उत्तरदायित्व वहन करता है। और अस्तित्व का उत्तरदायित्व स्वीकारते ही उसके लिए अपने होने का अभिप्राय तय करना जरूरी हो जाता है। वह अपने परिवेश की सार्थकता-निरर्थकता भी तय करता है और अस्तित्व में आए व्यक्ति के लिए यह भी आवश्यक हो जाता है कि वह साहस और आस्था के साथ अपने लिए सर्वोत्तम निर्णय करे। कीर्केगार्द आस्था को भी अस्तित्व-केन्द्रित (व्यक्ति-केन्द्रित) ही मानता है, क्योंकि उसके लिए बाह्य-बोध से उपजी आस्था से चालित होने का मतलब है—'अन्धकार में कूदना'।

सभी अस्तित्ववादियों में कुछेक बातों पर मतैक्य भी है। सभी मानते हैं कि अस्तित्व निष्क्रिय तत्त्व नहीं है। वह स्थिर भी नहीं है। अस्तित्व चेतना से सम्पन्न है, क्रियाशील है और अपनी चेतना-सम्पन्नता और क्रियाशीलता में ही वह सृजनात्मक कार्य करता है। सृजनात्मक कार्य के दौर में ही उसकी सम्भावनाएँ प्रकट होती हैं। किसी भी तरह की सम्भावना को प्रकट करने के लिए स्वतंत्रता एक अनिवार्य शर्त है। सार्त्र ने अस्तित्व की चेतना और सत्ता को भी स्वीकारा है। और वह चेतनाओं के पारस्परिक सम्बन्धों को एक-दूसरे के पूरक रूप में नहीं, बल्कि विरोधी रूप में स्वीकार करता है। चेतना और सत्ता में से समस्त अस्तित्ववादी चेतना को ही स्वीकार करते हैं—सत्ता को अस्वीकार, क्योंकि उनके मतानुसार अस्तित्व-चेतना के लिए असन्तुष्टि अनिवार्य है। अगर यह असन्तुष्टि किसी स्थिति-विशेष को उपलब्ध कर सन्तुष्टि में बदल जाती है तो अस्तित्व अस्तित्व नहीं रह जाएगा, वह सत्ता में बदल जाएगा और सत्ता में बदलते ही चेतना की असन्तुष्टि समाप्त हो जाएगी और यही मृत्यु को ढोने का दारुण क्षण होगा।

सार्त्र की दृष्टि में चेतना ही वह तत्त्व है जो मनुष्य को स्वतंत्र घोषित करता है या उसे नितान्त स्वतंत्र बनाता है। स्वतंत्रता ही मनुष्य की केन्द्रीय शक्ति है। वह उसे कहीं बाह्य उपकरणों से प्राप्त नहीं होती, वह उसमें ही होती है। इसीलिए उसने कहा है कि "मनुष्य स्वतंत्र होने के लिए अभिशप्त है। या 'हमें स्वतंत्र होना चाहिए' यह भी एक भ्रमपूर्ण नारा है, क्योंकि हम स्वतंत्र हैं ही।" व्यक्ति की स्वतंत्रता, चेतना और अस्तित्व को पॉजिटिव रूप में स्वीकार करने के बाद ही शायद सार्त्र ने कहा था—"I am very sorry that it should be so, but if I have excluded God the Father, there must be somebody to invent values!"

इसी दृष्टि से सार्त्र ने मूल्यों को मनुष्य-सापेक्ष स्वीकारा है। साथ ही, यह निष्कर्ष भी निकाला है कि जब मनुष्य स्वयं अपने बनाए मूल्यों को प्रयोग में लाता है तभी नैतिक मान्यताएँ स्वरूप लेती हैं।

मनोविज्ञान के पंडितों की कुंठा की व्याख्या को भी अस्तित्ववादी स्वीकार नहीं करते। सार्त्र ही मानते हैं कि कुंठाएँ और कुछ नहीं हैं, सिवा इसके कि वे ऐसे क्षण हैं जो मनुष्य के अपने निर्णय की प्रतीक्षा में रुके रहते हैं। निर्णय की यह प्रतीक्षा तर्कहीन परिस्थितियों की बुनावट के कारण बनी रहती है। परिस्थितियाँ व्यक्ति की शक्ति का निषेध करती रह सकती हैं, परन्तु उसकी स्वतंत्रता का वे भी अपहरण नहीं कर सकतीं, वे सिर्फ उसे क्षोभ देती हैं।

निर्णय के सम्बन्ध में स्वयं सार्त्र की ही व्याख्या है—"What we choose is always the better and nothing can be better for us unless it is better for all."

यह निर्णय ही अस्तित्व एवं स्वतंत्रता की रक्षा करता है और स्वतंत्रता में ही मानव-अस्तित्व अपनी सम्भावनाएँ प्रकट करता है।

मृत्यु उनके लिए अर्थशून्य इसलिए है कि कीर्केगार्द के अनुसार असमाप्त सृष्टि में व्यक्ति का कोई स्थान निश्चित नहीं है, अतः वह कर्म में ही प्रवृत्त हो सकता है, और (सार्त्र के अनुसार) वह "समाज द्वारा आकांक्षित जीवन की नाटकीयता को अभिनीत करता है।" यही उसकी यातना का कारण है। यातना का दूसरा कारण है व्यक्ति की स्वतंत्रता का विरोध या समर्थन द्वारा अपहरण। क्योंकि हर अस्तित्व-सम्पन्न व्यक्ति अपने निजी निर्णयों द्वारा प्रत्यक्ष या परोक्ष रूप से अन्य व्यक्ति के निर्णय को विरोध या समर्थन द्वारा प्रभावित कर सकता है, अतः तटस्थता द्वारा ही अपने निजी निर्णय और दूसरे के निर्णय को भी स्वतंत्र रखा जा सकता है। यह तटस्थता चेतना से ही मिलती है।

अस्तित्ववाद में उठाए गए कुछ मौलिक प्रश्नों की व्याख्या करना, उनके पूर्वापर सम्बन्ध में इसलिए जरूरी हो गया कि हिन्दी कहानी में भय, संत्रास, मृत्यु, अरक्षा,

निर्णय-विहीनता आदि प्रश्नों को उठाया जा रहा है। क्षण की तात्कालिकता की बात भी की जा रही है। अकेलेपन को ढोया जा रहा है और अजनबीपन की समस्या पर गम्भीर बातचीत हो रही है। क्षण की तात्कालिकता को स्वीकार करने के कारण यह भी कहा जाता है कि भविष्य की बात ही व्यर्थ है और कार्य-कारण में कोई तर्क की स्थिति नहीं है। विस्मय और डर आज के मुख्य लक्षण हैं। उदासीनता अन्तर्बोध है। मृत्यु-भय जीवन-बोध है।

पहली बात जो समझने की है, वह यह कि अस्तित्ववाद, जो अब स्वयं वाद बन गया है, किसी भी तरह के 'वाद' को अस्वीकारता है, क्योंकि वाद को स्वीकार करते ही चुन सकने की क्रिया समाप्त हो जाती है। साथ ही, वह इहलोक से आगे परलोक की स्थिति भी मानता है और भविष्य के प्रति सचेत भी है। कीर्केगार्द की सारी आस्तिक मान्यताएँ इसी परिवेश में जन्म लेती हैं। वह हीगेल की इस स्थापना का विरोधी है कि सृष्टि एक व्यवस्थित चेतन-शक्ति है एवं सत्य ही ज्ञान है। कीर्केगार्द की आस्तिकता को और हीगेल की तत्त्व-चिन्तन की भंगिमा को, हेडेगर ने व्यावहारिक या वस्तुजगत् के दृश्यमान दृष्टान्तों से विश्लेषित करके बदल दिया। यास्पर्स ने मशीनीकरण के सन्दर्भ में उभरते जीवन की संगति में अस्तित्ववाद को विश्लेषित किया। हेडेगर ने ही मृत्यु को ठोस वैचारिक भूमि पर स्वीकारने की बात अस्तित्व की स्वतंत्रता के सन्दर्भ में ही उठाई थी, ताकि व्यक्ति मृत्यु की ठोस वास्तविकता को स्वीकार कर सकने की आन्तरिक क्षमता से सम्पन्न रहे। मार्सेल ने इस दर्शन की नैतिकतावादी सम्भावनाएँ अन्वेषित कीं और विश्व-नैतिकता (या आदर्श) के स्तर पर 'वादों' की विपन्नता को स्पष्ट किया। सार्त्र ने इन दार्शनिक व्याख्याओं या चिन्तन को दर्शन के स्तर पर 'स्वतंत्रता' का विशेष सन्दर्भ प्रदान किया और इस दार्शनिक दृष्टि से जीवन के मूलभूत प्रश्नों को साहित्यिक स्तर पर उठाया। यदि सार्त्र ने इसे साहित्य में लागू न किया होता तो शायद अस्तित्ववाद भी एक मानव-केन्द्रित दार्शनिक व्याख्या-भर रह जाती और उसका जीवन से कोई सीधा सम्बन्ध न रहता।

तत्त्व-चिन्तन के साथ हमेशा यह खतरा रहता है कि जैसे ही उसे अनधिकारी व्यक्तियों का सहयोग मिला (यानी जो स्वयं उस चिन्तन के सर्जन में सहयोगी नहीं रहे हैं), वह व्यावहारिक स्तर पर विकृत होने लगता है, क्योंकि समुदाय सूक्ष्मताओं को समझने में असमर्थ होता है, वह केवल तत्त्व के पाखंड या उसके कर्मकांड को ही जीवन में उतार पाता है, चिन्तन से अलग होते ही वह विरूप होने लगता है और तब उसके अनुयायियों के लिए वह विरूपता ही सत्य बन जाती है।

चिन्तन भी देश-काल-बोध से निरपेक्ष नहीं है और देश अपने काल-विशेष में अपना ही चिन्तन-स्वर स्थापित करता है। यदि कहीं और से कुछ ग्रहण भी करता है तो अपने परिवेश की सापेक्षता में। अगर ऐसा नहीं होता तो दृष्टि और भी दूषित

हो जाती है, क्योंकि तब लेखक न उस विदेशी चिन्तन का प्रामाणिक व्याख्याता होता है और न अपने परिवेश-बोध का प्रतिनिधि। ऐसी स्थिति में लेखक स्वयं उससे भी कट जाता है जो अपना है और उसका भी नहीं बन पाता जो पराया है। वह केवल 'लिटररी फ्लर्ट' या वायवी होकर रह जाता है।

नई कहानी के विकास-क्रम में कुछ ऐसे लेखक-व्यक्तित्व भी हैं जो न स्वयं अपने से जुड़े हैं और न पराए से। परायों के लिए वे अजनबी हैं, क्योंकि वे उनके नहीं हैं, अपनों के लिए वे व्यर्थ हैं, क्योंकि वे उनके चिन्तन या आत्म-बोध से विलग हैं।

नई कहानी की निरन्तर बदलती रूपाकृति के सन्दर्भ में उसकी बदलती आत्मा को रेखांकित करना आवश्यक है। अब कहानी केवल व्यक्ति की देशज चिन्ता को ही नहीं, मानव-चिन्ता को व्यक्त करती है और यह सहज ही है कि वह विश्व-बोध की दिशा में अपनी दृष्टि उठाए। यानी अपने सन्दर्भों की औसत सच्चाइयों को दूसरे के सन्दर्भों की औसत सच्चाइयों के समानान्तर रखकर देखे, बौद्धिक तटस्थता के साथ। तब शायद यह स्पष्ट हो सके कि आज का विश्व-बोध मृत्यु-बोध नहीं है—वह बोध मृत्यु को कठोर वैचारिकता के स्तर पर स्वीकार करने का 'क्षमता-बोध' है। क्षमता-बोध को मृत्यु-बोध स्वीकारना ही चिन्तन को विरूप और विकृत करना है।

अस्तित्ववादी दुखद अस्तित्व को शुतुरमुर्ग की तरह मिट्टी में सर गाड़कर भुलाने की बात नहीं करता, वह उससे छुटकारा न पा सकने की बात करता है, क्योंकि वह मृत्यु को चुन सकता है, पर वह मृत्युवादी नहीं है, इसलिए अस्तित्व को चुनता है (क्योंकि वह मृत्यु को चुनने के लिए भी स्वतंत्र है)। मृत्यु को चुन सकने की क्षमता जिस व्यक्ति में पैदा हो चुकी है वही अस्तित्व को स्वतंत्र रख सकता है और इस स्वतंत्रता में ही वह व्यक्ति अपनी सम्भावनाएँ प्रकट करता है।

क्षमता-बोध को मृत्यु-बोध स्वीकार करनेवाले बहुत से फैशनपरस्त कहानीकार अकाल-मृत्यु के शिकार हो रहे हैं, क्योंकि वे सिर्फ अपने में जी रहे हैं। अस्तित्व की समस्याओं से क्षुब्ध और संत्रस्त व्यक्ति अपने में, तात्कालिक परिवेश में और अपने समय में—तीन स्तरों पर जीता है। इसीलिए वह अपना, अपने परिवेश का और अपने समय का प्रतिनिधि होता है। तभी यह जो कुछ स्वतंत्र निर्णय से चुनता है, "वह हमेशा शुभ होता है और वह तब तक शुभ नहीं होता जब तक सबके लिए नहीं होता।" (What we choose is always the better and nothing can be better for us unless it is better for all.—Sartre)

अपने में जीने को स्वीकार करके, परिवेश और समय में जीने को अस्वीकार करना एकांगिता है। यह घोर व्यक्तिवादिता और रुग्णता का लक्षण है, जिससे अस्तित्व और मानव-नियति की समस्याओं का कोई सम्बन्ध नहीं है।

महेन्द्र भल्ला की कहानी 'एक पति के नोट्स' इसीलिए विशिष्ट है कि उसका केन्द्रीय पात्र, अपने में, अपने तात्कालिक परिवेश में और अपने समय में जी रहा है। इसीलिए वह कहानी तीनों स्तरों को छूती है और प्रामाणिकता की समय-संगत दृष्टि से सम्पन्न है। अमरकान्त की कहानी 'जिन्दगी और जोंक' या 'असमर्थ हिलता हाथ', राजेन्द्र यादव की 'प्रतीक्षा' और 'टूटना', मोहन राकेश की 'जख्म' और 'सोया हुआ शहर', निर्मल वर्मा की 'तीसरा गवाह' और 'डेढ़ इंच ऊपर', शिवप्रसाद सिंह की 'नन्हो' और 'बिन्दा महाराज', रघुवीर सहाय की 'मेरे और नंगी औरत के बीच' तथा 'कीर्तन', दूधनाथ सिंह की 'रीछ' और 'आइसबर्ग', विजयमोहन सिंह की 'वे दोनों', काशीनाथ सिंह की 'आखिरी रात', गंगाप्रसाद विमल की 'विध्वंस' और 'एक और विदाई', अवधनारायण सिंह की 'आकाश का दबाव', रवीन्द्र कालिया की 'नौ साल छोटी पत्नी', शरद जोशी की 'तिलस्म' आदि तमाम कहानियाँ अपने में जीती और साँस लेती हुई भी अपने परिवेश और समय में भी जीवित हैं। वे मात्र अपने या अपने नितान्त व्यक्तिगत दायरे में कैद नहीं हैं। ये कहानियाँ अनुभव की तरह समा जाती हैं।

ये अस्तित्व की गहनतम यातना को तटस्थता के साथ प्रस्तुत करती हैं, ठीक उसी तरह जैसे 'कफन' या 'पूस की रात' करती हैं। मानव-परिणति की तटस्थ अभिव्यक्ति ही इन कहानियों का रुख है। ये मृत्यु-बोध नहीं, 'क्षमता-बोध' देती हैं—स्थिति को स्वीकार कर सकने की क्षमता और एक कठोर वैचारिक दृष्टि से यातना, मृत्यु, अन्तर्विरोध और भयावहता को देख सकने की यथार्थता।

कुछ फैशनपरस्त लेखक इस बोध से असम्पृक्त, केवल शब्दों के चमत्कार में पड़े हैं। उनके लिए तेजी से गुजरी हुई बस या गाड़ी ही भयावहता की स्थिति को उत्पन्न करती है, क्योंकि गाड़ी या बस में उनकी मृत्यु छिपी बैठी थी और वे पेवमेंट पर जिन्दा बच गए हैं, इसलिए अस्तित्व की यातना को भोग रहे हैं। वे डरे हुए हैं। विलक्षण परिस्थितियों के भँवर-जाल में फँसे हैं। संत्रस्त हैं, क्योंकि उन्हें मेटरनिटी होम से निकालकर सीधे राजपथ पर फेंक दिया गया है, जहाँ किसी दूसरे मेटरनिटी होम से फेंकी गई उनकी प्रेमिका भी लोथ की तरह पड़ी है। वे दोनों अभिशप्त हैं, क्योंकि सड़क से गुजरती गाड़ियों में बैठी मृत्यु सिर्फ उन्हें खोज रही है।

शायद ऐसे तथाकथित मृत्युवादी यह भूल जाते हैं कि मृत्यु के सन्दर्भ में उन्हीं का मूल्य होता है जो उसका वरण करने के लिए सन्नद्ध और स्वतः स्वतंत्र हैं। भयावहता में मृत्यु की आहट से दुबके बैठे व्यक्ति का कोई मूल्य मृत्यु के लिए भी नहीं है। मृत्यु एक अर्थवान सत्ता है, इसीलिए उसे चुनने और न चुनने का प्रश्न है।

सबसे पहले अस्तित्व की सक्रियता की बात को ले लिया जाए। अस्तित्ववादियों के लिए अस्तित्व निष्क्रिय नहीं है, वह स्थिर भी नहीं है। उसमें चेतना है और उसी से वह सृजनात्मक कार्य करता है। वह व्यक्ति, जो चेतना-सम्पन्न है, स्वयं प्रतिबद्ध

भी है, अर्थात् जो निष्क्रियता, जड़ता, ठहरे हुए क्षण, असम्पृक्त क्षण की बात करते हैं, वे इस उद्भावना का कतई गलत अर्थ लगाते हैं। इधर की कहानियों में जो निष्क्रियता और असम्पृक्त क्षणवादिता की बात की जाती है, वह एक सही दर्शन के कर्मकांडीय स्वरूप की विकृति है। यथार्थ और उसकी प्रामाणिकता से कटी हुई कहानियाँ श्लथ, अँगड़ाइयाँ लेते, अपने होने-न-होने को महसूस या न महसूस करते पात्रों से भरी हैं—जो नाबदानों में उसी की गन्ध में रस लेते या उसे अनिवार्य मानते हुए स्थिर पड़े हैं। ऐसी कहानियों के पास एक औरत है, उस औरत का एक प्रेमी या 'सिड्यूस' करनेवाला है—जिनके लिए घर (यदि वह है तो) बिस्तर है जो मात्र खट्टी या मीठी रति-क्रिया के काम आता है और बाहर है सिर्फ मृत्यु को लिये पूरी दुनिया, जो इन स्वयं विशिष्ट बने 'मैं ओं' को घेरने के लिए घूम रही है। और यह सब अस्तित्व की मूल समस्या के नाम पर लिखा जा रहा है। अस्तित्व की दारुण यातना भोगनेवाले लोग हैं 'सुख' के तार-बाबू, 'पिता' के पिता, 'एक और विदाई' की तलाकशुदा औरत, 'लन्दन की एक रात' के काले लोग, 'प्रतीक्षा' की प्रतीक्षारत औरत, 'जख्म' का जख्मी आदमी, 'यही सच है' की भँवरजाल में फँसी औरत, 'मछलियाँ' की तिरस्कृत लड़की, 'बेसमेंट' का बूढ़ा, 'एक पति के नोट्स' का पति, 'रक्तपात' का पुत्ररूपी व्यक्ति—ये मात्र अपने में जीनेवाले व्यक्ति नहीं हैं जो इस जीवन से अभिशप्त हैं बल्कि ये सब मानव-नियति की परिणति और उसकी भयंकर प्रवंचना में साँस लेते हुए व्यक्ति हैं—जो मात्र देशज ही नहीं, उसकी सीमाओं के ऊपर ऐसे आदमी हैं, जिनका सुख-दुख, यातना और संत्रास सार्वदेशिक है। यह तथा इन जैसे और तमाम लोग सार्वकालिक सार्वदेशिक-समान यातना और संत्रास के भागीदार हैं। हाँ, यह जरूर है कि इन कहानियों में नियति, संत्रास, अभिशाप, मृत्यु, अस्तित्व, भयावहता आदि शब्द इस्तेमाल नहीं किए गए हैं, जो कि फैशनवादी कहानियों के लिए बेहद जरूरी हैं।

निरन्तर असन्तुष्टि की बेहद गहरी अनुभूति अन्य नई कहानियों और खुद इन्हीं कहानियों में भरी हुई है—असन्तुष्ट, विक्षोभ और संयत आक्रोशमय व्यंग्य ही उनका प्रधान स्वर है और उनमें अस्तित्व-सम्पन्न व्यक्ति कहीं भी सत्ता में सन्तरित नहीं होता। 'टूटना' जैसी कहानियों में यदि व्यक्ति अपने अस्तित्व की स्थिति से स्थानान्तरित होकर सत्ता में बदला भी है तो लेखक स्वयं उसे टूटने की एक प्रक्रिया मानता है और उसी दृष्टि से अपने कथ्य को उठाता है। यदि जिजीविषा के कोण से देखें तो नई कहानी के समस्त पात्र असन्तुष्टि को ही अंगीकार कर रहे हैं और जाने-अनजाने अपनी 'क्षमता' का बोध दे रहे हैं। जीवन की संश्लिष्ट स्थितियों में जी रहे मनुष्य की समस्याएँ मृत्यु, दुर्घटनाओं या आकस्मिकता के संयोग से सुलझाई या कही नहीं जा रही हैं, बल्कि उन समस्त 'क्रूशल' स्थितियों को झेला जा रहा है। कोट-पैंट पहने और जेब में अपना परिचय-पत्र (आइडेंटिटी कार्ड) रखे,

लड़की की कमर में हाथ डालकर घूमते संन्यासियों की ये कहानियाँ नहीं हैं। ये कहानियाँ केन्द्रीय व्यक्तियों की हैं जो असन्तुष्टि और विक्षोभ में जीने के लिए अभिशप्त हैं और अपने अस्तित्व को अधिकाधिक स्वतंत्रता या दूसरों द्वारा प्रदत्त परतंत्रता में भी अक्षुण्ण रखे हुए हैं। जिजीविषा समझौता नहीं करती, उसका यदि कोई समझौता है तो खुद अपने से। क्योंकि वह किसी लौकिक या पारलौकिक शक्ति से प्राप्त नहीं होती, वह स्वतंत्र व्यक्ति में सिर्फ होती है। यह जिजीविषा ही निर्णय की शक्ति देती है जो 'रजुआ' जैसे पात्र के माध्यम से अपनी सत्ता की घोषणा करती है और लोगों के संस्कारों में बैठी मृत्यु को भी छलकर अपने अस्तित्व का 'होना' साबित करती है।

स्वतंत्रता ही वह तत्त्व है जो जीवन को जीवन बनाता है, अच्छे और बुरे, पाप और पुण्य, जय और पराजय से ऊपर वह मनुष्य को अपनी नियति के भय से ऊपर उठाता है और उसकी सम्भावनाओं को स्थापित होने का अवसर देता है। अर्थात् सृजनात्मक कार्य में व्यक्ति तभी रत होता है, जब वह स्वतंत्र होता है या इतना परतंत्र कि वह परतंत्रता ही संकट बन जाती है। तमाम स्वतंत्र व्यक्ति समूहबद्ध होते ही कितने परतंत्र हो जाते हैं! तब परतंत्रता का संकट उन सबमें से सबसे ज्यादा परतंत्र व्यक्ति वहन करता है और वही अपने निर्णय से सबके शुभ को चुनता है। वह नायक या हीरो नहीं, अभिशप्त व्यक्तियों का प्रतिनिधि होता है। अभिशप्त व्यक्तियों का वह प्रतिनिधि—मनुष्य—ही परमात्मा को एक ओर हटाकर अपने मूल्यों का अन्वेषण करता है, विश्व के अर्थ तय करता है। वह आरोपित मान्यताओं को मानने से इनकार करता है, संस्कारों को वैचारिक शक्ति से पोंछता है। रूढ़ियों को अस्वीकार करता है। संघबद्ध धार्मिक शक्ति और उसकी स्थापित नैतिकताओं को नकारता है, सिद्धान्तों को तोड़ता है, पूर्व-निश्चित नियमों को बुद्धि की कसौटी पर कसता है और स्वयं को उत्तरदायी मानता हुआ अपने 'नए' की स्थापना करता है। यह मुक्ति या स्वतंत्रता ही उसकी सबसे बड़ी शक्ति है। बगैर इस मुक्ति के नया कुछ भी नहीं होता। उसे जो पुरातन या नया बोध दिया जाता है, उससे स्वतंत्र रहकर ही वह अपनी सम्भावनाएँ प्रकट करता है, क्योंकि बहुत-सा नया भी मात्र संशोधन होता है। अस्तित्व-सम्पन्न स्वतंत्र मनुष्य अपने मूल्य स्वयं गढ़ता है, इसीलिए वह परमात्मा को भी सर्जक के पद से अपदस्थ करता है।

तटस्थता एक ऐसा तत्त्व है जो एक ही समय में जीवन-मूल्य भी है और साहित्यिक मूल्य भी। यह तटस्थता एक तरह का सम्मान है—स्वयं अपनी और दूसरे की स्वतंत्रता का सम्मान। समर्थन या विरोध से परे एक तटस्थ स्थिति भी है जो किसी की स्वतंत्रता का अपहरण नहीं करती और साथ ही सत्य का पोषण भी करती है। जिजीविषा से सम्पन्न और कर्मरत मनुष्य की तटस्थता एक पॉजिटिव शक्ति है,

क्योंकि वह निष्क्रिय नहीं है। वह सुविधा का दर्शन नहीं, सम्पूर्ण संलिप्ति का दर्शन है। जो पूरी तरह संलिप्त है, वही तटस्थ हो सकता है—संन्यासी यदि तटस्थता की घोषणा भी करे तो संघर्षरत मनुष्य के लिए उसकी कोई उपयोगिता नहीं है—संलिप्त मनुष्य ही तटस्थ होकर निर्णय की शक्ति प्राप्त करता है। यह तटस्थता भी कठोर वैचारिक भूमिका से उद्भूत है, अर्थात् भय से दूर होकर निर्णय ले सकने की क्षमता है।

साहित्यिक स्तर पर यह तटस्थता सत्य की रक्षा करती है और प्रामाणिकता को प्रामाणिक बनाती है—क्योंकि किसी के कह देने या भोग लेने से ही कोई कथ्य प्रामाणिक नहीं हो जाता। तटस्थ होकर रखा गया कथ्य ही प्रामाणिकता की निरन्तरता को झेल पाता है, नहीं तो रचना में वह प्रामाणिकता सूखती चली जाती है। तब लेखक उस सूखी हुई प्रामाणिकता को अपने आग्रहों से भरता और तरल बनाता है तथा प्रामाणिकता का भ्रम पैदा करके बहुत बड़े शून्य को जन्म देता है। यह आग्रह व्यक्तिवादी का भी हो सकता है और समूहवादी का भी। व्यक्तित्व-सम्पन्न व्यक्ति ही तटस्थ हो पाता है, इसलिए व्यक्तित्व-सम्पन्न मनुष्य के माध्यम से ही सत्य को अभिव्यक्त किया जा सकता है—व्यक्तिवादी या व्यक्तित्वहीन व्यक्तियों के माध्यम से नहीं।

कहवाघरों में बहस करते या मेटरनिटी होम से निष्कासित व्यक्तित्वहीन या व्यक्तिवादी व्यक्तियों के माध्यम से न तो सच ही कहा जा सकता है और न झूठ ही। वे सिर्फ निरर्थकता के दावेदार हैं और शून्य ही उनकी परिव्याप्ति है। व्यक्तित्व-सम्पन्न व्यक्ति की निरर्थकता की अनुभूति और उदासीनता भी अन्ततः एक सार्थक अन्तर्बोध है, जो असन्तुष्टि को प्रतिफलित करता है और उसे निष्क्रिय नहीं होने देता।

नई कहानी के अन्त पर आकर रुके हुए पात्र पाठक के दिमाग में वह कहानी शुरू करते हैं जो यथार्थ से भी ज्यादा सघन, महत्त्वपूर्ण और सन्तप्त है। जो कहानी ऐसा नहीं कर पाती, वह चाहे जितना नई लगती हो, वास्तव में नई होती नहीं। यह तटस्थता से ही सम्भव हो पाता है, क्योंकि उससे कथ्य आरक्षित होता है या दूसरे शब्दों में वही कथ्य की मुक्ति होती है।

तटस्थता एक भयंकर आक्रमण है, जिसमें कुछ भी क्षत-विक्षत नहीं होता, और सब-कुछ सक्रिय हो उठता है। कहीं-कहीं लेखन में तटस्थता नहीं होती, कहानी कहने के ढंग की उदासीनता होती है, जो तटस्थता का भ्रम पैदा करती है। यह उदासीनता दृष्टिहीनता के कारण होती है या विलासी श्लथ-मनोवृत्ति के कारण, जो कि तथाकथित बौद्धिक दिखाई देनेवाले व्यक्ति-लेखक के स्नायुओं और चक्षुओं को व्यर्थ तथा ढीला कर चुकी होती है।

तटस्थता के भयंकर आक्रमण की तैयारी, सम्पूर्ति और उपलब्धि में ही लेखक

की सारी आयु बीत जाती है—जो इसे प्राप्त कर लेता है, वही परिपूर्ण होता है। यह प्रक्रिया ही लेखक को सक्रिय रखती है, यही उसकी जीवन्तता की निशानी होती है।

नई कहानी तटस्थता की इस प्रक्रिया से गुजर रही है, वह कितनी तटस्थ हो पाई है और कितनी और हो पाएगी—यह तो कोई भी नहीं कह सकता, पर यह यात्रा जारी जरूर है।

यह तटस्थता प्रतिबद्धता का ही सम्पूर्णीकरण है। प्रतिबद्धता किसी भी तरह के आरोपण के अर्थ में नहीं, बल्कि अपने समय-संगत सत्य के प्रति। प्रतिबद्धता के अभाव में लेखक यथार्थ को नहीं, यथार्थ के अवान्तर को प्रेषित करके शून्य पैदा करने लगता है। जिनके लिए प्रतिबद्धता मात्र एक राजनीतिक नारा है, उनसे न प्रतिबद्धता की उम्मीद की जा सकती है और न तटस्थता की—वे यथार्थ को तोड़ते-मरोड़ते हैं और आरोपित-अभीप्सित अर्थ निकालते हैं। उनके लिए प्रतिबद्धता एक साधन है। पर तटस्थता की ओर अग्रसर लेखक के लिए वह पहला और अनिवार्य पड़ाव है। प्रतिबद्धता के बगैर तटस्थता की कल्पना ही नहीं की जा सकती। प्रतिबद्धता ही लेखक को अपने से, अपने तात्कालिक परिवेश से और अपने समय से सम्पृक्त करती है और इन तीनों स्थितियों के सन्दर्भ में ही तटस्थता की कसौटी मौजूद है। अतीत और भविष्य से तटस्थ होने में यातना नहीं है। यातना तो अपने समय में यथार्थ के प्रति तटस्थ होने में है। जो इस संश्लिष्ट प्रक्रिया से नहीं गुजर पाए, वे लेखक देखते-देखते संन्यासी नजर आने लगे, कुछ आत्मा, अर्थ और होने-न-होने पर प्रवचन देने लगे, कुछ पैदा होते ही मृत्यु, संत्रास और भय से त्रस्त होकर आधुनिक संन्यासी बन गए।

साहित्य न इतिहास है, न दर्शन। स्वयं अस्तित्ववाद का तत्त्व-चिन्तन जितना मूल्यवान है, उसका साहित्य उतनी ही मात्रा में उसका सम्प्रेषण नहीं करता। कथा-साहित्य में तो यह लचक और भी ज्यादा होती है, क्योंकि वह जीवित मनुष्य को लेकर चलता है। कहानी दर्शन को सही या गलत साबित करने का कार्य भी नहीं करती। वह स्वयं एक अनुभव है—एक सम्पूर्ण उपस्थिति, जो कि संश्लिष्ट सांस्कृतिक इकाई मनुष्य को, उसकी मन:स्थितियों सहित (यथासम्भव) तटस्थता से प्रस्तुत कर देती है।

जो कहानियाँ अपने में, अपने तात्कालिक परिवेश में और अपने समय में जी रही हैं, वे ही समय को लाँघकर शायद आगे तक पहुँचेंगी। अपने समय में जो सच्चा नहीं है, वह कभी भी सच्चा नहीं हो सकता। जो अपने समय में नहीं जिएगा, उसके लिए समय भी जीवित नहीं रहेगा।

समय में जीकर ही उसकी परिधि को पार किया जा सकता है—नई कहानी की बहुत-सी कहानियाँ समय-परिधि को पार करने का आश्वासन पैदा करती हैं,

क्योंकि वे स्वयं अपनी परिधि को पार कर सकी हैं। नई कहानी ने अपना कोई साँचा नहीं बनने दिया है। वह अपरिभाषित रहकर ही निरन्तर नई होती रह सकती है।

अब कहानी ज्यादा आधारभूत सवालों को उठा रही है—वे सवाल जो मनुष्य और उसकी नियति से सम्बन्धित हैं, वह नियति जो 'जख्म' में बदल गई है और एक पल आराम नहीं लेने देती। जख्म खाया हुआ आदमी न निष्क्रिय है, न निर्वीर्य, न ही वह अन्धी गली में भटक गया है। वह अपने अस्तित्व और चेतना की स्वतंत्रता-सहित उस मोड़ पर खड़ा है, जहाँ से एक और यात्रा की शुरुआत होनी है।

जिस दिन यह जख्म भर जाएगा, शायद उस दिन लेखक फिर परियों की कहानियाँ लिखे। अभी तो मनुष्य के इस जख्म की पूरी परिणति बाकी है और अच्छा है कि मनुष्य मृत्यु-बोध से नहीं, क्षमता-बोध से सम्पन्न है।

नई कहानी का रूपबन्ध और व्यक्तित्व

बेहतर होगा कि बात कथानक से शुरू की जाए, क्योंकि पहले कथानक को कहने के लिए ही ढाँचा तैयार किया जाता था। यानी कथानक जब अपने ढाँचे में बैठ जाता था, तो कहानी बन जाती थी। चूँकि कहानी बहुत से अंग-उपांगों में बँटी थी, अतः लेखन के दौरान भी रोचकता की रक्षा के लिए लेखक घटनाओं, प्रकृति-वर्णन, संवाद आदि की सन्तुलित मात्रा बनाए रखता था। ऐसा नहीं था कि लिखते समय वह अनुपात तय करता हो, पर इतना जरूर था कि लिख जाने के बाद कहानी में वे सारे अवयव दिखाई पड़ने लगते थे, जो कि कहानी के लिए आवश्यक समझे जाते थे। शिल्प और शैली की साधना का महत्त्व था। इसीलिए जब प्रेमचन्द ने उस ढाँचे को तोड़कर कथ्य को प्रश्रय दिया तो उनकी कहानियों को 'सपाट' शिल्प की कहानी कहा गया। सही बात तो यह है कि प्रेमचन्द ने शिल्प की परवाह ही नहीं की। उनका शिल्प कहानी को पठनीय बनाए रखने तक की माँग पूरी करता है—यानी कहानी किस शैली में कही जाए, यह कोण उनकी कहानी में नहीं है, पर कहानी बनी रहे, यह चेतना उनकी कहानियों में है। प्रेमचन्द ने स्वयं कहानी का सपाट शिल्प पैदा किया, जो कि बहुत महत्वपूर्ण था, पर इस सपाट या इकहरे शिल्प के अलावा उन्होंने कला-सजगता का परिचय नहीं दिया। उनकी कहानियों में कला की श्रम-साध्य सजगता का न होना कुछ लोगों को दोष दिखाई देता है, पर यही उनकी बहुत बड़ी शक्ति थी। रूपहीनता को सपाटता मान लेना बहुत आसान बात है, पर रूपहीनता के शिल्प को समझ सकना बहुत कठिन काम है। कहानी के कहानीपन को बचाए रखने या उसे बहुत हद तक सुदृढ़ करने का अतिशय महत्त्वपूर्ण पक्ष प्रेमचन्द की कहानियों द्वारा ही सम्पन्न होता है। बहुत हद तक कहानी के कहानीपन की यह कलात्मक धारणा प्रेमचन्द में है जो कि बहुत स्पष्ट नहीं हो पाती, पर उनके परवर्तियों और समकालीनों में यह कलात्मक धारणा बहुत प्रखर हो जाती है और कहीं-कहीं तो कलात्मकता का यह बोझ कहानी उठा ही नहीं पाती। कहानी बहुत कलात्मक होती थी—कलाकृति नहीं। कहीं जैसे यह ध्वनि छिपी हुई थी कि शिल्प और शैली कलात्मक परिधानों के रूप में ही कहानी को पहनाए जाने चाहिए। चूँकि प्रेमचन्द के कथ्य की गति अबाध है और कहानी कथ्य के सैलाब से उफनती

रहती है, इसलिए उनमें कलागत अवधारणाओं और बारीकियों को देखने का मौका ही नहीं होता। कहानी घटित होती जाती है, लेखक घटना-संयोगों द्वारा अन्त की ओर बढ़ता जाता है और अन्त में लगभग वही होता है, जिसकी उम्मीद पाठक लगाए बैठा होता है। यानी लेखक, रचना और पाठक के बीच घटनाओं और उनके नतीजों की सहज पर पूर्व-स्वीकृति रहती थी। इसीलिए उनकी कहानियाँ पाठकों की अपनी कहानियाँ होती थीं, अपने इस नजरिए से कि पाठक जैसा सोचने का आदी था वैसा होता चलता था। अन्त में, लेखक कोई आदर्शवादी समाधान दे देता था, जिसके प्रति पाठक आदर से भर उठता था। अन्त ही वह स्थान होता था, जहाँ लेखक और पाठक के बीच कहानी के माध्यम से लेखकीय और पाठकीय रिश्ता बड़ा होने के कारण लेखक जीत जाता था और पाठक चमत्कृत या आह्लादित हो जाता था। कहानी वह 'अन्त' दे देती थी, जो सब चाहते थे, पर खुद जिसे प्राप्त करना उनके लिए बहुत मुश्किल था। पाठक कहानी द्वारा प्रस्तुत ऐसे प्रमुख पात्रों के बीच अपने को पाता था जो दुनिया के प्रति आस्था पैदा करते थे और 'धरती को रहने लायक' बनाए रखने में मदद करते थे। पापियों से भरी धरती जिन कुछेक अच्छे लोगों के पुण्य से टिकी हुई थी, उनका वह पुण्य ही कहानी का चरम सन्देश होता था।

कहने का मतलब यह कि पाठक सन्देश को फौरन पकड़ लेता था। जाहिर है कि सन्देश को वहन करनेवाली कहानी का रूपबन्ध बहुत इकहरा और घात-प्रतिघात से भरा होगा। घात-प्रतिघात का यह मतलब नहीं कि वह द्वन्द्व से भरा होगा। इकहरे तरीके से अच्छे और बुरे का क्रम परिवर्तन के साथ उपस्थित होना और शुभ की स्थापना के लिए सारा सरंजाम। इस सरंजाम में लेखक को भाषा की ज्यादा जरूरत नहीं थी और न पच्चीकारी की। वह शिथिल पर छोटे वाक्यों से काम चला लेता था। वाक्य बहुत सीधे और उनका समझ में आना एक आवश्यकता थी, नहीं तो सन्देश तक पहुँचने में कठिनाई हो सकती थी।

कहानी का जब समाजीकरण हुआ तब भी वही रूपबन्ध काम में आता रहा, क्योंकि तब भी कहानी शुभ-अशुभ, कर्तव्य-अकर्तव्य, नैतिक-अनैतिक को ही वहन करती थी। ऐसी कहानियों में भी एक परिस्थिति बनी रहती है और पाठक उन्हें सहज रूप से ग्रहण कर लेता है, क्योंकि वे संस्कारों, विश्वासों और धारणाओं को हल्का-सा भी धक्का नहीं पहुँचातीं, बल्कि बहुत हद तक उन्हें पुष्ट और सबल करती हैं। साहित्य का यह भी एक महत् उद्देश्य रहा है कि वह मनुष्य की धारणाओं-विश्वासों को बल दे और जो कुछ धर्म, दर्शन, इतिहास ने बताया या तय किया है उसका अनुमोदन करे, ताकि समाज व्यवस्थित और संगठित रहे, समाज का व्यक्ति संस्कारों से सम्पन्न रहे।

कोई भी कला जब तक यह दूसरे दर्जे का काम करती है तब तक उसका अपना कोई वास्तविक अस्तित्व नहीं होता। साहित्य की अन्य विधाओं ने तो बहुत हद तक (खासतौर से कविता ने) अपने को इस दासता से बहुत पहले ही मुक्त कर लिया था, पर कहानी को यह मुक्ति नहीं मिली थी। यहाँ पर सही या गलत बातों का अनुमोदन या विरोध करने का सवाल नहीं है, सवाल विधा-विशेष के स्वतंत्र अस्तित्व का है। सदियों से कहानी दूसरे दर्जे की विधा रही है। वह धर्म, दर्शन, इतिहास और सामाजिक आचरण के स्थापित मूल्यों को जन-जन तक पहुँचाने का काम करती है। उसका अपना व्यक्तित्व रूपगठन तक ही सीमित रहा है—आत्मा उसकी अपनी नहीं रही है। इसीलिए कहानी को सहज सम्भाषण का माध्यम माना गया और उससे बराबर यह अपेक्षा की गई कि वह दूसरों के स्थापित विचारों को ही प्रचारित करे।

जब तक यह धारणा रही, कहानी का विचार-तत्त्व और कलारूप—ये दोनों दो इकाइयाँ रही हैं और कहानीकार हमेशा यही तय करता रहा कि वह विचार-तत्त्व को कैसे पाठक तक पहुँचाए। यह विचार-तत्त्व भी कहानीकार का अपना नहीं होता था, वह किसी और विचारक या दार्शनिक या समाज के विशिष्ट व्यक्तित्व का होता था और कहानीकार उसी के निष्कर्षों को रोचक तरीके से पेश करने का काम करता था। यह मान्यता इतनी गहरी जड़ें जमा चुकी थी कि आधुनिक युग में भी इससे छूट पाना मुमकिन नहीं हो पा रहा था। जिन्होंने साहित्य और विशेषत: कथा-साहित्य की इस संवाद-शक्ति को समझा था, वे हमेशा अपने विचारों को कहने के लिए कहानी के मुखापेक्षी रहे हैं।

आधुनिक युग में यही बात जरा और सूक्ष्म हो गई। कहानीकार को कहानी लिखने के लिए नहीं बल्कि अपनी दृष्टि को साफ करने के लिए विचार दिए गए और उससे अपेक्षा की गई कि वह उनकी लड़ाई लड़े। कहानी को इसमें नहीं घसीटा गया, पर कहानीकार को 'आमंत्रित' किया गया और सहज ही यह अपेक्षा की गई कि यदि वह विचारों को स्वीकार करता है तो कहानी भी वैसे ही लिखेगा।

इसका सहज नतीजा यह हुआ कि कहानी एक घटिया माध्यम बनी रही। हिन्दी-कहानी की यात्रा इस घटियापन से शुरू नहीं हुई थी। निर्णायक कहानीकार स्वयं था और वह वही कहता था जो कहना चाहता था। प्रेमचन्द तक यह क्रम चलता रहा। जैनेन्द्र, अज्ञेय और यशपाल तक भी यह धारा चली आई। लेखक की निर्णय-स्वतंत्रता उसी के अधीन रही। यह बात दूसरी है कि इन स्वाधीन लेखकों के निर्णय कितने महत्त्वपूर्ण या महत्त्वहीन थे।

रूपबन्ध का बिखराव असल में तथाकथित प्रगतिवादी कहानी से शुरू हुआ। कहानी का फॉर्म कथ्य की व्याप्ति के लिए खंडित नहीं हुआ, बल्कि कथ्य के पुनर्वास के लिए बिखर गया। कथ्य से शैली-शिल्प की उद्‌भावना नहीं हुई, वहाँ

कथ्य को जामा पहनाया गया और सिर्फ इस नजर से कि वह नंगा न रहने पाए। कथ्य के मिजाज, व्यक्तित्व, कद और रुचि का कतई ध्यान नहीं रखा गया, वह जिसके हाथ भी पड़ा, उसी ने उसे अपने पास पड़े परिधान पहना दिए। सिर्फ उनकी (सुन्दर या असुन्दर) नग्नता को ढकने के लिए। इस दौर में रूपबन्ध फिर एक आरोपित चीज बन गया। विचार दूसरे के थे, लेखक के भी थे तो वे जो उसके बनाए गए थे या वे जो उसने अपने-आप अंगीकार किए थे—उन्हीं विचारों को कहानी वहन करती थी, इसीलिए उसमें कहानी का ढाँचा बरकरार रहा, क्योंकि कहानी के प्रति दृष्टि नहीं बदली थी, केवल सम्प्रेषण का रंग हलका या गाढ़ा हुआ था। विचारों के पुनर्वास के क्रम में शैली की अपनी सत्ता कायम रही और इस काल में कहानी का सत्य अन्वेषित नहीं हुआ, कहानी की शैलियाँ बनाई गईं। इस पूरे दौर में चन्द्रकिरण सौनरिक्सा ही एकमात्र ऐसी लेखिका रही हैं, जिन्होंने विचारों को वहन करते हुए कहानी को उसकी कलात्मक अवधारणा से अलग नहीं होने दिया। यह बड़ी प्रतिभा का ही काम था कि उन्होंने कथ्य और शैली का सामंजस्य स्थापित कर लिया था। लेकिन इस दौर के अन्य कहानीकारों के कारण कहानी 'अनुमोदन का माध्यम' ही बनी रही। यह अनुमोदन भी बहुत भदेस ढंग से किया गया।

कहानी का 'अनुमोदन का माध्यम' बना रहना एक बड़ी शक्ति भी थी, साथ ही बहुत बड़ी सीमा भी। इस सीमा से कहानी निकल ही नहीं पा रही थी। वह दूसरों के विचारों को अंगीकार करने के लिए बाध्य कर दी गई थी। दूसरे के विचार और लेखक द्वारा उनका मात्र अनुमोदन ही बाधा थी जिसने कहानी को स्वतंत्र कला-विधा नहीं बनने दिया था। वह अपनी शक्ति से चालित नहीं थी, दूसरे के निर्णय और विचारों की शक्ति से चालित थी। ऐसी स्थिति में कोई भी विधा स्वतंत्र हो ही नहीं सकती और न वह अपना अस्तित्व बना सकती है। यही कारण था कि सन् '50 तक कहानी एक भोली-भाली, सीधी-सादी और भली चीज बनी रही। यशपाल ने जरूर उसमें दंश पैदा किया, इसीलिए यशपाल की कहानियों का रूपबन्ध हिन्दी परम्परा की सब कहानियों से पृथक् है। अज्ञेय ने अपने आभिजात्य का स्वर कहानी को दिया, जिससे उसके शिल्प में नई सम्भावनाएँ उभरीं। मगर अज्ञेय की कहानी ने कहीं भी संस्कारों को तोड़ने या उन्हें ठेस पहुँचाने की कोशिश नहीं की। उन्होंने दूसरा रास्ता अपनाया। उनकी कहानी ने व्यक्ति-मन के भीतर यात्रा शुरू की और मन में बैठे अपरिचय और दुख को ही उन्होंने सम्प्रेषित किया। जैनेन्द्र ने संस्कारों की बहुत परवाह नहीं की, इसीलिए उनकी शुरू की रचनाओं में विद्रोह है और इस विद्रोह ने ही कहानी के रूपबन्ध को भी तोड़ा। यशपाल शुरू से ही विचारों के हामी रहे हैं, अत: उनकी कहानी में विचारों की अन्विति का दृष्टिकोण ही प्रमुख है और वही उनकी शैली का निर्णायक तत्त्व है।

कहानी की इस यात्रा में सबसे भयंकर धक्का उसकी परिभाषा से लगा। स्कूलों, कॉलेजों और विश्वविद्यालयों में पढ़ाने के लिए जब कहानियाँ चुनी गईं, तो उनकी परिभाषा आवश्यक हुई और कहानी को विषयवस्तु और शैली की दो बेहद मोटी और पृथक् धारणाओं में विभाजित कर दिया गया। इसके बाद और अंग-भंग शुरू हुआ और हमारे सुधी आलोचकों ने (सुविधा के नाम पर) भाषा, वातावरण, चरित्र-चित्रण आदि तमाम उपांग काटकर रख दिए।

इस विभाजन और अंग-भंग ने कहानी की आत्मा ही मार दी और उसके स्वतंत्र विकास का जो सिलसिला शुरू हुआ था, वह अवरुद्ध हो गया। कहानी अपनी आन्तरिक आवश्यकताओं के अनुरूप कलारूप प्राप्त नहीं कर सकी, बल्कि उसमें कलात्मकता पैदा की गई। अलेखकों ने इसे फॉर्मूला बनाया और कहानी को फॉर्मूले के हिसाब से 'एसेम्बिल' करना शुरू किया। इससे हुआ यह कि कथ्य भी कैद रहा और फॉर्म भी कोई रूप नहीं लेने पाया। ऐसी कहानियों को कहानी बने रहने के लिए जरूरी था कि वे न अपने ढाँचे से विद्रोह करें और न कथ्य से।

यानी कहानी के आस्वाद का तरीका तय कर दिया गया और कथानक को प्रभूत मान्यता दी जाने लगी। हर कहानी को कथानक के रूप में सोचा जाने लगा। आलोचना जब गलत नियमों पर आधारित होती है तो उसका प्रभाव इन अलेखकों पर भयंकर रूप से पड़ता है, जो दूसरों का मुँह जोह करके ही कुछ कहते हैं (यानी लिखते हैं)। किसी भी 'जेनुइन' लेखक की रचना को 'फेक' लेखक की रचना से अलग करके देखने का सबसे अचूक तरीका उसकी शैली ही है, क्योंकि कथ्य को तो कोई भी कह सकता है, उसे दस बार कहा जा सकता है, पर कहने का ढंग ही उसे अलग करता है और अर्थ की अन्विति पृथक् हो जाती है।

कहानियों के आस्वादन का यह धरातल निश्चित कर देने से कहानी फिर वहीं अटकी रह गई जहाँ से उसकी शुरुआत हुई थी, यानी सन्देश की महिमा। सन्देश शब्द को ही बदलकर उसका नया नाम विषयवस्तु रख दिया गया। पाठक कथानक को कहानी मानता रहा और कथानक को निचोड़कर निकाले गए तत्त्व को उसका विषय; पात्रानुकूल संवादों और वातावरण के फोटोग्राफिक चित्रण को यथार्थ और डायरी, पत्र, संस्मरण में कहे जाने के तरीके को शैली। जो इन सबका सही मिश्रण करता था, वही प्रतिभा-सम्पन्न लेखक था।

अर्थात् कहानी के दो आयाम ही स्वीकृत थे। कथ्य का वहाँ कोई मूल्य नहीं था। मूल्य था तो कुतूहल का, जो कहानी को पढ़वा दे।

इस तरह कहानी का अन्तर्गठन विषय, भाषा, यथार्थ (वातावरण का), पात्रानुकूल संवाद और उसके तरीके (पत्र, डायरी आदि) का मोहताज रहा। इस मिश्रण को कहानी बनाने के लिए कथानक जरूरी हुआ और वातावरण को अपेक्षित अर्थ देने के लिए प्रतीकों और संकेतों का समावेश भी हुआ। पुरानी कहानी में से अधिकांश

में ऐसे प्रतीकों या संकेतों को ही चुना गया जो वातावरण के पीछे धीमे संगीत की तरह भावुकता का पृष्ठस्वर पैदा करते रहें ताकि कहानी अभिभूत करती रहे। कुछ कहानीकारों ने इस क्षमता का पूरी तरह उपयोग किया और कुछ भावुकता का पृष्ठस्वर पैदा करके अभिभूत कर सकने की शक्ति को ही सबकुछ मानते रहे। पुरानों में निर्गुण और नई उम्र के लेखकों में सत्येन्द्र शरत का यही नुस्खा रहा है। इस नुस्खे को रूढ़िवादी प्रगतिवादी कहानीकारों ने (जो विचारों को रूढ़ि की तरह स्वीकार करते हैं) भी अपनाया, उन्होंने इसमें विचार का आरोपण किया और झूठी भावुकता या शौर्य का प्रदर्शन किया।

और इस सब घपले में कहानी एक स्वतंत्र विधा नहीं बन पाई। उसका व्यक्तित्व नहीं बना, वह माध्यम-भर बनी रही, दूसरों के विचारों को प्रेषित करने का।

वह सही है कि कहानी बिना विचार के व्यक्तित्व-सम्पन्न हो भी नहीं सकती थी और उसका यह व्यक्तित्व ही उसकी शैली है। इसी व्यक्तित्व में लेखक का अस्तित्व भी सम्मिलित है। इन दोनों के सम्मिलन से ही कहानी अपना वास्तविक व्यक्तित्व ग्रहण करती है। यानी जहाँ से कहानी स्वयं अपने विचारों और अनुभवों की साक्षी ही नहीं, उन्हीं का प्रतिरूप बनती है और उसमें तीसरा आयाम पैदा होता है, जहाँ से वह अपनी शैली विकसित करती है, लेखक द्वारा आरोपित शैली को अस्वीकार करती है।

स्वातंत्र्योत्तर कहानी में जो महत्त्वपूर्ण संक्रमण है वह इसी धरातल पर है। नई कहानी ने विषयवस्तु को नहीं, लेखक के उस प्रस्तावित वक्तव्य को प्रधानता दी, जो उसे जीवन के संसर्ग से प्राप्त हुआ।

नई कहानी ने शैली की पृथक् सत्ता को स्वीकार ही नहीं किया बल्कि विषयवस्तु, कथानक, भाषा आदि दृष्टियों से परिभाषित न हो सकने का संकट भी पैदा किया। उसमें कहानी की समग्रता को ही प्रश्रय मिला और यह स्पष्ट हुआ कि कहानी बनाई नहीं जाती, वह स्वयं अपना रूप ग्रहण करती है और इस प्रयास के साथ कहानी की सारी पच्चीकारी और शिल्प कहानी के नए स्थापित स्वतंत्र अस्तित्व में पर्यवसित हो गया।

सामान्य और सर्वसाधारणीकृत अनुभवों और जीवन-खंडों को प्रेषित करते हुए भी नई कहानी ने उनकी पूर्व-सम्भावित परिणति में अपने को बचाया—यह इसीलिए सम्भव हुआ कि कहानी अपनी प्रकृति में ही बदल गई थी। वह निर्मित विचारों को अब वहन नहीं करती थी। कहानी अब अपने विचारों को ही अनिवार्य मानती थी और उन्हीं का प्रस्फुटन उसकी निजी शैली बन गई।

सही बात तो यह है कि अब शैली की धारणा ही विलीन हो गई है, क्योंकि अब कहानी खुद एक जीवित रूप है और जीवितों की श्रेणी में आ गई है। अब

कहानी अपने में भी जीती है और उसमें भी, जो पढ़ता है। वह अभिभूत भी नहीं करती (पुराने अर्थों में, जहाँ कहानी पढ़कर कभी-कभी आँसू थामे नहीं थमते थे) बल्कि अनुभव में से गुजारकर ले जाती है। अब वह एक सम्पूर्ण उपस्थिति है और यही उसकी शैली है कि वह जीवित रूप में पाठक के सामने आ खड़ी होती है।

नई कहानी की विलीन शैली में तीसरा आयाम उत्पन्न होने से ही यह सम्भव हुआ कि वह दूरियों और गहराइयों का एहसास देने लगी। वह विचार के अनुपात में ही विकसित होने लगी, क्योंकि हर विचार का अपना कद और क्षेत्र है। जहाँ पहले शैली विचारों को अतिरंजित, भावुकतामय और सतही बनाती थी, वहीं वह अब कहानी के विचार-कण को साफ करके उसकी अपनी चमक का आभास देने का कार्य पूरा करती है। वह चमकने का कार्य नहीं करती, कण की चमक के रास्ते व्यवधानों को स्पष्ट करती है। इसीलिए उसकी स्वतंत्र सत्ता नहीं रह गई है, वह कहानी के व्यक्तित्व का अलग न किया जा सकनेवाला अंश है, जिसे रूपायित नहीं किया जा सकता, केवल अनुभव किया जा सकता है। वह आँख नहीं है, जिसका खाका खींचा जा सके, वह नजर है जिसे सिर्फ महसूस किया जा सकता है।

कभी-कभी शैली इतनी समृद्ध होती थी कि वह कथ्य की विपन्नता को छिपाकर झूठ को जन्म देती थी। यह खतरा हमेशा रहा है। जिन कहानियों में शिल्प-शैली की सृष्टि बहुत बड़ी है और उनमें रह रहा जीवाणु बहुत क्षुद्र, नगण्य और अमहत्त्वपूर्ण, ऐसी कहानियाँ ही शैली को प्रश्रय देती हैं और उसकी पृथक् सत्ता की उद्घोषणा करती हैं।

पर नई कहानी में चूँकि कथ्य और उसकी संदृष्टि (विजन) ही मुख्य है, अत: शिल्प और शैली वहाँ उसी से उद्भूत होती है।

इसीलिए यह कहना भी जरूरी हो जाता है कि न होने का भ्रम देनेवाली विलीन शैली ही अब कहानी की स्थिति को स्पष्ट करती है—जीवन के प्रति कहानी की आसक्ति या विरक्ति को उसकी इस विलीन शैली या आरोपित शैली से ही समझा जा सकता है। जिस कहानी में जीवन की जितनी सघन आसक्ति है, उतनी ही उसकी शैली निराकार है यानी एकदम लीन।

यह निर्गुण-निराकार शैली ही कहानी को अपेक्षित तटस्थता देती है। जहाँ वह निर्गुण-निराकार है वहीं संवेदना और कथ्य की अतल तथा प्राकृतिक गहराइयाँ हैं। जहाँ वह नहीं है, वहाँ अप्रामाणिकता ही मिल सकती है।

हिन्दी-कहानी के पाठक को वे कहानियाँ ही सन्तोष देती रही थीं, जो उसकी कल्पना से छिटककर दूर नहीं जाती थीं। वास्तविक नई कहानी ने इस सन्तोष की कद्र नहीं की। उसने पाठक की रुचि के लिए कभी अभीप्सित नतीजे नहीं निकाले। सच तो यह है कि वास्तविक नई कहानी ने पाठक के संस्कारों को ठेस पहुँचाई, उसके स्थापित मूल्यों को गलत और झूठा साबित किया और उसके दिमाग में

बनी हुई रूढ़ियों को झकझोर दिया। यह उस कथ्य के कारण ही सम्भव हुआ जिसने शैली और शिल्प के मेकअप को उतार लिया था और किसी भी तरह का शृंगार करने से इनकार कर दिया था। वह अपने प्राकृतिक सौन्दर्य के साथ सामने आया था।

शैली-शिल्प के इस विघटन ने नई कहानी को उसका अपना व्यक्तित्व प्राप्त करने में सहायता दी थी, क्योंकि यह कहानी दूसरे के विचार नहीं, स्वयं अपने विचारों को वहन करने लगी थी। एक आलोचक के शब्दों में—"...लेकिन इसी समय (सन् '50 के आस-पास) बड़े ही बेमालूम-तरह साहित्य की एक ऐसी विधा (कहानी), जिसे केवल मनोरंजन की सामग्री ही समझा जाता रहा था और जिसे अवकाश के क्षणों में तकिए के सहारे सिर टिकाए या फिर यात्राओं में समय काटने के लिए ऊँघते-ऊँघते पढ़ा जाता रहा था और जिसके सैद्धान्तिक पक्ष पर विचार के नाम पर परस्पर मुस्कानों का आदान-प्रदान होता रहा था या बहुत ही मसखरेपन के साथ बिलकुल चलताऊ ढंग से बातें होती रही थीं...कि उसे आधे घंटे में समाप्त हो जाना चाहिए...कि वह एक गुलदस्ता है...कि वह चरित्र-प्रधान होती है...कि वह घटना-प्रधान होती है...कि उसे ऐसा होना चाहिए आदि-आदि, एकाएक महत्त्वपूर्ण हो उठी। जागरूक पाठक कविता के साथ-साथ उस पर भी गम्भीरता से विचार करने को उत्सुक दिखाई देने लगे और लेखकों ने उसे अत्यन्त गम्भीरता के साथ लेते हुए उसे साहित्य की अत्यन्त शक्तिशाली और बौद्धिक विधा कहा। देखते-देखते वह साहित्य की अन्य विधाओं से अधिक महत्त्व ग्रहण करने लगी...इस तरह कहानी जिस बिन्दु पर उभरी थी, वह बिन्दु केन्द्र बनने लगा और साहित्य की दूसरी विधाएँ परिधिवत्। कहानी अब जीवन-मूल्यों की हिमायती विधा हो गई और उसकी रचना अधिक जटिल—यानी कलात्मक और प्रच्छन्न रूप से अधिक मूल्यपरक हो गई। उसे पहली बार शिल्प और कथ्य की दृष्टि से गम्भीर और महत्त्वपूर्ण साहित्य-विधा स्वीकार किया गया।" यहाँ पर सवाल इस विधा के महत्त्वपूर्ण हो जाने या अमहत्त्वपूर्ण बने रहने का नहीं है, सवाल इस बात का है कि एकाएक कैसे और क्यों कहानी केन्द्र बन गई और उसने आलोचकों के लिए भी संकट पैदा कर दिया।

एक कवि मित्र ने किसी जगह लिखा था कि "...कहानियाँ कहीं भी एक नई तरह के पाठक की माँग नहीं करतीं। वे सामान्य अनुभवों को इस तरह नया सन्दर्भ देती हैं कि पाठक को कहीं भी संस्कारगत धक्का नहीं लगता।"

यदि इस उद्‌भावना या सम्मति को देखा जाए तो स्पष्ट है कि कवि महोदय कहीं यह कहना चाहते हैं कि नई कहानी ने अपना संस्कार पैदा नहीं किया है। यहाँ यह बात भी ध्यान में रखने की है कि यह सम्मति कवि ने नई कहानी मात्र के

सम्बन्ध में नहीं, सिर्फ एक लेखिका के सन्दर्भ में दी है। परन्तु यही आशय, उन आलोचकों की बातों का भी होता है, जिससे वे यह स्पष्ट करना चाहते हैं कि नई कहानी ने अपना व्यक्तित्व ग्रहण नहीं किया है—यानी उसमें शैलीगत इतनी विभिन्नता नहीं आई है, जो नई कविता में दिखाई देती है।

कहानी का अपना प्राविधिक संस्कार बदला है या नहीं, यह इसी से स्पष्ट है कि कविता के कई आलोचक एकाएक नई कहानी के आलोचक बनने की आपा-धापी के शिकार हुए। उनके लिए यह संकट पैदा हुआ कि वे कैसे इस महत्त्वपूर्ण हो गई विधा को समझें-समझाएँ और आधुनिक होने (या नया होने) की शर्त पूरी करें। आलोचकों ने भी नई कहानी को जाँचना-परखना शुरू किया और वे तरह-तरह के नतीजों पर पहुँचने लगे। किसी ने कहा कि नई कहानी कहानी है या नहीं, वह निबन्ध है। वह केवल एक संस्मरण है। वह मात्र अनुभूति का क्षण है। वह घनीभूत क्षण की अनुभूति है। वह यथार्थवादी है। वह समाजधर्मा है। आलोचकों और लेखकों के हजार स्वर मुखरित हुए। पाठकों ने इसे नैतिकता से हीन, गलीज, व्यर्थ, उबारनेवाली, यथार्थपरक, सच्ची, सघन, बेहूदी और न जाने क्या-क्या कहा। कहने का मतलब सिर्फ यही कि यह सब क्यों हुआ? अगर अपने परम्परित ढाँचे में ही कहानी चल रही थी तो ये प्रतिक्रियाएँ, जो सन् '50 से शुरू होकर सन् '66 तक समाप्त नहीं हुई हैं, क्या साबित करती हैं? क्या आलोचक को भी प्रबुद्ध पाठक न माना जाए, जो नई कहानी की परिवर्तित रूप-प्रकृति के कारण साहित्यिक संकट में पड़ गया था, और आज भी पड़ा हुआ है? यह संकट क्यों पैदा हुआ था? अगर यह संस्कारगत धक्का (साहित्यिक और जीवन-स्तर पर) नहीं था तो कविता क्या कम थी—क्योंकि वह भी बहुत ज्यादा बदल गई थी। जहाँ तक रूढ़ियों को तोड़कर कविता ने नया उन्मेष प्राप्त किया था, वहाँ तक वह भी आकर्षण का केन्द्र रही। अब तो यह स्वीकार करने में आपत्ति नहीं होनी चाहिए कि नई कविता स्वयं अपनी रूढ़ियाँ बनाकर उनमें आबद्ध हो गई है और आज तक पाठकों की तलाश में भटक रही है। नई कहानी ने संकट पैदा किया, स्थापित हुई, पर उसने फिर भी अपनी रूढ़ियाँ नहीं बनने दीं। यह सब इसीलिए सम्भव हुआ कि नई कहानी ने अपने व्यक्तित्व को बहुत तरल कर लिया—उसने अपने व्यक्तित्व को ज्यादा लचकीला और अपने को ज्यादा आधुनिक बनाया ताकि वह आगे के परिवर्तनों को भी अपना सके। यहाँ पर नई कविता और नई कहानी के बीच कोई विभाजक-रेखा खींचने का इरादा नहीं है (चाहे वह सफलता-असफलता की हो)। मतलब सिर्फ इस बात से है कि विधा का व्यक्तित्व क्या साबित कर रहा है? अपनी ओर से कुछ न कहकर नवलेखन के सम्बन्ध में आचार्य हजारीप्रसाद द्विवेदी के शब्दों में (धर्मयुग, 23 अक्तूबर '66)—"...इसका मतलब यह है कि कुछ अच्छी कविताएँ तो मिल जाती हैं पर कवियों का कोई विशिष्ट व्यक्तित्व नहीं बन पा रहा है। कविता के

संकलनों को देखते जाओ, लगेगा कि बहुत-सी कविताएँ एक जैसी हैं। इन्हें देखकर मुझे लगा कि आज का कवि अपने अनुभवों के आधार पर कुछ विशिष्ट, कुछ अलग नहीं दे पा रहा है।''

आचार्य द्विवेदी के ये शब्द क्या इस बात का सबूत नहीं हैं कि रूढ़ियों को तोड़कर नई कविता निष्क्रिय या स्वयं अपनी नई रूढ़ियों में कैद हो गई है? यानी उसका व्यक्तित्व नहीं रह गया है...कि नया कवि 'कुछ अलग नहीं दे पा रहा है।' यानी वह व्यक्तित्वहीन (कविता) हो गई है और अब वह 'संस्कारगत धक्का' नहीं दे पा रही है।

आचार्य द्विवेदी के ही शब्दों में कहानी के सम्बन्ध में (वहीं से) यह उद्धरण भी द्रष्टव्य है—''...(कहानी में) कर्व्स के कारण एक विलक्षण शक्ति आ जाती है, जो इतिहास में नहीं होती। आज के कहानीकारों से मेरी शिकायत यह है कि वे समस्याओं से टकराकर खुद बिखर जाते हैं, उन्हें सँभाल नहीं पाते, उनमें कर्वेचर का अभाव है।''

'कविता अलग कुछ नहीं दे पा रही है' और 'आज का कहानीकार समस्याओं से टकराकर खुद बिखर जाता है, उन्हें सँभाल नहीं पाता!' इन दोनों स्थितियों में से कौन-सी स्थिति (किसी भी) विधा को 'नया' और व्यक्तित्व-सम्पन्न घोषित करती है? वह जो एकरसता के वशीभूत है या वह जो आज भी टकरा रही है? शायद कुछ कहने की जरूरत यहाँ पर नहीं रह जाती। बगैर व्यक्तित्व की चीज टकरा नहीं सकती और व्यक्तित्व-सम्पन्न चीज एकरस हो नहीं सकती। सीधा मतलब यह निकलता है कि नई कहानी ने अपने व्यक्तित्व को सम्पन्न बनाकर भी कथा-रूढ़ियाँ नहीं बनने दी हैं, क्योंकि वह सचेत थी कि परिभाषित होते ही वह भी संघर्ष की शक्ति और अन्वेषण की प्यास को खो देगी।

तो हम इस नतीजे पर पहुँच सकते हैं कि नई कहानी में विलीन शैली एक बहुत बड़े अन्तर्गठन की प्रक्रिया से गुजरी है, जिसे हमारा आज का सुविधापरस्त आलोचक निरूपित नहीं कर पाया। या कि उसके अन्तर्गठन की गति इतनी तीव्र रही है कि वह उसे पकड़ सकने में समर्थ नहीं हो सका, क्योंकि वह शैली की इस अन्तर्ग्रन्थित सघनता को उन्हीं नुस्खों से पकड़ना चाहता था, जो पहले से तैयार थे। उन पुराने नुस्खों और नए नुस्खों का निरन्तर व्यर्थ होते जाना ही नई कहानी की महती सफलता है।

कथानक, विषयवस्तु, कथोपकथन, चरित्र-चित्रण, संवाद, वातावरण, चरम-बिन्दु और सन्देश—सबको अस्वीकार कर नई कहानी ने जिस शैली को जन्म दिया, वह कथ्य-सापेक्ष विलीन शैली है—यानी उसे विलीन ही माना जा सकता है, जो कि कथ्य के कण में ऊर्जा की तरह विद्यमान है और कथ्य के कद और सन्दृष्टि (विजन) के अनुसार अपना प्रसार ग्रहण करती है, जो संश्लिष्ट कथा-खंडों में

सघन और सूक्ष्म होती जा रही है, जो कथ्य के अनुभव को वहन करती है और कहानी को समग्रता में प्रस्तुत करती है—यानी उसे सम्पूर्ण उपस्थिति बना देती है। वह अब कहानी की मात्र गति की सूचक नहीं, उसकी व्याप्ति की अनुभूति भी देती है। वह तीसरे आयाम (व्याप्ति) को परिपूर्ण करती है।

कथ्य के स्तर पर यही तीसरा आयाम मानव-परिणति का रूप लेता है और कथ्य की सघनता तथा प्रामाणिकता की कहानी की यह विलीन शैली व्याप्ति की अनुभूति को उपलब्ध करती है।

नई कहानी की भाषा : गति में आकार गढ़ने का प्रयास

प्रेमचन्द के जमाने तक हिन्दी-उर्दू-हिन्दुस्तानी का मसला पेश रहा और प्रेमचन्द ने जहाँ उस पर अपने विचार व्यक्त किए हैं, वहीं उन्होंने साहित्य की भाषा को संस्कार भी दिया है। प्रेमचन्द की भाषा बहुत साफ-सुथरी और सादा है, पर उसमें शक्ति भी है। कहीं-कहीं वह बहुत सपाट भी हो गई है। बहरहाल हमें, हिन्दी-उर्दू-हिन्दुस्तानी के नजरिए से भाषा पर विचार नहीं करना है—हमें कहानी की भाषा की ही बात करनी है।

प्रेमचन्द ने 'हंस' में लिखा था—''राष्ट्रभाषा केवल रईसों और अमीरों की भाषा नहीं हो सकती। उसे किसानों और मजदूरों की भाषा बनना पड़ेगा।'' जिसकी पहली आवश्यकता प्रेमचन्द की नजर में 'बोधगम्यता' है। बोधगम्यता को हिन्दुस्तानी जबान का पर्याय मान लेना बहुत हद तक गलत है, क्योंकि अपने अन्तिम दिनों में प्रेमचन्द को खुद यह एहसास हो गया था कि हिन्दुस्तानी भाषा सम्भव नहीं है, क्योंकि बोधगम्यता की शर्त सिर्फ चालू शब्दों का इस्तेमाल ही नहीं है, बल्कि उसका सम्बन्ध बोध से भी है। यानी वे भाषा के मसले को हिन्दी-उर्दू-हिन्दुस्तानी के राजनीतिक दृष्टिकोण से नहीं, साहित्य की अभिव्यक्ति की अपनी अनिवार्य आवश्यकताओं की दृष्टि से भी देख रहे थे। इसीलिए जून '36 के 'हंस' में प्रेमचन्द ने कहा—''...जो हिन्दुस्तानी अभी व्यवहार में नहीं आई, उसके और ज्यादा हिमायती नहीं निकले तो कोई ताज्जुब नहीं। जो लोग हिन्दुस्तानी का वकालतनामा लिये हुए हैं, और उनमें एक इन पंक्तियों का लेखक भी है, वे भी अभी तक हिन्दुस्तानी का कोई रूप खड़ा नहीं कर सके, केवल उसकी कल्पना मात्र कर सके हैं—यानी वह ऐसी भाषा हो जो उर्दू और हिन्दी दोनों ही के संगम की सूरत में हो, जो सुबोध हो और आम बोलचाल की हो।''

इसका सीधा मतलब यह है कि एक वकील के रूप में प्रेमचन्द चाहते जरूर थे कि भाषा (उनकी अपनी भाषा का नमूना सामने आते हुए) और ज्यादा बोलचाल की हो, पर वे उसके बारे में बहुत आश्वस्त नहीं थे कि उनके आगे की भाषा वह रूप लेगी। भाषा के सम्बन्ध में धारणाएँ बनाना और भाषा के जीवित रूप को परखना दो अलग प्रक्रियाएँ हैं।

क्योंकि बोलचाल की जुबान तो हर वक्त, हर जगह मिल जाती है, पर साहित्य की भाषा हर जगह नहीं मिलती। क्योंकि साहित्य सिर्फ संवाद नहीं है, वह वैचारिक संवाद भी है। संवाद के लिए किसी भी जुबान को इस्तेमाल किया जा सकता है, पर जब सवाल विचार-तत्त्व को दूसरे तक पहुँचाने का आता है, तो उसकी 'भाषा' हर जगह, हर वक्त मौजूद नहीं होती। इस भाषा की खोज लेखक करता है। ऐसी भाषा, जो उसके प्रस्तावित वक्तव्य को भी दूसरे तक पहुँचा सके, खोज पाना बहुत मुश्किल होता है। बोलचाल की जुबान में भी अधिकांश वही शब्द होते हैं जो लेखक लिखता है, पर वह उन शब्दों से ही कुछ और ज्यादा ध्वनित कराना चाहता है जो कि आम बोलचाल में नहीं होता, या जिसकी वहाँ जरूरत भी नहीं पड़ती।

इसलिए जो भाषा लेखक को मिलती है (परम्परा, संस्कार, पुस्तकों, समय और समाज से) उसमें से वह अपनी भाषा की खोज करता है, जो उसके समय की बदली मन:स्थितियों और हाव-भावों का मुहावरा बन सके, जिन्दगी में जो कुछ सभ्यता ने और जोड़ दिया है, उसे व्यक्त कर सके।

कहानीकार के लिए यह बहुत मुश्किल होता है कि वह अपनी भाषा का चुनाव कहाँ से और कैसे करे...जिन्दगी जो परिदृश्य सामने उपस्थित करती है वह सब भाषा में नहीं होता। कुछ दृश्य हैं, कुछ मूक क्षण हैं, कुछ संवेदनाएँ हैं, कुछ अत्याचार और संत्रास हैं...कहने का मतलब यह कि भाषा के होते हुए भी लेखक के पास भाषा नहीं होती। हर लेखक को भाषा की खोज करनी पड़ती है, क्योंकि आदमी के अन्दर और बाहर जो खामोशी है, और उसके अन्दर और बाहर जो शोर है, वह हर समय एक-सा नहीं होता और उसी को कथाकार शब्द देता है। अपने वक्तव्य को सही-सही प्रस्तावित कर सकने से ही उसका अर्थ प्रकट हो पाता है। असमर्थ भाषा से लेखक का वक्तव्य भी दूषित होता है।

भाषा की खोज इसीलिए अर्थों की खोज भी बन जाती है। सही अर्थ को कह सकने के लिए सही भाषा एक अनिवार्यता है। इसीलिए हर लेखक भाषा की खोज करता है। साथ ही यह भी सही है कि सिर्फ सही भाषा की खोज कर लेने-भर से वैचारिक संवाद पूर्ण नहीं हो जाता, उसके लिए विचारों को शृंखलित भी करना पड़ता है। इस तरह लेखक में दो स्तरों पर एक साथ चल सकने की क्षमता को भी देखना पड़ता है।

लेखक की यह क्षमता ही बोलचाल के शब्दों को 'साहित्य' में बदल देती है। बोलचाल के शब्द आम इस्तेमाल के स्तर से उठकर कुछ और हो जाते हैं...उनका अर्थ-सन्दर्भ भी बदल जाता है और उनमें दोहरी शक्ति समाने लगती है—उनकी बदली हुई ध्वनि और ध्वनि के बदलने के साथ ही उनका तत्काल बदला हुआ मानसिक प्रभाव।

इसीलिए भाषा का इस्तेमाल एक जोखिम से भरा हुआ काम है। इस जोखिम

को भुगतना हर उस व्यक्ति के लिए सम्भव नहीं होता जो 'लिखता' है। जो लेखक या लेखक-पीढ़ी इस जोखिम को उठाती है, वही कुछ कर पाती है, नहीं तो जो भाषा हमें मिलती है वह अपूर्ण होती है और नई भाषा की खोज में यह खतरा भी होता है कि वह वैचारिक संवाद की भाषा बन भी पाएगी या नहीं। इस खतरे या जोखिम को सर्जक लेखक ही वहन करता है।

प्रेमचन्द की भाषा न सिर्फ उनके लिए जोखिम से भरी हुई रही होगी, पर हमारे लिए भी वह कम खतरे का कारण नहीं रही है, क्योंकि प्रेमचन्द ने अपने समय तक की भाषा-यात्रा का अन्त अपनी भाषा में प्राप्त किया है। कथा-साहित्य की भाषा का वह एक कीर्तिमान है। कितनी बड़ी उपलब्धि है कि प्रेमचन्द के साथ ही भाषा का एक नया दौर शुरू हुआ और उन्हीं के साथ उसने सम्पूर्णता प्राप्त की। एक भाषा-युग सिर्फ एक लेखक से उदित होकर उसी लेखक के साथ उत्कर्ष पर पहुँचा और सशक्त उदाहरण बन गया।

अतिरिक्त भावुकता में चाहे हम यह कह लें कि प्रेमचन्द की भाषा ही हमारी भाषा भी है, पर यह गलत होगा। प्रेमचन्द की भाषा को प्रेमचन्द ने ही अपने समय की भाषा बनाकर अन्तिम छोर तक पहुँचा दिया था। इसलिए भाषा के सम्बन्ध में प्रेमचन्द की धारणाएँ और उपलब्धियाँ हमारे लिए संकेत हो सकती हैं, उनकी भाषा हमारी भाषा नहीं हो पाएगी। प्रेमचन्द ने अपने लिए एक भाषा की खोज की, वही भाषा उनके समकालीन समस्त गद्य-साहित्य की भाषा बनी और उसी तत्कालीन भाषा की चरम उपलब्धि फिर हमें प्रेमचन्द के 'गोदान' में ही प्राप्त हुई। भाषा की दृष्टि से गद्य का इतना छोटा और महान युग शायद ही किसी अन्य भाषा के पास हो। यह भाषा-युग हिन्दी गद्य के इतिहास में हमेशा शिखर की तरह रहेगा...क्योंकि यह भाषा केवल प्रेमचन्द नाम के लेखक की भाषा नहीं रह गई थी, उनके समय की भाषा भी बन गई थी। हिन्दी कथा-साहित्य ने अपने समय के लिए इतनी समर्थ और बोधगम्य भाषा प्राप्त कर ली थी। यही तथ्य बाद के हर लेखक के लिए बड़ा खतरा बन जाता है।

इस खतरे को सबसे ज्यादा यदि महसूस किया होगा तो जैनेन्द्र, यशपाल और अज्ञेय ने। उन्होंने जोखिम भी उठाया और अपनी भाषा की खोज की। यह जोखिम उनके लिए बहुत बड़ा था, क्योंकि प्रेमचन्द के तत्काल बाद समय के विस्तार में जो भाषा प्रचलित थी, उससे हटकर हमारे इन कथाकारों को अपनी भाषा भी खोजनी थी और उसे स्थापित भी करना था, यानी उसे रायज भी बनाना था, ताकि उनका वक्तव्य पाठकों तक पहुँच पाए।

इस प्रक्रिया की दो ही दिशाएँ हैं—लेखक या तो अपनी भाषा खोजे, या अपने समय की भाषा खोजे। जब वह अपने समय की भाषा खोजता है, तब वह अपनी भाषा को भी उसी में समाहित कर देता है। लेकिन समय की भाषा को अपनी भाषा

में समाहित कर सकना सबके लिए सम्भव नहीं होता। जैनेन्द्र और अज्ञेय ने अपनी भाषा की खोज की, जो व्यक्तिगत भाषा में बदल गई। इस व्यक्तिगत भाषा का दोष यह होता है कि इससे वजन इस बात पर बढ़ जाता है कि 'किसी बात को कैसे कहा जा रहा है!' लेखक 'क्या' कह रहा है से ज्यादा ध्यान इस बात पर केन्द्रित करता है कि वह 'कैसे' कह रहा है। जैनेन्द्र की सारी शक्ति जिस भाषा की खोज में लगी, वह इसलिए द्रष्टव्य बन गई कि वह 'कैसे' कही जा रही है! इसीलिए जैनेन्द्र का अपना वक्तव्य कभी स्पष्ट नहीं हो पाया। बावजूद इसके कि जैनेन्द्र ने वह सब भी कहने की कोशिश की है जो उनमें नहीं, उनके बाहर भी घटित हो रहा था। अज्ञेय ने अपनी दृष्टि अन्तर्मुखी ही रखी, उनके बाहर जो घटित हो रहा था, वह उनके लिए महत्त्वहीन था। अपने व्यक्तिगत वक्तव्य को भी मुक्त होकर कह सकना कभी-कभी जरूरी हो जाता है, पर वह बहुत समय तक पाठक के लिए भी जरूरी बना रहे, यह आवश्यक नहीं है। अज्ञेय ने अपनी व्यक्तिगत भाषा में जो कुछ कहा, वह मात्र व्यक्तिगत वक्तव्य ही था। इसीलिए इन दोनों लेखकों की भाषा, प्रेमचन्द की तरह, समय की भाषा नहीं बन पाई। यशपाल ने भाषा की खोज की कभी परवाह नहीं की। उन्हें जो कुछ कहना था, वह स्पष्ट था। उनके पास वह सब था, जो उन्हें कहना था—वैचारिक स्तर पर वे कुछ निष्कर्षों तक पहुँच चुके थे, वे उनकी दृष्टि और आस्था के अंग बन चुके थे, अत: उन्हें 'क्या' कहना था, इसे वे बहुत साफ-साफ जानते थे, 'कैसे' कहना है की आवश्यकता इतनी उन्हें नहीं थी, अत: यशपाल ने परम्परा से प्राप्त भाषा को ही स्वीकार कर लिया। यशपाल को अपनी भाषा नहीं सुनानी है, उन्हें बहुत महत्त्वपूर्ण बातें सुनानी हैं। इसलिए यशपाल के कथा-साहित्य में कहीं भी भाषा नहीं सुनाई पड़ती, वे बातें ही सुनाई पड़ती हैं जो वे कहना चाहते हैं। यशपाल के अतिशय साहित्यिक महत्त्व के बावजूद भाषा के स्तर पर उनसे कोई खतरा नए लेखक के लिए उपस्थित नहीं होता।

यह खतरा पैदा होता है—प्रेमचन्द, जैनेन्द्र और अज्ञेय से। क्योंकि प्रेमचन्द ने साहित्य की भाषा को समय की भाषा भी बना दिया था, उनके बाद जैनेन्द्र और अज्ञेय ने अपनी व्यक्तिगत भाषा को साहित्य की भाषा बना दिया (समय की नहीं)। किसी महत्त्वपूर्ण लेखक की भाषा अनुकरणीय भी नहीं होती, पर वह कुछ सांस्कृतिक सूत्र अवश्य देती है। जैनेन्द्र और अज्ञेय का व्यक्तिगत संस्कार भी किसी और का बन सकता, यह भी नहीं हुआ। जिन कुछेक लेखकों के लिए वह बना भी, वे उनकी छाया के दायरे से आज तक निकल भी नहीं पाए हैं।

सर्जक-लेखक अनुकरण करता भी नहीं—वह भाषा के संस्कार-सूत्रों को ही ग्रहण करता है और अपने वक्तव्य को खुद नई भाषा देता है। खोज की दिशाएँ भी दो ही हैं—या तो वह अन्दर से खोजे या अपने आस-पास से खोज करे। दोनों का सामंजस्य करे या अपनी व्यक्तिगत भाषा में ही बोलता रह जाए। वैचारिक संवाद

के लिए दोनों तरह से खतरा है। हो सकता है कि उस भाषा को समझा ही न जाए।

यह खतरा अच्छे लेखकों द्वारा तो पैदा होता ही है, बुरे लेखकों द्वारा ज्यादा पैदा किया जाता है, क्योंकि बुरी या भद्‌दी भाषा को सुनाने और बोलनेवाले हमेशा ज्यादा होते हैं। उनमें अच्छी और बुरी भाषा की तमीज ही नहीं रह जाती। कुशवाहा कान्त, प्यारेलाल अवारा, गोविन्द सिंह, गुलशन नन्दा जैसे कुछ लेखकों की भाषा को समझनेवाला पाठक राकेश, निर्मल वर्मा, रेणु, राजेन्द्र यादव जैसे लेखकों की भाषा समझने लायक ही नहीं रह जाता। अगर संवाद होना ही है तो सुनने और बोलनेवाले के बीच सम्बन्ध स्थापित होना जरूरी है। जैसे-तैसे यह संवाद हुआ भी और बाद में पता चला कि पाठक ने जो समझा है, वह ठीक उससे उलटा है जो लेखक कहना चाहता था, तो समस्या और भी मुश्किल हो जाती है।

इन सब खतरों के होते हुए यदि समय भी बदल जाए और जीवन में संक्रान्ति एकाएक समा जाए या उसकी गति एकदम बहुत तीव्र हो जाए, तब तो लेखक के लिए भाषा की उलझन और भी बढ़ जाती है—खासतौर से उनके लिए, जो अपने समय के मुहावरे की तलाश करना चाहते हों।

नई कहानी के सामने वे सब खतरे और जोखिम के स्थल भी मौजूद थे और ऊपर से स्वतंत्रता के तत्काल बाद की संक्रान्ति और उसके कुछ वर्षों बाद सपनों के टूटने का विषाद-भरा विक्षोभ भी था—और भाषा का शुद्धिवादी आन्दोलन भी था। सभ्यता ने इतना कुछ जिन्दगियों में और जोड़ दिया था कि उसकी आन्तरिक और बाह्य आवाजें भी थीं। तमाम अमूर्त संवेदन और मूर्त विषाद चारों तरफ भरे हुए थे। संक्रान्ति के कारण पुराने शब्द और उनकी भाषा जिन्दगी में कहीं लागू नहीं हो पा रही थी। जो कुछ भीतर-ही-भीतर टूट रहा था उसकी आवाज वही नहीं थी, जो पच्चीस बरस पहले थी। आदमी-औरत के रिश्ते, आदमी-आदमी के रिश्ते, आदमी और जिन्दगी के रिश्ते, जिन्दगियों में घुस आए विषाद और असन्तोष के स्वर, बदलती जिन्दगी के नए संवेदनों के स्वर, मशीन और उसके सन्दर्भ में संघर्षरत मनुष्य की आकांक्षाओं की ध्वनि और आदमी की अपनी आन्तरिक दुनिया की भयावहता की आवाजें—चारों तरफ विचारों, क्रियाओं-प्रतिक्रियाओं, वादों-प्रतिवादों, आन्दोलनों-नारों, शोषण-अत्याचार, असुरक्षा वगैरह की इतनी उलझी हुई आवाजें थीं कि आदमी अपनी पुरानी भाषा की आवाजें सुन ही नहीं पा रहा था। मित्रता के आदर्श ही बदल गए थे। व्यवसाय के प्रतिमान टूट गए थे। शोषण ने सदाशयता का मुखौटा लगा लिया था। नैतिकता का अर्थ खो गया था। विचारशील मनुष्य के सम्बन्ध में नजरिया बदल गया था। जन्म और मृत्यु का एहसास दूसरा हो गया था। धर्म और ईश्वर कबाड़खाने की चीज हो गए थे—कहने का मतलब यह कि सब स्तरों पर मनुष्य अस्तित्व और आस्था के भयंकर संकट में फँसा हुआ था। आदमी

अपने चारों ओर और अन्दर भरे हुए भयानक शोर का इतना आदी हो गया था कि उसके लिए संवेदना के शब्द भी शोर के अलावा और कुछ नहीं रह गए थे। आदर्शों, सन्देशों, उपदेशों, आश्वासनों, धन्यवादों, रिश्तों, प्रतिवादों आदि सभी की भाषा उसके लिए झूठी और बेमानी हो चुकी थी...जीवन की गति इतनी तीव्र और संवेदनों की उम्र इतनी क्षणिक हो गई थी कि नए कहानीकार को यह समझ में ही नहीं आता था कि वह किस भाषा में बात करे। प्रेम जैसा शब्द इन बदली स्थितियों में प्रेम की अनुभूति ही नहीं देता। पिता आदरणीय और अनुभवी आदमी का प्रतीक ही नहीं रहा। परम्परा गौरव की वस्तु नहीं रही। विश्वास अर्थहीन हो गया। बहन और भाई का रिश्ता 'राखी' का नहीं रह गया। आदमी और औरत का समर्पण का सम्बन्ध ही बदल गया। मजदूर और मालिक के रिश्तों का धरातल वह नहीं रहा। उत्पादन के साधनों और उसके वितरण की कल्पना ही दूसरी हो गई। अन्तर्राष्ट्रीय घटनाओं से आदमी के भाग्य का फल हर क्षण बदलने लगा। मृत्यु का रूप बदल गया। आदमी की नियति के निर्णय के केन्द्र तब्दील हो गए। प्रतिभा और सच्चाई के मूल्य मर गए। अँधेरा अब संहारक अस्त्र-शस्त्रों द्वारा छाने लगा। स्वाधीनता बाजारों में बिक्री की चीज बन गई—और इस भयंकर उथल-पुथल, बवंडर और भूकम्प में भी कहीं स्वेद-सिक्त-संघर्षरत, जीवित आदमी की साँस की आहट और आँखों की हलकी-सी चमक दिखाई दे रही थी। कितना अद्‌भुत था यह मनुष्य, जो भागते हुए भी खड़ा था, पराजित होते हुए भी जीवित था। हर मरते हुए मनुष्य में से एक और मनुष्य जन्म ले रहा था...।

एक 'शानदार' अतीत कुत्ते की मौत मर रहा है, उसी में से फूटता हुआ एक विलक्षण वर्तमान रू-ब-रू खड़ा है—अनाम, अरक्षित, आदिम अवस्था में। और आदिम अवस्था में खड़ा यह मनुष्य अपनी भाषा चाहता है। आस्था चाहता है। कविता और कला चाहता है। मूल्य और संस्कार चाहता है। अपनी मानसिक और भौतिक दुनिया चाहता है।

और इस आपाधापी में शानदार अतीत के प्रतिनिधि मृत्यु से पहले की आखिरी लड़ाई लड़ रहे हैं; कुछ तटस्थ हो गए हैं और शेष आदिम अवस्था में खड़े हैं। तटस्थों ने आँखें बन्द कर ली हैं, कानों में अँगुलियाँ ठूँस ली हैं। वे इस आदिम अवस्था में खड़े मनुष्य को स्वीकार नहीं कर पा रहे हैं। वे उसकी भाषा से बहुत दूर पड़ गए हैं। उनके लिए कहीं कुछ बदला ही नहीं है।

प्रेम की स्थिति ही ले ली जाए, शायद उसी से बदलते मनुष्य की एक तस्वीर सामने आ जाए और साथ ही उस प्रेम की भाषा भी स्पष्ट हो जाए।

ब्रज-भाषा गद्य में जब ईश्वरीय प्रेम (जो नितान्त भौतिक था) प्रकट किया गया, तो उसका क्या रूप और महिमा थी! और तब भाषा की आवाज क्या थी? वैष्णवदास द्वारा ब्रज-भाषा गद्य में लिखित टीका में उस समय के ईश्वर-प्रेम का

यह रूप था : ''तब श्रीकृष्ण अघोर वंशी बजाई। ब्रजगोपिकान सुनि राधिका, ललिता, विशाषादि गोपी आई। रास मंडल रच्यौ, राग, रंग, नृत्य, गान, आलाप, आलिंगन, सम्भासन भया। उहादिसर में जलक्रीड़ा स्नान गोपी कुच कुंकुम केशर छुप्यौ सो गोपी चन्दन भयौ, गोपी तलाई भई बृजि प्राप्ति!''

और विरह-विदग्धा, प्रेम-सन्तप्त नारी की यह भाषा भारतेन्दु जी ने लिखी थी—''पर मेरे प्रीतम अब तक घर न आए, क्या उस देश में बरसात नहीं होती या किसी सौत के फेर में पड़ गए कि इधर की सुध ही भूल गए? कहाँ तो वह प्यार की बातें, कहाँ एक संग ऐसा भूल जाना कि चिट्ठी भी न भिजवाना। हा! मैं कहाँ जाऊँ, कैसी करूँ, मेरी तो ऐसी कोई मुँहबोली सहेली नहीं कि उससे दुखड़ा रो सुनाऊँ, कुछ इधर-उधर की बातों ही से जी बहलाऊँ।''

और फिर प्रेमचन्द ने उसी प्रेम की स्थिति को यह भाषा दी थी ('सती' कहानी में, जिसमें चिन्ता का पिता लड़ते-लड़ते वीरगति प्राप्त कर चुका और सेना का एक वीर रत्न सिंह उससे प्यार करने लगा है)—''यों तो चिन्ता के सैनिकों में सभी तलवार के धनी थे...किन्तु रत्न सिंह सबसे बढ़ा हुआ था। चिन्ता भी हृदय में उससे प्रेम करती थी। रत्न सिंह अन्य वीरों की भाँति अक्खड़, मुँहफट या घमंडी नहीं था।...उसकी विनयशीलता और नम्रता, संकोच की सीमा से मिल गई थी। औरों के प्रेम में विलास था, पर रत्न सिंह के प्रेम में त्याग और तप। और लोग मीठी नींद सोते थे, पर रत्न सिंह तारे गिन-गिनकर रात काटता था।...उसे कौन पूछेगा? उसकी मनोव्यथा को कौन जानता है? पर वह मन में झुँझलाकर रह जाता था, दिखावे की उसमें सामर्थ्य न थी।''

वैष्णवदास वाले रास, रंग, नृत्य, गान, आलाप, आलिंगन वाले ईश्वरीय प्रेम की भाषा से होता हुआ वही प्रेम भारतेन्दु-काल में सौत की उपस्थिति की आशंका की भाषा को उसी लहजे में ग्रहण करता है और प्रेमचन्द के उस वीर प्रेमी के त्याग और तप में तपती हुई भाषा जैनेन्द्र की कहानी 'रत्नप्रभा' की सेक्स की भूखी युवती सेठानी तक आती है, जहाँ सेठानी रत्नप्रभा (कोकशास्त्र बेचनेवाले और बाद में भीख माँगकर पेट भरनेवाले) एक लड़के मंगल के सामने इस भाषा में प्रेम-निवेदन करती है—''रत्नप्रभा का ज्वर (सेक्स का भी) चढ़ता जा रहा था। बोली—इस छद्म-वेश में क्यों जी, तुम क्यों आए? यह तो परीक्षा का कायदा नहीं न! लेकिन अब मैं तुम्हें पहचान गई हूँ। अब छलना में आनेवाली नहीं हूँ।'' कहकर रत्नप्रभा ने दोनों बाँहें उसकी टाँगों पर डाल दीं। वह कहती गई—'मेरे मान की परीक्षा लेने आए हो न, तुम वैरागी? मुझे मान पर चढ़ाकर तुम झुकते चले गए, झुकते चले गए। अब मैं वह खेल समझ गई हूँ, मेरे मौनी!' लड़का घबराहट से रत्नप्रभा के चेहरे को देखता रहा। फिर व्यग्रता से उठ खड़ा हुआ। रत्नप्रभा हाथ पकड़कर बोली, 'कहाँ जाते हो, मेरे वैरागी? कह जाओ कि तुम्हें गुस्सा नहीं है और मुझे माफ कर

दिया।' लड़का असहाय पड़ी रत्नप्रभा की आँखों में करुणा से देखता हुआ ठिठका खड़ा रह गया। एकाएक उसका हाथ छोड़कर रत्नप्रभा ने कहा, 'अब जाओ, तुम्हारी आँखों में मैंने सब पा लिया, सब पा लिया, अब तुम जाओ'।''

जैनेन्द्र की नायिका रत्नप्रभा के इस निर्मोही-अबोध, 'वैरागी', 'मेरे मौनी' प्रेमी की नियति ने ही इस प्रेम को यह भाषा दी है।

हिन्दी-कहानी में प्रेम का यह बदलता हुआ रूप और उसकी भाषा का सन्तरण बहुत दिलचस्प है। यही प्रेम जब अज्ञेय के यहाँ उदित होता है तो पात्रों की सामाजिक स्थिति बदल जाती है। ब्रज-भाषा के वैष्णवदास के गद्य में प्रेम ईश्वरीय है तो उसे रास, रंग, नृत्य, आलिंगन की शब्दावली मिल रही है। भारतेन्दु में विरही प्रेमिका का प्रेम (सौत की आशंका में) भदेस भाषा में प्रकट हुआ है। प्रेमचन्द प्रेम-वर्णन को एक सहज आकर्षण तो बना देते हैं, पर उसका वर्णन त्याग और तप की भाषा में करते हैं। जैनेन्द्र की सेक्स-भूखी नायिका अपनी भयंकर भूख को नौकर मंगल की आँखों से ही तृप्त कर लेती है और उनकी भाषा 'इस छद्म-वेश में क्यों जी, तुम क्यों आए' तक पहुँचती है।

इसके बाद हैं अज्ञेय, अपने आभिजात्यीय अहं और दर्प को लिये हुए, जहाँ उनकी व्यक्तिगत भाषा इन शब्दों में बोलती है—''उन आँखों ने उन्नीस बसन्त देखे हैं, उन्नीस बार बसन्त के सुन्दर स्वप्न को पावस के जल से सींचा जाता और शरद की परिपक्वता में फलित होकर भी शिशिर की तुषार-धवल कठोरता में लुट जाता देखा है, फिर भी उनमें उस रहस्य की पहचान नहीं, स्वप्न नहीं, स्वप्न की माँग भी नहीं है।'' 'सिगनेलर' कहानी में नायिका सन्ध्या का यह वर्णन अज्ञेय की भाषा में है, जिसे 'मेघदूत' जबानी याद है। 'कुमारसम्भव' उसने कई बार पढ़ रखा है, 'भारवि' और 'श्रीहर्ष' की वह तुलना कर सकती है। और सन्ध्या का प्रेमी बलराज 'सुनने में आता है कि वह केवल पढ़ा-लिखा ही नहीं, बहुत-सी विद्याओं में पारंगत भी है।' वह बलराज सन्ध्या से पिछले दस बरसों से मूक प्रेम कर रहा है, एकात्म-भाव से, जिसका संकेत वह ('सिगनेलर' बलराज) दूर पहाड़ी पर एकान्त में बने अपने झोंपड़े से टॉर्च जलाकर देता है—''...वह (सन्ध्या) उत्तर देने को हुई ही थी कि सामने पहाड़ी पर (बलराज के झोंपड़े से) कहीं एक बत्ती जल उठी।...फिर मुझे (कहानी के नैरेटर यानी सन्ध्या के फुफेरे भाई को) लगा कि वह झिपना-बलना आकस्मिक नहीं है, मानो किसी विशेष प्रणाली पर चल रहा है (टॉर्च का जलना-बुझना) जैसे उसमें चिन्तना है, कुछ अभिप्राय है। मेरी रोमांटिक वृत्ति जागी—क्या यह सिगनल है ? मैं ध्यान से देखने लगा और मैंने पाया कि मैं उस प्रकाश के सन्देश को साफ-साफ पढ़ सकता हूँ—मोर्स प्रणाली पर सन्देश भेजा जा रहा था—I love you—I love you—I love you...मैं भौचक रह गया। इस जंगल में मोर्स-कोड और प्रेमालाप का यह आधुनिक तरीका!''

और जब एक दिन नैरेटर सन्ध्या के साथ कहीं जा रहा है तो एकाएक टॉर्च फिर जलती है और बुझ जाती है। नैरेटर पाता है कि बलराज का वह झोंपड़ा वहीं पास ही है। वह इस प्रेम के रहस्य को उजागर करने के लिए (पाठक के लिए) वहाँ सन्ध्या के साथ जाता है और जो पाता है, वह इस भाषा में व्यक्त हुआ है—"एक प्रस्वस्थ पीला शरीर, अपनी श्यामता में सुनहले तार उलझाए हुए बाल, शान्त चेहरा...उस अँधेरे घर में घुसकर जब मैंने बत्ती जलाई तब यही देखा। चारपाई खाली थी, बलराज खिड़की के पास जमीन पर लेटा हुआ था, और उसके हाथ के पास टॉर्च पड़ी थी। मैंने लपककर बलराज का कन्धा पकड़कर हिलाया, नब्ज देखी और घबराकर कहा—हैं! पर सन्ध्या अपने स्थान पर ही ऐसे स्तब्ध, गतिहीन खड़ी रही, मानो मैं अनुसन्धान करके जो कुछ पता लगाऊँगा, वह उसे पहले से जानती है, वह सब उसके भीतर पहले से घटित हो चुका है...वह छोटी-सी लड़की जिसने अभी तक यह नहीं जाना कि प्रेम क्या होता है, कैसे बिना प्रयास के प्रेम, मृत्यु, अनन्तता तक का अर्थ मानो ज्ञान का एक ही घूँट पीकर जान गई, और उससे विचलित नहीं हुई।"

अज्ञेय की यह सन्ध्या उस समय नौ वर्ष की थी, जब बलराज पहली बार उसे मिला था, उसके बाद वह नहीं मिलता और बराबर दस साल तक टॉर्च द्वारा 'आइ लव यू' के सिगनल भेजता रहता है।

भारतेन्दु की भाषा में वह सजावट और शृंगार न होते हुए भी यह आभास जरूर पैदा होता है कि सौत के डाह में फुँकती, भारतेन्दु द्वारा प्रस्तुत नायिका अपने समय की देन है, जिसे वह उसी समय की भाषा में (वह भाषा चाहे उस स्त्री की न हो) रख रहे हैं। प्रेमचन्द के आदर्शवादी रुझानवाली भाषा (जिस समय 'सती' कहानी लिखी गई है, उस समय तक प्रेमचन्द 'यथार्थवादी' नहीं थे) और उनकी लेखकीय नैतिक मान्यताएँ चाहे प्रेम-वर्णन में आड़े आ रही हों, पर उस पूरे वर्णन में 'त्याग और तप' वाले रुझान के बावजूद नायक और नायिका का सम्बन्ध अपने परिवेश से असम्पृक्त नहीं है, इसीलिए उसमें भाषा व्यक्तिगत नहीं है—वह भाषा भी अपने समय की है, निरन्तर विकसित होती हुई भाषा। जब यह प्रेम जैनेन्द्र तक पहुँचता है तो 'मेरे बैरागी', 'मेरे मौनी' की भाषा ओढ़ लेता है और अज्ञेय की नितान्त व्यक्तिगत शैली में वह इन्हीं की पच्चीकारी की भाषा में प्रकट होता है, जहाँ सन्ध्या की उम्र को 'उन्नीस बसन्तों के सुन्दर स्वप्न, उन्नीस पावसों के जल से सिंचित, उन्नीस शरदों की परिपक्वता में फलित, उन्नीस शिशिरों की धवल-तुषार कठोरता में लुटे' की भाषा में सम्प्रेषित किया जाता है।

और नई कहानी तक आते-आते प्रेम-प्रसंग की सारी प्रतीति बदल जाती है। बहुत घुटन, बहुत टूटन, बहुत ऊब, बहुत विषाद में जीता हुआ अमरकान्त की कहानी 'जिन्दगी और जोंक' का रजुआ, जो एक-एक क्षण दाँत से पकड़कर जी

रहा है, हमें जिस रूप में मिलता है, वह तो एकदम अलग है ही, पर उसकी भाषा पर भी ध्यान देते जाइए—''रजुआ—भिखमंगा, नाटा था। गाल पिचके हुए, आँखें धँसी हुईं और छाती की हड्डियाँ साफ बाँस की खपच्चियों की तरह दिखाई दे रही थीं। यही रजुआ एक दिन पुलिस की चौकी के पास घूमता हुआ दिखाई देता है—''चौकी के सामने बेंच पर बैठे पुलिस के दो-तीन सिपाही कोई हँसी-मजाक कर रहे थे और उनसे थोड़ी ही दूर पर नीचे एक नंगी औरत बैठी हुई थी। वह औरत एक पगली थी, जो कई दिनों से शहर का चक्कर काट रही थी। वह औरत बदसूरत, काली तथा निहायत गन्दी थी।...रजुआ उस पगली के पास ही खड़ा था। वह कभी शंकित आँखों से पुलिसवालों को देखता, फिर मुँह फैलाकर हँस पड़ता और मुटुर-मुटुर पगली को तकने लगता।...रजुआ पुलिसवालों की लापरवाही का फायदा उठाते हुए (और) आगे बढ़ गया था और सिर नीचे झुकाकर अत्यन्त ही प्रसन्न होकर हँसते हुए पुचकारती आवाज में पूछ रहा था—'क्या है पागलराम, भात खाओगी?' इतने में पुलिसवालों में से एक ने कड़ककर प्रश्न किया, 'कौन है, बे साला, चलता बन, मारते-मारते भूसा बना दूँगा!' रजुआ वहाँ से थोड़ा हट गया... ।''

उसके बाद लेखक के शब्दों में, ''किन्तु मामला यहीं खतम नहीं हो गया। (देखा) रजुआ नंगी पगली के आगे-आगे आ रहा था। पगली कभी इधर-उधर देखने लगती या खड़ी हो जाती तो रजुआ पीछे होकर पगली की अँगुली पकड़कर थोड़ा आगे ले आता।...वह पगली को सड़क की दूसरी ओर स्थित क्वार्टरों की छत पर ले गया।...क्वार्टरों की छतें खुली थीं। उन पर मुहल्ले के लोग जाड़े में धूप लिया करते और गरमी में रात को लावारिस लफंगे सोया क़रते थे... ।''

रजुआ और वह पगली वहीं छत पर चले गए, फिर रजुआ काम करने चला गया और जब दो-तीन दिन वह नजर नहीं आया तो नैरेटर की जबानी—''...पत्नी ने मुस्कराकर बतलाया—'अरे वही बात है! रजुआ पगली को छत पर छोड़कर नरसिंह बाबू के यहाँ काम करने चला गया।' ...वह एक काम करता और मौका देख कोई बहाना बनाकर क्वार्टर की छत पर जाकर पगली का समाचार ले आता। नरसिंह बाबू की स्त्री ने जब उसे खाना दिया तो उसने वहाँ भोजन नहीं किया, बल्कि खाने को एक कागज में लपेटकर अपने साथ लेता गया। उसने वह खाना खुद थोड़े खाया, बल्कि उसे वह ऊपर छत पर ले गया। रात के करीब ग्यारह बजे की बात है। रजुआ जब ऊपर पहुँचा तो देखा कि पगली के पास कोई दूसरा सोया है। उसने आपत्ति की तो उसको उस लफंगे ने खूब पीटा और पगली को लेकर कहीं दूसरी जगह चला गया!...तभी से रजुआ बरन की बहू के यहाँ पड़ा हुआ है।''

वैष्णवदास की गोपियाँ, भारतेन्दु की वह औरत, प्रेमचन्द की चिन्ता, जैनेन्द्र की रत्नप्रभा, अज्ञेय की सन्ध्या और अमरकान्त के रजुआ तथा पगली तक की यह यात्रा कितनी स्पष्ट है! चाहे वे कहानी में आए प्रेम की स्थितियों के प्रसंग हों, या भाषा

की यह लम्बी यात्रा! क्या जैनेन्द्र और अज्ञेय की भाषा से अमरकान्त की भाषा पर आने में सख्त झटका नहीं लगता? ऐसा नहीं लगता कि जैनेन्द्र और अज्ञेय से अमरकान्त तक पहुँचने की यह यात्रा बहुत लम्बी रही होगी? कि भाषा के मिजाज और उसकी शक्ति में एकाएक अन्तर नहीं आ गया है? कि यह नया लेखक अपनी कहानी की भाषा अपने परिवेश और समय में से उठा रहा है? कि कथ्य के जीवित जीवन-खंडों के साथ उनकी भाषा भी स्वतः आ रही है।

नए कहानीकार ने इसी भाषा की खोज की है, अपने भीतर से और अपने समय में से। इसी भाषा में उसने जीवन-मूल्यों का स्पष्टीकरण किया है। इसी भाषा को उसने सारे विघटन, सारी घुटन, ऊब, बदहवासी और टूटने में से उठाया है...यह भाषा मरते हुए शानदार अतीत की नहीं, उसी में से फूटते हुए विलक्षण वर्तमान की भाषा है। उस अनाम, अरक्षित आदिम मनुष्य की, जो मूल्य और संस्कार चाहता है। अपनी मानसिक और भौतिक दुनिया चाहता है।

यह भाषा, जो नई कहानी ने खोजी है, शुरू-शुरू में खतरे से खाली नहीं थी। यह जोखिम का काम था। यह जोखिम सभी कहानीकारों ने उठाया था। मार्कंडेय और शिवप्रसाद सिंह ने गाँवों की बदली स्थितियों में मर गई भाषा को छोड़कर जीवित-कण उठाए थे। बाद में रेणु ने आंचलिक भाषा के रूप में उसे परिष्कार और परिपूर्णता प्रदान कर जोखिम को उपलब्धि में बदल दिया। जो भाषा नागार्जुन से शुरू हुई थी, वह मार्कंडेय, शिवप्रसाद सिंह, केशवप्रसाद मिश्र, शैलेश मटियानी, मधुकर गंगाधर, राजेन्द्र अवस्थी के संस्कारों से युक्त होती हुई रेणु की कहानियों में एक बार फिर शुरू होकर चरम तक पहुँच रही है।

दूसरी ओर राजेन्द्र यादव, रमेश बक्षी, कृष्णा सोबती, कृष्ण बलदेव वैद, अवधनारायण सिंह, गिरिराज किशोर आदि में भाषा की तलाश एक-दूसरे स्तर पर है। संश्लिष्टता को अभिव्यक्ति देने के लिए इन लेखकों की भाषा आधुनिक जीवन के मुहावरे खोज रही है और उलझे वर्तमान के सन्दर्भों को यथासम्भव स्पष्ट कर रही है।

निर्मल वर्मा, रामकुमार, रघुवीर सहाय, श्रीकान्त वर्मा, विजयमोहन सिंह उन अमूर्त क्षणों को भाषा में बाँध रहे हैं, जो बेहद तरल और रपटीले हैं, जिनके लिए बहती हुई भाषा ही समर्थ हो सकती है।

मोहन राकेश, धर्मवीर भारती, मन्नू भंडारी, अमरकान्त, उषा प्रियंवदा, शानी, शेखर जोशी, दूधनाथ सिंह, गंगाप्रसाद विमल ने भाषा की खोज के साथ-साथ अर्थों के नए सन्दर्भ भी दिए हैं—यथार्थ को उसकी पूरी परुषता और ठोसता में व्यक्त करनेवाली भाषा इन लेखकों ने अपने परिवेश से ही अन्वेषित की है।

हरिशंकर परसाई, शरद जोशी, केशवचन्द्र वर्मा, श्रीलाल शुक्ल, रवीन्द्र त्यागी

जैसे व्यंग्यकारों ने भाषा का सर्वथा नया संस्कार किया है ताकि वह 'हास्यावतार लेखकों' से मुक्त होकर आज के विघटन और विद्रूप को बाँध सके, जीवन के अन्तर्विरोध और विसंगति को वहन कर सके।

भाषा की इस तलाश में जिन चार लेखकों ने पीठिका प्रदान की, वे हैं— निराला, अमृतलाल नागर, नागार्जुन और अमृतराय। नई कहानी की भाषागत प्रकृति को निर्धारित करने में इन चारों कथाकारों का अदृश्य सहयोग रहा है—क्योंकि संस्कार-सूत्र जाने-अनजाने इन चार लेखकों की भाषा से ही विकसित हुए थे, या भाषागत चेतना इन लेखकों की कृतियों से ही मिली थी।

नई कहानी ने भाषा की जड़ता को तोड़ा। व्यक्तिगत और किताबी भाषा से अपने को पृथक् कर, समय के विस्तार में जी रहे मनुष्य की बोली में ही उसने नए अर्थों की तलाश की। आज यह विनम्रतापूर्वक पर निश्चय से कहा जा सकता है कि हिन्दी में जितनी विविधता, शक्ति, लचकीलापन तथा ताजगी इस दौर में आई, उतनी कभी नहीं थी। नई कहानी ने हिन्दी भाषा की जीवन्तता तथा आन्तरिक शक्ति की पूरी सम्भावनाओं को उन्मुक्त किया है। प्रदेशों, अंचलों, महानगरों में बिखरी और चारों ओर आब-हवा में समाई हुई भाषा को अन्वेषित कर उसे नई अर्थगर्भिति देने और संचेतना से सम्पन्न करने का यह आवश्यक कार्य स्वातंत्र्योत्तर कहानी ने ही पूर्ण किया है। भाषा की छिपी हुई ऊर्जा की तलाश और उसका सर्जनात्मक संयत उपयोग पहली बार कहानी में हुआ है।

किसी लेखक के पास इतनी भाषा नहीं होती, जो वह दे सके। भाषा को जीवन-सन्दर्भ ही पैदा करते हैं—उस भाषा की खुरदरी-सी, कभी-कभी अमूर्त-सी आहट और कभी सैलाब-सा आता है। जीवन-सन्दर्भों के स्रोतों से जुड़ा हुआ लेखक उस आहट, मर्मर, चटखन तथा संवेदन को तत्काल ग्रहण कर पाता है। जीती-जागती स्थितियाँ अपनी भाषा-सहित आती हैं। क्षण अपने शब्द लाते हैं और बीच में समाए शून्य नीरवता को मूक भाषा-संकेतों में रूपान्तरित कर देते हैं।

स्वातंत्र्योत्तर कहानी में भाषा के साथ-ही-साथ उसकी एक अनुगूँज भी है और उस अनुगूँज के नीचे एक मूक भाषा भी विद्यमान है। भाषा की पहली ध्वनि के बाद उसकी अनुगूँज की सतह है और इस सतह के भी नीचे खामोशी की गहराइयाँ हैं। मोहन राकेश की 'एक और जिन्दगी' कहानी का यह टुकड़ा बिना सन्दर्भ जाने ही किसी के लिए भी अपना अर्थ दे सकता है...क्योंकि शब्दों ने जो गहराइयाँ पैदा की हैं, वे सतह के नीचे भी हैं और उसके नीचे जाकर खामोशी की खूबसूरती भी जैसे फूटने लगती है—"कोहरे के बादलों में भटका हुआ मन सहसा बॉलकनी पर लौट आया। खिलनमर्ग को जानेवाली सड़क पर बहुत से लोग घोड़े दौड़ाते जा रहे थे, एक धुँधले चित्र की बुझी-बुझी आकृतियों जैसे। वैसे ही बुझी-बुझी आकृतियाँ

क्लब से बाजार की तरफ आ रही थीं। बाईं ओर बर्फ से ढँकी हुई पहाड़ी की एक चोटी कोहरे से बाहर निकल आती थी और जाने किधर से आती हुई सूर्य की किरण ने उसे दीप्त कर दिया था। कोहरे में भटके हुए कुछ पक्षी उड़ते हुए उस चोटी के सामने आ गए थे, तो सहसा उनके पंख सुनहरे हो उठे, मगर अगले ही क्षण वे फिर धुँधलके में खो गए।''

तो जिस जन्म लेते हुए आदिम मनुष्य की भाषा की तलाश शुरू हुई, वह लगभग ऐसी ही थी जैसे किसी चीज को गतिवान करना और उस गति में ही आकार गढ़ना। भाषा मृत या किताबी नहीं रह गई और सारे जोखिमों को उठाती हुई वह मनुष्य की हर वृत्ति, हर संवेदन के साथ उसी में से प्रस्फुटित हुई।

'क्या' कहा जा रहा है, उसी ने यह तय किया कि 'कैसे' कहा जाए। इसी बदले हुए दृष्टिकोण ने नई कहानी की भाषा को पृथक् किया।

राकेश, रेणु, राजेन्द्र यादव, धर्मवीर भारती, अमरकान्त, निर्मल वर्मा और अन्य तमाम लेखकों ने भाषा को अपना संस्कार भी दिया, पर इन सभी ने उसे आदमी की मूल वाणी में ही, उसकी गति सहित नियोजित किया और शब्दों को नए सन्दर्भों में रखकर उसे अर्थयुक्त, संयत, प्रौढ़ और पहले से ज्यादा जीवन्त बनाया। प्रत्येक लेखक ने अपने कथ्य के साथ अपनी ही भाषा भी चुनी। वह भाषा हर जीवन-खंड के साथ जीवित तन्तुओं की तरह उसी के कथ्य का अविभाज्य अंग बनकर साकार हुई।

●●●